무지개 민족 고조선 역사의 비밀

양성민

차례

들어가는 글   5

Chapter I   21세기에 드러난 고조선의 실체

1 고조선은 강력한 고대 제국   11
 1) 고조선은 노아홍수 이후 실존한 고대국가   11
 2) 수많은 고서의 고조선 증거   22
 3) 고고학적 유물의 고조선 증거   81
 4) 고인돌 축조 연도와 고조선 건국시기   87
2 한민족의 시작과 노아의 고조선 건국   94

Chapter II   고조선 건국의 주역은 노아와 언약자손

1 역사의 증거들   107
 1) 바벨탑 사건과 고조선 건국은 동시대 사건   107
 2) 욕단의 이동 경로   109
2 노아와 언약자손은 동이족   137
 1) 동이, 군자불사지국(君子不死之國)의 나라   139
 2) 동이, 신의 성품을 지닌 사람들   143
 3) 동이, 하나님을 섬기는 사람들   150
3 백의민족과 언약 자손   166
4 무궁화   170

5 한자   177
  1) 한자는 동이족 문자   177
  2) 한자의 시조요 동이족인 태호복희씨는 노아   183
  3) 한자에 숨겨진 성경이야기   196
  4) 한자의 기원   234
6 고조선의 신앙   235
  1) 고조선의 신관은 삼위일체 하나님 신관   237
  2) 고조선의 팔조법은 성경의 십계명   242
  3) 선교사들이 증언한 한민족의 신관   245
  4) 묘족의 고대 창세기 이야기   253
  5) 고인돌은 하나님께 제사하던 제단   261
7 노아의 나이와 경험   266
  1) 노아는 동이족으로서 고조선 건국의 아버지   266
  2) 노아는 고조선 건국 적임자   270
8 단군(檀君) 칭호와 노아   273
9 고인돌 축조 연대   274
10 개천절(開天節)과 노아   280

맺는 글   289
부록   291

들어가는 글

성경에 나온 '노아'라는 인물이 중국고대 문헌에 기록 되어 있다는 사실에 대해 알고 있습니까? 고조선이 건국 될 당시 노아가 살아 있었다는 사실을 아십니까? 더욱 놀라운 사실은 노아가 고조선 건국에 관여 했다는 사실입니다. 또한 노아가 하나님으로부터 받은 무지개 언약의 비밀이 고조선에 전달 되었다는 것입니다. 그리고 고조선은 무지개 언약을 간직한 무지개 민족이요 천손이요 선민이라는 사실입니다. 그러하기에 천년 이상을 한반도뿐 아니라 요동과 요서까지 전 대륙을 호령했던 제국이였다는 것이 역사적 실체입니다. 이렇게 주장하다면 혹자들은 황당한 주장이라고 생각할 수 있습니다.

개천절은 기원 전 2,457년 우리 민족이 시작한 해를 기념하는 절인데, 그 해가 놀랍게도 노아가 대홍수에서 살아 남아 방주에서 나와 새 시대를 시작한 해와 동일한 해입니다. 우리 민족의 시작된 해가 고서(古書)에 기록하기를 갑자년(上元甲子年) 10월 3일, 즉 서기 2,457년 10월 3일이라고 기록하고 있습니다. 그런데 그 해가 성경연대기에 따르면 바로 노아가 방주의 문을 열고 나온 해입니다. (부록에 성경연대 수록) 그렇다면 혹 노아와 우리 민족의 시작과 관련이 있는 것은 아닐까? 아니면 이것이 우연의 일치일까?

노아가 방주에서 처음 내어 보낸 새가 까마귀인데, 고조선을 계승한 고구려 국기의 상징이 까마귀인 '삼족오'입니다. (창8:6,7) 이것도 우연일까? 아니면 노아는 우리 민족과 깊은 관련이 있는 것은 아닐까?

몽골 사람들이 우리 민족을 '무지개 민족'이라고 합니다. 기독교인이라면 무지개 하면 무지개 언약을 받은 노아를 떠올릴 것입니다. (창9장) 몽골사람들이 우리나라 사람들을 부를 때 세 가지로 부른다고 합니다.

 구리훈, 차가훈, 쏠롱고스훈

첫째, '구리훈'은 '고려민족'이라는 의미입니다.
둘째, '차가훈'은 '백의민족'이라는 의미입니다.
셋째, '쏠롱고스훈'은 '무지개 민족'이라는 의미입니다.
또는 '무지개 나라에서 온 사람들'

몽골 사람들이 우리 민족을 '쏠롱고스훈', 즉 '무지개 민족'이라고 불렀다는 것은 의미심장한 말입니다.
왜 우리 민족을 무지개 민족이라고 불렀을까? 이는 우리 민족이 무지개와 무엇인가 분명 관련이 있다는 의미입니다. 우리 민족이 고려의 후손이니 우리 민족을 고려 민족이라고 부르거나 흰옷을 즐겨 입었으니 백의민족이라는 부른 것은 이해할 수 있지만, 무지개 민족이라고 부르게 된 배경을 이해하기란 쉽지 않습니다. 어떤 이들은 우리 민족이 색동저고리를 즐겨 입어서 그렇게 부른 것이 아닌가 라고 주장하거나 제사장 계급에 속한 민족이기 때문에 그렇게 부른다고 주장하기도 합니다. 그러나 우리 민족이 무지개 민족이라고 불리우게 된 것은 우리 민족이 무지개 언약을 받은 노아와 어떤 깊은 연관성이 있기 때문입니다. 이 책을 읽어 나가기 시작하다 보면 이러한 주장이 허상이 아니라 역사적 사실로 다가오리라 생각합니다.

 중국 고대 문서들은 고조선을 하늘이 다스리며 '천도(天道)'를 따르는 '천손민족(天孫民族)'이라고 칭하고 있습니다.

"조선(고조선)은 동해의 안쪽이며 북해(발해만)의 모퉁이며, **조선은 하늘이 다스리며** 높은 도덕과 귀한 문서가 있어 외인애지(偎人愛之)의 정신, 즉 홍익인간 정신이 조선에서 나왔다.
山海經 海內北經 東海之內 北海之隅 有國名曰朝鮮 偎人愛之 貴道德 有文書 孚屠出 此國中也"
[산해경 해내북경 山海經 海內北經]

"동이인 조선 사람들은 천성이 유순하고 인성은 욕심이 없고 담백하며 동성 간에는 혼인을 하지 않고 **천도를 어기지 아니하는 군자국**이다.
後漢書卷百十五東夷傳 東方夷者言仁而好生 天性柔順易以道御 其人性少嗜欲 同姓不婚 至君子不死之國 東明因至 夫餘而王之 於東夷之城 古肅愼氏之國也"
[후한서 동이전 後漢書 東夷傳]

"한나라 초기의 회남자((淮南子)는 **조선의 백성인 숙신은 천손**

민족으로서 군자가 끊이지 않는 가히 공경하는 옛날 군자의 나라였다'고 했다.

淮南子隱形訓 ...肅愼氏天民 肅敬也 愼畏也 傳曰 肅愼白民唯仁 爲能然也 東方德仁故君子國)(淮南子俶眞訓 太行石間東方極 自碣石過朝鮮大人之國"

 옛부터 우리 민족이 하늘에 다스리고 천도의 따르는 '천손민족'이라고 칭함 받았다는 사실이 과연 우연일까? 혹시 하나님께서 고조선건국에 특별히 개입한 것은 아닐까? 개입했다면 개입했다는 역사적 증거들은 있을까? 그것이 사실이라면 우리민족을 향한 하나님의 목적, 즉 우리민족의 신적인 사명이 무엇일까?

 이 연구를 통해 고조선과 우리 민족에 대해 이러한 결론에 도달하게 됩니다.

❁ 첫째, 고조선은 바벨탑 사건에 참여하지 않은 구별된 나실인과 같은 노와와 믿음의 언약자손들에 의해 건국된 제사장 국가로서 세계의 생명문명의 발생지요 2천년을 지속한 실존했던 제국국가였다.
❁ 둘째, 고조선은하나님의 언약인 무지개 언약을 계승한 언약의 특별히 선택된 천손민족이요 숨겨 놓은 하나님의 선민이요 무지개 민족이였다.
❁ 셋째, 대한민국은 마지막 시대에 무지개 언약의 비밀을 온 세상에 증거하는 마지막 사명을 위해 하나님의 섭리에 의한 고

조선의 부활이다.

이러한 주장들이 극단적인 민족주의자들의 주장이나 소설처럼 들릴지 모르지만 많은 고서(古書)들과 역사적인 논증과 성경에 기초하여 얻게 된 결론입니다. 이 책이 논하는 논증적인 내용들과 제시하는 역사적인 자료들을 접하면 이런 주장이 허황된 주장만은 아닐 수 있다는 생각에 미치거나 최소한 좀 더 연구해 볼 가치가 있겠다는 판단이 들 것이라고 봅니다.

이 책에서 다룰 주제는 크게 두 가지입니다.

❀ 첫째, 고서와 고고학적 자료들을 통해 감추어졌던 위대한 고조선의 실체를 논증할 것입니다.
❀ 둘째, 과연 우리 민족과 고조선이 노아와 언약 자손들에 의해 시작 된 국가인지를 살펴 볼 것입니다. 그리고 고조선이 무지개 언약을 계승하고 있는 무지개 민족인지에 대해, 성경과 고고학적 자료들을 통해 논증할 것입니다.

Chapter I

21세기에 드러난 고조선의 실체

고조선은 기원전 2,333년에 건국되어 기원전 108년에 한나라 한무제[漢武帝]에 의해 멸망하기까지 2,225년이라는 장구한 세월 동안 존재했던 강력한 고대국가였습니다. 역사 이래 한 나라가 2천 년이상 존속했던 나라가 어디 있습니까? 양육강식의 법칙이 지배하던 고대국가에서 2천년을 지속 했다는 그 자체가 기적 중의 기적이고, 고조선이 얼마나 강성한 나라였는지 반증하고 있는 대목입니다.

주변 국가들의 셀 수 없는 도전들이 있었을 것이고, 수많은 나라가 패망의 원인이 되었던 반란과 같은 내적인 문제도 있었을 것인데, 고조선은 어떠한 나라였기에 한 국호를 가지고 2천년 이상을 견뎌낼 수 있었을까? 주변 국가의 많은 침략이 있었을 것이고 내부의 반란 같은 내적인 문제도 있었을 것입니다. 그럼에도 불구하고 고조선이 오랜 세월을 존립했던 이유에 대해 본 연구를 통해 필자가 내린 결론은 고조선의 건국과 틀이 하나님의 계시를 받은 노아에 의해 주도 되었고 무지개 언약을 간직한 하나님의 선택한 무지개 민족이요 천손민족이기 때문이라는 것입니다. 수 많은 고대 사료들은 이를 확인시켜 주었고, 고조선이 영적인 생명문명과 문화문명의 발원국으로서 극동아시아의 에덴과 같았던 신시(神市)국가였다는 사실을 보여 주었습니다.

1 고조선은 강력한 고대 제국

'고조선'하면 떠오르 것이 '단군신화'라고 말하는 사람들이 많을 것입니다. '고조선하면 단군신화', 이와 같은 왜곡된 역사의 프레임을 갖게 된 것은 일제의 역사 말살 정책의 잔상입니다. 이에 아직도 일제의 식민사관에 영향을 받아 고조선은 존재하지 않았던 신화에 나오는 나라라고 여기거나, 동북아시아에 국한 된 미개한 원시 부족국가 정도로 이해하는 이들도 아직도 있습니다. 만약 이렇게 고조선에 대한 왜곡된 인식을 가지고 있다면, 고조선의 건국을 주도한 인물이 성경에 나타난 노아라는 주제는 설득력을 전혀 갖지 못하게 될 것입니다. 따라서 많은 고서들과 고고학적 유물들을 통해 고조선은 신화속에 나오는 나라가 아니라 기원전 2,333년부터 기원전108년까지 분명하게 존재했다는 고조선의 실존과 역사 이래 찾아 볼 수 없었던 강력한 고대국가였음을 논증하려고 합니다.

1) 고조선은 노아홍수 이후 실존한 고대국가

지금부터 무지개 언약을 받은 노아가 고조선 건국의 주역임을 증명하고자 할 때 고조선 건국 연도는 매우 중요합니다. 왜냐면 노아가 살았던 시기와 고조선 건국 시기가 동시대가 아니라면, 노아가 고조선을 건국의 주역이라는 주장은 성립 될 수 없기때문입니다.

과연 고조선 건국이 삼국유사 및 여러 고서에 기록 되어 있는 것과 같이 기원전 2,333년이 사실일까? 일단 확인할 수 있는 것은 고대 문헌에서 고조선 건국을 무진(戊辰)년, 즉 기원전 2,333

년이라고 기록하고 있다는 사실을 볼 수 있습니다.

"昔神人降檀木下 (석신인강단목하)
國人立以爲主 (국인입이위주)
因號檀君 (인호단군)
時唐堯元年戊辰也 (시당요원년무진야)
聞說鴻荒日 (문설홍황일)
檀君降樹邊 (단군강수변)
位臨東國土 (위림동국토)
時在帝堯天 (시재제요천)
千年入斯達 (천년입사달)
萬代判鴻濛 (만대판홍몽)
好古踟躕久 (호고지주구)
西山落照紅 (서산낙조홍)

아주 옛날 신인이 박달나무 아래로 하강하시자
임금으로 삼아 옹립하고
단군이라고 부르니
그 때가 당요의 원년인 무진(戊辰 기원전 2,333)년이었다
전설을 듣자니 아득한 옛날
단군님이 나무 밑 언저리에 내리시고
임금 되어 동쪽 나라 땅을 다스렸는데
저 중국의 요임금과 같은 때라오
천년의 세월이 아사달에 들어오고
만대를 걸쳐야 동방의 해 뜨는 곳이 판가름되거늘

좋은 고풍이 오래 이어지도록

서산엔 아름다운 석양이 붉게 물들었다."

[권근, 1352~1409, 양촌집 (陽村集)]

"檀君生我靑丘衆 (단군생아청구중)

敎我彛倫浿水邊 (교아이륜패수변)

採藥阿斯今萬世 (채약아사금만세)

至今人記戊辰年 (지금인기무진년)

단군이 우리 청구국의 민중을 살리셨고

압록강 가에서 떳떳한 윤리를 가르쳤으며

채취한 약초로 아사달이 이제 만세에 이르렀으니

지금 사람들이 무진(기원전 2,333)년이라고 기록했다."

[남효온, 南孝溫 1454~1492, 추강집(秋江集 권3)]

"有聖生東海 (유성생동해)

于時並放勳 (우시병방훈)

扶桑賓白日 (부상빈백일)

檀木上靑雲 (단목상청운)

天地侯初建 (천지후초건)

山河氣不分 (산하기불분)

戊辰千歲壽 (무진천세수)

吾欲獻吾君 (오욕헌오군)

성인이 동해에 살고 있었는데

그 시기에는 (중국의) 요임금과 나란히 하였으며

해 돋는 동해 속의 신목(神木)이 밝은 대낮을 인도하니

박달나무가 푸른 구름 위에 솟아 있도다
천지가 제후(諸侯)를 처음으로 세울 때
산하의 기운이 분별되지 않았고
무진(기원전 2333)년부터 천 년의 세월이 목숨 되었으니
나도 임금에게 헌수(獻壽)를 드리고 싶다."
[정두경(鄭斗卿 1597~1673), 동명집(東溟集 권4)]

"檀君降太白 (단군강태백)
當堯戊辰歲 (당요무진세)
中原已文物 (중원이문물)
此猶太古世 (차유태고세)
蓁蓁自荒陋 (진진자황루)
茫昧無可諦 (망매무가체)
단군이 백두산에 강림하시었는데
당시는 요임금의 무진(기원전 2333)년이고
중원에는 이미 문물이 있었으나
이는 마치 태고의 세월과 같아서
초목이 무성하여 스스로 거칠고 추잡하니
정신이 흐리멍텅하여 살필 수가 없다."
[윤봉구(尹鳳九 1681~1767), 병계집(屛溪集 권3)]

"檀君何所始 (단군하소시)
聞說始於堯 (문설시어요)
去今四千載 (거금사천재)
遺廟在山椒 (유묘재산초)

단군이 어느 처소에서 시작하였는가
이야기를 들으니 요임금 때 시작되었다네
지금부터 4천 년 전 일이니
남겨진 사당에는 산초나무의 열매가 있구나"
[이행, 李荇 1478~1534, 신증동국여지승람 (新增 東國輿地勝覽 卷51 平壤府)]
[출처: 환타임스, 2011년 1월 31일]

과연 고서의 기록대로 고조선 건국이 기원전 2,333년일까? 혹 2,333년은 신화 속에서 나오는 가상의 연대는 아닐까? 아니라면, 그 사실을 어떻게 확인할 수 있을까?

❈ 고조선 건국이 B.C. 2333년이라는 기록은 사실

고조선은 노아가 방주에서 나와 새 시대를 시작한 기원 전 2,457년과 중국의 최초의 나라인 하[夏]나라가 건국된 기원 전 2,070년 전 사이에 건국된 나라입니다.

노아홍수가 있었던 해가 기원전 2,458년 2월 27일이고(성경연도, 부록 수록), 365일이 지난 다음해인 기원전 2,457년에 방주에서 나왔으니, 모든 나라의 건국 시기는 성경적인 관점에서 노아홍수 이후로 잡아야 타당합니다. 그렇다면 고조선 건국은 기원전 2,457년 이후가 될 것입니다. 그리고 고조선에 대한 최초의 기록이 하나라의 우왕(禹王)이 백익(伯益)을 통해 저술한 지리서인 '산해경'의 조선기편에 조선(朝鮮)에 대한 분명한 기록이 존재하고 있습니다 따라서 고조선의 건국시기는 하나라가 건국된 기원전 2,070년 이전에 될 것입니다. 그러므로 고조선의 건국은 기원 전 2,457년~2,070년 사이, 즉 124년 사이에 건국 되었다고 볼 수 밖에 없습니다. 따라서 고조선의 건국이 기원 전 2,333년이라는 기록은 신빙성이 있는 사실적 기록이었다고 볼 수 있습니다.

❧ 동해(東海) 안쪽, 북해(北海) 모퉁이에 있는 나라

 그러면 과연 산해경[山海經]에 고조선에 대한 기록이 있는지 살펴보겠습니다. 산해경은 우임금이 황하를 치수할 때에 신하 백익이 따라 다니면서 지리를 기록한 지리서로 알려져 있습니다. 산해경은 고조선의 위치에 대해 이렇게 기록하고 있습니다.

"동해 안쪽의(東海之內) 북해(발해) 모퉁이에(北海之隅) 이름을 조선이라고 일컫는 국가가 있다(有國名曰朝鮮)"[산해경의 해내경 편]

 산해경에서 '조선(朝鮮)'이라는 칭할 때 분명히 고조선을 의미한다는 것을 어떻게 확신할 수 있을까? 해동역사(海東繹史)에서는 산해경의 윗글을 인용하면서 조선이란 이름은 단군에게서 시작 되었다고 기록하고 있습니다.

"조선(朝鮮)이란 이름은 단군(檀君)에게서 시작되었으며, 대체로 한수(漢水) 북쪽에 이른다.
산해경에는 다음과 같이 되어 있다.

동해(東海)의 안쪽 북해(北海)의 모퉁이에 나라가 있는데, 이름은 조선(朝鮮)이라고 한다. 조선은 열양(列陽)의 동쪽에 있는데, 바다의 북쪽, 산의 남쪽이다. 열양은 연(燕)에 속한다."
[해동역사(海東繹史) 속집 제2권 지리고(地理考) 조선 중]

 그러므로 산해경에서 거론한 조선은 단군이 건국한 고조선임이 분명해집니다. 그리고 산해경은 '숙신(肅愼)'이란 이름으로 고조선을 거론하고 있습니다.

"大荒地中 有山名曰不咸 肅愼氏之白民也 有樹名曰雄 常先八代帝於此取之
대황지 가운데 불함산이 있는데 그곳에는 숙신씨가 흰옷을 즐겨 입고, 삼황인 복희씨(伏羲氏) 신농씨(神農氏) 여와씨(女媧氏)와 오제인 소호(小昊) 고양(高陽) 고신(高辛) 당요(唐堯) 우순(虞舜)이 모두 숙신(肅愼)에서 배출된 사람들이다."
[산해경]

❃ 숙신(肅愼)은 고조선

 단호 신채호 선생은 '숙신(肅愼)'은 고조선의 이두 문자로써 '고조선'을 가리킨다고 했습니다. 회남자(淮南子)는 분명하게 조선의 백성을 '숙신'이라고 칭하고 있습니다. 이렇게 기록되어 있습니다.

"淮南子隱形訓 ...肅愼氏天民 肅敬也 愼畏也 傳曰 肅愼白民唯

仁爲能然也 東方德仁故君子國....淮南子俶眞訓 太行石間東方極
自碣石過朝鮮大人之國
조선의 백성인 숙신은 천손 민족으로서 군자가 끊이지 않는 가
히 공경하는 옛날 군자의 나라였다"
[중국 전한(前漢)시대 유안(劉安)이 기록한 회남자(淮南子)]

  '숙신'이 고조선이라는 확신은 숙신 출신인 삼황오제, 즉 삼황인 복희씨, 신농씨, 여와씨와 오제인 소호, 고양, 고신, 당요, 우순이 사마천 사기에서 동이족 사람들이라고 기록하고 있습니다. 그리고 고사변(古史辯)에도 '소호씨는 동이계야(東夷系也), 동이지인(東夷之人)'이라고 하여 삼황오제를 동이족이라고 기록하고 있습니다. 뿐만 아니라 삼국사기에는 신라인과 가야인의 조상을 오제 중에 나오는 소호 금천씨라고 했고, 고구려인의 조상을 제곡 고신씨 또는 전욱 고양씨라고 기록하고 있습니다. 이로 보건대 산해경에서 말하는 숙신(肅愼)은 고조선을 지칭하는 것이 분명하다고 확신할 수 있습니다. 또한 숙신 사람들이 흰옷을 즐겨 입는다는 대목을 통해서도 숙신은 백의민족인 우리 고조선을 가리킨다는 것을 확인할 수 있는 것입니다.

❀ 복희씨(伏羲氏)는 노아

삼황오제에서 복희씨는 노아를 가리키는 것이고(뒷 부분에 다를 것임), 그 외의 인물들은 노아와 함께 파르미 고원, 텐산 산맥, 알타이 산맥, 바이칼 호수를 지나 온 믿음의 언약 자손들이라고 봅니다. 이 사람들이 동쪽으로 건너온 동이족이고, 이 동이족이

세운 나라가 고조선과 상나라입니다. 그리고 동이족은 극동 문명의 발원지가 됩니다. 그래서인지 산해경은 고조선에 대해 도덕과 귀한 문물의 문서가 있고 홍익인간 같은 위대한 사상이 나왔다고 기록하고 있는 것은 아닐까 싶습니다.

❃ 홍익인간 정신

"東海之內 北海之隅 有國名曰朝鮮 偎人愛之 貴道德 有文書 孚屠出 此國中也
조선에는 높은 도덕과 귀한 문물의 문서가 있고 경천애민 하는 외인애지(偎人愛之)의 홍익인간 정신이 조선에서 나왔다."
[산해경]

  홍익인간이라는 사상은 이 땅을 치화하기 위해 고조선을 간직한 하늘이 부여한 핵심 사상이라는 것은 익히 알려진 바입니다. 이러한 여러 증거들을 종합해 볼 때 산해경에 나오는 조선은 고조선을 가리킨다는 것은 부정할 수 없습니다.

❃ 고조선은 문명의 발원지

  고문서들은 고조선이 높은 도적과 귀한 문물의 문서와 홍익인간 정신을 간직한 문명의 발생지라는 것을 보여주고 있습니다. 고조선이 문명의 발원지라는 주장을 뒷받침 할 만 한 증거 중 하나가 중국의 최초의 나라인 하나라의 우임금이 고조선으로부터 황하 치수의 비법을 배워 황하의 홍수를 다스림으로 명성을 얻어 나라까지 세우는 계기가 되었고, 고조선으로부터 사시와 절기와 도량형 제도를 습득하여 자신의 나라에 실행했다는 기록들이 있습니다. 서전고서와 사마천 사기 오제본기에는 '하'나라 임금인 '우'임금의 처가 동이족인 고조선의 여자였고, 처가 집인 고조선의 도움의 받아 황하 홍수를 해결하고, 고조선의 문명을 받아들였다고 기록하고 있습니다.

"순의 제자 우는 동이족의 도산국(고조선) 여자와 결혼하였으며, 그 처가의 도움으로 황하의 홍수를 해결하여 명성을 얻고, 순의 훈계자가 되었다." [서전고서]

"우는 드디어 도방의 군장을 알현하고 사시와 절기와 모두 동방 군장의 나라(고조선)와 합일하게 하고, 도량형의 제도를 동률로 하였으며, 오례를 모두 수정했다." [사마천 사기 오제본기]

"大同江水浸烟蕪 (대동강수침인무)
王儉春城似畫圖 (왕검춘성사화도)
萬里塗山來執玉 (만리도산래집옥)
佳兒尙憶解夫婁 (가아상억해부루)

대동강 물에 스며든 안개가 거칠고
봄날의 왕검성은 그림책과 흡사하며
우임금이 만 리 길 도산에 와서 옥구슬을 집은 듯
좋은 아들이 해부루를 가상하게 기억한다."
[유득공, 柳得恭 1749~1807, 냉재집(冷齋集 권1)]
[출처 환타임스, 2011년 1월31일]

이러한 내용은 기원전 2,070년에 중국 최초의 나라인 '하'나라가 건국되기 이전에 고도의 문명을 지닌 고조선 국가가 이미 존재했음을 보여주는 기록입니다.

2) 수 많은 고서의 고조선 증거

❀ 고조선에 관한 고서들

고조선의 실존을 알 수 있는 수많은 고서들이 남아있습니다. 고조선의 기록들은 조선왕조에서 사대주의자들의 고조선 사료 은폐, 일제에 의해 우리 민족의 역사서 20만권이 소각되거나 일본 땅으로 넘어가면서 소실되었기에 거의 남아 있지 않지만, 불행 중 다행히 중국 고서들에 그 흔적이 여러 곳에 남아있습니다. 고조선에 대한 가장 오래된 역사기록은 역시 산해경입니다.

"朝鮮在列陽. 東海北, 山南. 列陽屬燕
조선은 열양 동쪽에 있는데,
바다의 북쪽이고 산의 남쪽이다.
열양은 연에 속한다." [산해경]

❀ 군자와 무궁화의 나라

"君子國在其北 衣冠衣冠帶劍 食獸 使二大虎在旁其人好讓不爭 有薰(或作菫)華草 朝生夕死
군자의 나라가 그 북방에 있는데 그들은 의관을 갖추고 칼을 차며 짐승을 잡아먹고 두 마리의 큰 호랑이를 부린다 그 나라 사람들은 사양하기를 좋아하고 다투지 않으며 그 땅에는 무궁화(훈화초, 薫華草)가 있는데 아침에 피고 저녁에 시든다."
[산해경]

기원전 7세기 기록에도 춘추시대에 제나라 환공의 재상이었던 관자(管子)가 자신의 주군인 환공과 나눈 대화 중에서 '조선'을 거론한 대목이 있습니다.

"환공이 진귀한 물건으로 화폐를 만드는 방안을 관중에게 묻는다. 관중은 음산의 연민(옥과 비슷한 귀한 돌), 연나라 자산의 백금, 여수와 한수의 황금, 강양에서 나는 구슬, 명산에서 나는 증청(장생불사한다는 선약), 변산의 옥, 발조선(發朝鮮)의 문피(호랑이 가죽)를 예로 든다." [규도 편 제78]

뿐만 아니라 중국의 고서인 사마천 사기(한나라 무제때 기원전108~기원전 9), '상서대전(복승, 伏勝 기원전 264년~기원전 170년)', '한서(후한시대 역사가 반고 저 32년~92년)', '후한서(송나라 범엽 저 398~445)'에서도 조선의 이름이 거론 되고 있습니다.

"무왕이 은(殷)을 멸하고 기자를 방문하여 안민(安民)의 도(道)를 묻고 그를 조선후에 봉했다."
[사기(史記)의 송미자세가(宋微子世家)]

"연나라 동쪽에는 조선과 요동이 있고, 북쪽에는 임호와 누번이

있으며, 서쪽에는 운중과 구원이 있고, 남쪽에는 호타와 역수가 있는데 지방이 200리쯤 된다
연 나라가 남쪽에는 갈석, 안문의 풍요로움이 있고, 북쪽으로는 대추와 밤의 수익이 있으므로 백성들이 비록 경작하지 않더라도 대추와 밤의 수익만 가지고도 충분할 것이니 이곳이야말로 소위 말하는 천혜의 땅이다."
[사마천의 '사기열전' 중]

"주(周)나라 무왕(武王)이 재수중(在囚中)의 기자(箕子)를 석방하니 기자가 그 석방을 탐탁하게 생각하지 않아 조선(朝鮮)으로 도망갔다. 이에 무왕이 조선후(朝鮮侯)로 봉(封)했다."
[상서대전, 尙書大傳]

"상(은)나라가 쇠하매 기자가 조선에 가서 예의(禮儀)와 전잠(田蠶)과 직조(織造)를 가르쳐 주었더니, 낙랑조선민(樂浪朝鮮民) 사회에는 팔조금법(八條禁法)란 법금(法禁)이 행하여졌다."
[한서, 漢書]

"원봉(元封) 3년(기원전 108)에 이르러서 조선을 멸망시키고, 그 땅을 나누어 낙랑·임둔·현도·진번의 4군을 두었다. 소제(昭帝) 시원(始元) 5년(기원전 82)에는 임둔과 진번을 폐지하여 낙랑과 현도에 합하였다. … 뒤에 그 지역이 넓고 멀리 떨어져 있어서, 다시 영(領)의 동쪽 7현을 떼어 낙랑군에 속한 동부도위(東部都尉)를 두었다. 복속된 후부터 풍속이 점점 나빠짐에 따라, 법령도 점차 늘어나 60여 조가 되었다.

至元封三年　滅朝鮮　分置樂浪臨屯玄菟眞番四郡　至昭帝始元五年　罷臨屯眞番　以幷樂浪玄菟　後以境土廣遠　復分領東七縣　置樂浪東部都尉　自內屬已後　風俗稍薄　法禁亦浸多　至有六十餘條"
[후한서 권85 동이열전75 예조]

"서한이 조선의 옛 지역에 처음에는 4군을 두었다가 후에는 2부를 두었더니 법령이 점차 번거로워지면서 갈라져 78국으로 되었으니 각각 만호씩이다."[후한서]

 이외에도 여러 중국 고서에서 고조선의 흔적을 찾아 볼 수 있다. 한국 고서에서는 대표적으로 삼국유사, 삼국사기와 조선왕조실록에서 찾아 볼 수 있습니다.
 삼국유사 제1권에, 서기 801년에 당나라 학자 두오가 기록한 '통전'을 이용하여 고조선을 거론하였습니다.

"통전(通典)에 '조선의 유민이 나뉘어 70여국이 되었는데, 지역은 모두가 사방 백리이다." [삼국유사]

 고조선에 대한 이러한 기록도 있습니다.

❀ 고조선의 첫 수도는 아사달

"위에 이르기를 지금으로부터 2,000년 전에 단군왕국이 있어 도읍을 아사달에 정해 나라를 세우고 이름을 조선이라 하였는데 고와 같은 시기였다고 하였다 '고기' 이르기를 ... 이름을 단군왕검이라 하는데 당고가 즉위한 지 50년 되는 경은년에 평양성에 도읍하고 비로소 조선이라 불렀다. 또 도읍을 백악산 아사달에 옮겼는데, 그곳을 또 궁훌산이라고도 부르고 금미달이라고도 한다. 나라를 다스린 지 1,500년 되는 해인 주호왕 즉위 기묘년에 기자를 조선에 봉하니 단군은 장당경으로 옮겼다가, 뒤에 아사달로 돌아와 은거하다가 산신이 되었다 수명이 1,908세였다."
[삼국유사. 권1 고도선조 왕검조선]

 단군의 수명이 1,908세라고 하였다고 신화라고 할 수 있으나 좀 과장된 내용이 포함 된 것이라고 생각하지만 개인적인 견해로는 성경은 노아가 950살까지 살았다고 했고 노아와 함께 했던 언약자손들의 수명은 수백살씩 살았으니, 노아와 언약자손들이라고 추측 되는 단군(이름이 아니라 왕의 칭호)의 나이를 그렇게 기록한 것은 무리가 아니라고 생각합니다. (창5장) 제왕운기에서는 노아 나이와 근접한 1,028년으로 기록하고 있습니다.
"처음에 누가 나라를 열고 바람과 구름을 인도하였던가, 석제의 후손으로 그 이름은 단군이었다. 제고(요)가 일어난 시기와 같은 해 무진년에 나라 세워 제순시대를 거쳐 하나라 시대를 지나기까지 왕위에 있었다 상(은)나라 무정 8년 을미년에 아사달산에 들어가 신이 되었다 나를 다스리기 1,028년인데, 어쩔 수 없이 변화하여 환인에 전해졌으나 도리어 164년이 지난 뒤에 어진 사람이 나타나 겨우 군주와 신하를 부활시켰다."
[제왕운기 권 하 전조선기]

 삼국사기도 고조선에 대해 기록하고 있습니다.

"현도와 낙랑은 본래 조선의 땅으로서 기자가 봉해진 곳이다 기자는 그 주민을 예의로써 교화하면서 농사짓고 누에 치고 길쌈하였으며 8조의 금법을 설치하였다 이로써 그 주민은 서로 도적질 하지 않아 문호를 닫지 않았으며, 부인은 정신하여 음란하지 않고 먹는 데는 변두를 사용하니 이는 현의 교화이다."
[삼국사기, 권 22 고구려본기 보장왕 하]

 고려사에서는 고조선의 역사에 대해 구체적으로 언급하고 있습니다.

"서경 유수관 평양부는 본래 세 조선의 옛 도읍인데, 당요 무진년에 신인이 단목 아래로 내려오니 나라 사람들이 그를 세워 군주로 삼아 평양에 도읍하고 단군이라 부르니 이것이 전조선이다 주나라 무왕이 상나라를 정복하고 가지를 조선에 봉하니 이것이 후조선이다. 대 후손 준에 이르러 이때 연 지역에서 망명한 위만이란 사람이 있어 1,000여 명을 모아 무리를 만들어 쳐들어와서 준의 땅을 빼앗고 왕검성에 도읍하니 이것이 위만조선이다. 그 손자 우거가 황제의 명령을 받들지 않으니 한나라 무제는 원봉 2년에 장수를 보내어 그를 토벌하고 평정하여 4개군을 만드니 이로써 왕험은 낙랑군이 되었다."
[고려사 권12, 지리지, 서역유수관평양부 조]

 조선이 건국된 후, 권근(陽村 權近 1352~1409)이 1,397년 중국에 사신으로 갔을 때 명태조 주원장이 사신으로 간 조선 권근이 학식이 높은 것을 알고 시를 짓게 하였는데, 주원장의 시제

중에 '시고개벽동이주(始古開闢東夷主)'인데 그 의미는 '상고시대를 개벽한 동이의 왕은 누구냐'라는 의미입니다. 주원장의 물음에 권근이 답변한 시에서 고조선의 실존과 그 나라가 천 년 이상 이어온 나라인 것과 기자 조선의 존재와 고조선이 단군이 천명을 받아 개국한 당당한 천손의 나라임을 분명히 밝히고 있습니다.

"聞說鴻荒日 (문설홍황일)
檀君降樹邊 (단군강수변)
位臨東國土 (위림동국토)
傳世不知幾 (전세부지기)
歷年曾過千 (역년증과천)
時在帝堯天 (시재제요천)
後來箕子代 (후래기자대)
同時號朝鮮 (동시호조선)

아득한 옛날 역사가 전하는 말에 따르면
단군 임금이 나무가에 내려왔다
그의 지위는 동쪽 땅에 군림했고
단군왕조가 세대를 전한 것을 구체적으로 알 수 없지만
단군조선의 연대가 천여 년이 지속했는데
그때가 바로 중국의 역사가 시작되는 요임금 때라오
그 후에 기자가 나라를 계승하였는데
매양 나라이름은 그대로 조선이라 이름 하였오"
[조선왕조실록]

명나라 태조가 권근에게 내린 3개의 시에서 '단군'을 언급합니다. 태조의 3개의 시와 시제로 주워진 개벽동이주(始古開闢東夷主, 상고시대를 개벽한 동이의 왕은 누구냐)라는 시제를 보면, 명나라 태조가 고조선에 대한 분명한 인식이 있었고, 고조선은 동이라는 것과 동이의 왕은 단군이라는 명확하게 알고 있었다는 것입니다.

 압록강 (鴨綠江)

"압록강 맑고 지경은 옛 정한 대로
강했어도 거짓 없이 시대의 영웅이라 즐겨한다
도망친 죄인을 들이지 않는 1천 년의 복지
예절과 의리 모두 백세의 공적 이루었네
한나라의 정벌은 분명히 책에 있어 상고 하겠고
요나라의 정벌한 것 남긴 자취 살펴야 할 것일세
정회(情懷)는 하늘 중심에 성취된 듯
물에는 파도 없고 수자리도 변동 없다
[고려(高麗) 고경(古京)]

우물과 동네 옮겨 가서 저자가 황량하여
우거진 풀 눈에 가득 길손이 상심한다
비원(園苑)에는 꽃이 있어 벌이 꿀 모아가고
궁전과 누대(樓臺)에는 주인 없어 토끼의 고장 되었네
행상(行商)은 길을 돌아서 새 성으로 가고

앉은 장사 옮겨 살며 옛 동네 그리워한다
이것이 옛날 왕씨의 기업(基業)
단군(檀君)이 가신 지 오래이니 몇 번이나 경장(更張)하였노
[요좌(遼左)를 지나며]

지경에 들어서면 들에 가득 농사하는 노래 들린다
군사를 파하고 김매고 심은 지 몇 춘추(春秋)인가
수루(戍樓)에 달린 변탁(邊鐸)이 녹슬고
망보(望堡)에는 재와 낙엽 몰려서 흙더미 되었네
역리(驛吏)는 먼 길 편히 온 것 기쁘게 마중하고
일부(馹夫)들 기쁘게 놀라고 좋아서 전송한다
하늘 끝 땅 끝까지 닿은 중화(中華)의 경계
벼와 기장 밭에 가득하여 해마다 거둔다"
[조선왕조실록]

❀ 고조선 영토에 관해 기록한 고대 문헌

　고조선이 실존한 국가라는 증거는 고조선의 영토에 대해 수많은 고서들에 구체적인 기록들이 있다는 것입니다.
　고조선에 대한 가장 오래된 기록은 역시 산해경입니다. 기원전 2,070년에 건국된 하(夏)나라의 우(禹)왕과 백익(伯益)에 의해 기록된 지리서인 산해경에 조선의 땅의 위치가 명확히 나타나고 있습니다.

"동해의 안쪽 북해의 모퉁이에 나라가 있는데

이름하여 조선이라 한다.
東海之內 北海之隅 有國名曰朝鮮"
동해지내 북해지우 유국명왈조선
[산해경]

여기서 북해는 발해만을 가리키는 것으로서 현재 중국에 있는 하북성(하북성의 중심은 북경)을 가리키는 것입니다. 이 지역을 요서(遼西, 오늘날의 요서가 아니라, 북경 북쪽에서 발해만으로 빠지는 조하를 기준으로 한 고대의 요서지역을 말함)지역이라고 하는데, 이곳에서 고조선이 시작되었다는 것입니다. 이를 확인시켜주는 기록이 있는데 전한(前漢) 회남왕(淮南王) 유안(劉安)이 편찬한 일종의 백과사전인 '회남자(淮南子)라는 책입니다. 이 책에서 고조선의 태동이 한반도가 아니라 요서지역으로 기록하고 있습니다.

"갈석산(碣石山) 부근 요서지역으로부터 동쪽으로 조선국을 포함한 12,000리가 동방의 지도자 복희(伏羲)의 통치 구역이었다."
[회남자]

고조선의 서쪽 영토 범위를 확인하는데 있어서 갈석산의 위치가 중요합니다. 회남자는 고조선의 영역이 갈석산 부근 요서지역으로부터 동쪽으로 조선국을 포함한 12,000리라고 하고 있기 때문입니다. 한나라 한무제가 기원전108년에 고조선을 멸망시키고 고조선의 수도에 한사군 중 하나인 낙랑군을 설치했는데, 사마정이 서술한 '사색기은'에 '낙랑군의 수성현에 갈석산이 있다.'라고 기록하고 있고, 또한 이 책에서 '태강지리지에 말하기를 낙랑의 수성현에 갈석산이 있는데 장성이 시작된 곳이다.'라고 기록하고 있습니다. 이는 갈석산이 있는 곳이 곧 고조선의 땅이라는 의미로서 갈석산의 위치를 알면 고조선의 영역을 알 수 있다는 의미가 됩니다.

 현재 갈석산의 위치에 대해 몇 가지 견해가 존재합니다.
"갈석산(碣石山)은 북경(北京) 근처의 하북성 창려현, 난하 하류 동부 유역에 위치한 산이다. 갈석산이 고조선과 관련하여 중요시되는 것은 이 지역이 고조선 영토의 경계지역으로 인식되기 때문이다. 이를 오늘날 북경 근처 갈석산 지역으로 본다면 이 위치는 산해관과 인접해있는 지역으로 고대로부터 중국인들이 타민족과의 경계로 인식해왔던 지역이다. 하지만 산해관이 만리장성의 시작점으로 개척된 것은 명대로 그 이전까지 진대나 한대의 만리장성의 시작점으로 언급되는 갈석산의 위치는 오늘날의 갈석산과 다르다는 견해가 있다. 오늘날의 요동이나 한반도 북부 지역에 있었다고 보는 견해에서 보자면 갈석산의 위치는 또 달라진다."[네이버 지식백과, 문화콘텐츠닷컴 문화원형백과 건국설화 이야기, 2004, 한국콘텐츠진흥원]

 북경 근처의 하북성 창려현으로 보는 견해가 있고, 보정시 서수현에 수성진(遂城鎭)에 있다고 주장하는 학자들도 있습니다. 갈석산의 위치에 대해 몇 가지 견해가 있지만 필자의 견해는 갈석산(碣石山)은 북경(北京) 근처의 하북성 창려현에 위치한 갈석산이 회남자· 사색기 ·태강지리지에 나타난 갈석산이라고 봅니다. 첫째 이유는 오늘날 그 곳에 갈석산이라고 부르고 있는 산이 실제하기 때문입니다. 둘째는 산해경에 조선이라고 부르는 나라가 북해의 모퉁이, 즉 하북성에 위치한 곳에 있다고 했을 뿐 아니라 이 책에서 거론한 많은 고서들을 통해 초기 고조선의 중심활동무대가 요서지역임으로 실증할 수 있기 때문입니다. 아래 고조선 강역을 논증할 때에 이러한 사실을 확인하게 될 것입니다.

만약 고조선이 발해만 모퉁이인 하북에도 존재했었다면 고조선 강역의 서쪽은 북경 서쪽에 있는 갈석산이 될 것이며, 동쪽으로 한반도가 될 것입니다. 과연 이러한 주장이 역사적으로 실증할 수 있는 주장일까요, 아니면 공상에 불과한 주장일까요? 고서들에 나타난 고조선의 강역의 진실을 찾아봅니다.

❀ 구이(九夷)는 고조선

고조선은 구이(九夷)족으로 구성되어 있는데 고조선이 붕괴되면서 우리가 잘 알고 있는 삼한, 부여, 고구려, 백제 등 우리의 고대국가들이 나온 것입니다. 이를 통해 고조선의 영토의 범위와 고조선의 실존을 확인할 수 있습니다. 이것을 입증할 수 있다면 고조선의 실존뿐만 아니라 고조선의 영역의 범위도 어느 정도 가늠할 수 있습니다. 즉 중국 고대문헌의 기록을 바탕으로 우리 역사의 출발점인 고조선의 활동 무대는 중국 하북성(河北省) 동남쪽 요서(遼西) 지역까지 이르렀다는 사실을 구이족인 고조선의 멸망과 함께 구이족의 후예에 의해 건국 된 삼한, 부여, 고구려, 백제 또한 요서를 지배했다는 사실을 확인 함으로써 고조선의 영역을 다시 입증할 수 있는 근거를 갖게 됩니다.

고서들은 구이(九夷)가 고조선이고, 구이(九夷)가 단군 임금이 통치하였던 영역임을 기록하고 있습니다. 일제는 단군이 야사인 삼국유사에만 기록하고 있고, 정사 기록에는 나오지 않는다고 하여 실제 역사가 아닌 신화로 치부하였습니다. 하지만 정사인 세종실록에는 조선, 시라, 고례, 남옥저, 북옥저, 동부여, 북부여, 예와 맥 등 아홉 나라가 다 '단군지치(檀君之治)', 즉 '단군이 통치하던 나라'라고 기록하고 있습니다. 역사기록은 고조선은 구이(九夷)를 거느린 제국임을 기록하고 있는 것입니다.

"단군이 나라를 세웠으니, 그 이름은 조선이다 조선 시라(신라) 고례(고구려) 남옥저 북옥저 동북여 북부여 예 맥 모두 단군이 통치하던 나라이다."
[조선왕조실록, 세종실록, 단군고기]
"시라 尸羅(신라) 고례 高禮(고구려) 남옥저 북옥저 북부여 동부여, 예와 맥이 모두 단군의 자손이다."
[이승휴의 제왕운기]

"예(동예)는 북쪽으로는 고구려와 옥저, 남쪽으로는 진한과 접하였고, 동쪽은 넓은 바다로 막혔으며, 서쪽은 낙랑에 이른다. 예 및 옥저, 고구려는 본래 모두 조선의 땅이다"
[후한서, 권85, 동이열전, 예전]

≪논어(論語)≫ 자한편(子罕篇)에는 '자욕거구이(子欲去九夷)'라 하여 공자가 구이(동이 9족인 고조선)에 가서 살고 싶어 하였다는 기록도 있습니다.(공자께서 중국의 혼란에 상심하여 동방의

구이(九夷)에 가서 살고자 하였다. 어떤 사람이 말하였다"누추할 터인데 어떻게 사시겠습니까! 공자가 말하길 "군자가 살고 있는데 무슨 누추함이 있겠는가?") 그래서 후한서[後漢書] 동이열전(東夷列傳)의 서론에서 구이(九夷)에 대해 구체적으로 설명하면서 공자는 구이(九夷)에 살고 싶어 했다는 기록을 남기고 있는 것입니다.

"왕제(王制)에 이르기를 동방(東方)을 이(夷)라 한다고 하였다. 이(夷)란 근본(根本)이다. 그 의미는 이(夷)가 어질어서 생명(生命)을 좋아하므로 만물(萬物)이 땅에 근본 하여 산출(産出)되는 것과 같다는 말이다.
그러므로 이(夷)는 천성(天性)이 유순하여 도리(道理)로서 다스리기 쉽기 때문에 군자국(君子國)과 불사국(不死國)이 있기까지 하다.
이(夷)에는 아홉 종류가 있으니, 견이(畎夷)· 우이(于夷)· 방이(方夷)· 황이(黃夷)· 백이(白夷)· 적이(赤夷)· 현이(玄夷)· 풍이(風夷)· 양이(陽夷)가 그것이다. 그러므로 공자(孔子)도 구이(九夷)에 살고 싶어 하였다."
[후한서(後漢書) 동이열전(東夷列傳) 서론]

❁ 구이, 동이, 고조선의 근본은 하나

위 내용을 살펴보면 구이, 동이, 고조선은 근본 하나라는 것을 알 수 있습니다. 고조선은 동이족으로서 구이로 이루어져 있는 것입니다.

명나라 때 오명제가 기록한 '조선세기'에는 구이가 고조선이고, 단군이 구이의 나라 고조선의 왕이라고 분명하게 기록하고 있습니다.

"단군은 동방 구이(九夷)의 나라 고조선의 지도자였다.
國號朝鮮....九夷君之"

　명나라 오명제가 저술한 '조선세기'는 단군에 대해 구이군지(九夷君之), 즉 '아홉 개 이족들이 그(단군)를 임금으로 삼았다'고 고조선이 구이의 나라임을 기록하고 있습니다. 따라서 고문헌들을 통해 알 수 있는 것은 우리가 익히 알고 있던 고대에 만주와 한반도에 존재했던 조선, 시라(신라), 고례(고구려), 남옥저, 북옥저, 동북여, 북부여, 예, 맥, 이 모든 나라들이 고조선에 뿌리를 두고 있다는 사실입니다. 결국 이 아홉 개 나라의 영토는 실상 고조선의 영토일 것이라는 추론이 가능합니다.
　이러한 수많은 고조선의 영토에 대한 고서들은 고조선의 실체를 부인할 수 없는 분명한 증거들이 되는 것입니다.

❈ 이시영의 감시만어

　1934년에 중국 상해에서 상해임시정부 부통령이었던 이시영 선생이 쓴 역사평론서인 '감시만어'에 이러한 사실과 비슷한 주장을 하고 있는 것을 볼 수 있습니다. 이 책에서 그는 단군의 아들 부여의 후손들에 대한 계보를 통해 고대국가들의 뿌리가 고조선이고, 단군의 자녀들로부터 시작된 고대국가들의 형성과정을 상세히 기록하고 있습니다.

"그 후 (단군의) 자손들이 분거(分居)하여 번성하였는데, 부여는 다시 갈라져서 동부여, 북부여, 졸본부여, 서원(徐菀)부여, 남부여가 되고 그 지파가 예맥(濊貊), 옥저(沃沮), 숙신(肅愼)이 되었다. 서원부여는 그 후에 신라, 고려, 조선, 한(韓, 대한제국)으로 이어진다."
[감시만어]

그는 부여는 다섯 갈래로 나뉘어 번성하는데, 부여에서 동이족 역사의 여러 물줄기가 흘러나왔다고 한다.
"졸본부여는 그 후 고구려, 발해, 여진(동서(東西)여진이 있다)이 되는데, 동여진의 후손이 금(金), 만청(滿淸, 청나라)이고, 남부여의 후예가 백제이고, 기씨 조선의 후예들이 마한이며, 예(濊)의 후손은 서예(徐濊), 동예(東濊), 불내예(不耐濊)이고, 서예의 후손이 서국(徐國)이다."
[감시만어]

성재는 부여에서 갈라진 동이족 제국의 갈래를 이렇게 정리합니다.

① 서원부여 → 신라 → 고려 → 조선 → 대한제국
② 남부여 → 백제
③ 졸본부여 → 고구려 → 발해 → 여진
④ 졸본부여 중 동여진 → 금 → 청

⑤ 기씨 조선 → 마한

⑥ 예(濊)의 후손 중의 서예(徐濊) → 서국(徐國)

　성재는 고구려·백제·신라·발해·고려·조선 뿐만 아니라 만주족의 금나라, 청나라까지 우리 역사의 갈래로 바라보는 광대한 역사관을 갖고 있다.' [출처 이덕일]

❋ 동이민족이 세운 청나라 왕조

금(청)나라까지 우리 조선의 역사라는 주장이 놀랍습니다. 이러한 주장은 성재뿐 아니라 심백강박사도 이러한 주장을 하고 있습니다. 그는 금나라 역사서인 사고전서에서 금태조 아골타가 세운 금나라(1115~1234)의 시조가 신라인 함보(函普)라고 하고 기록하고 있고, 아골타는 함보의 6대손이라는 기록하고 있다고 합니다.

"함보는 신라가 망할 무렵에 여진으로 터전을 옮겼으니 '고려에서 온 신라인'이라고 보는 것이 합당합니다. 《고려사》의 여러 기록을 종합하면 김극수(金克守)라는 분이 바로 함보와 동일인이 확실합니다. 이 분은 고려에서 망명한 신라왕족의 후예인 김행의 아들입니다.

《고려사》에는 금나라 시조의 후손들, 즉 아골타를 비롯하여 금의 초창기 왕들은 고려를 '부모의 나라'라 호칭했다고 기록되어 있습니다. 청나라 때 나온 《흠정만주원류고》는 금나라 국호도 신라왕의 김씨 성에서 유래했다고 단정하고 있습니다. 이는 청나라 당대 최고 학자들의 종합적인 연구 검토를 거친 끝에 내린 최후의 결론이라고 할 수 있습니다. 훗날 금나라를 세운 아골타의 후손들이 청나라(1616~1912)를 세웠습니다.

 한족이 중원을 다스리던 한·당·송·명 시대에는 만리장성 너머 동북방을 제대로 지배한 적이 없습니다. 고조선·부여·고구려·선비·말갈·거란·여진 등 동이(東夷) 민족들이 이 지역의 토착민으로 활동하고 있었기 때문입니다. 대만 또한 청나라의 강희 황제가 중국에 편입시킨 땅입니다.
 오늘날 거대한 중국의 기초를 닦은 것은 한나라도 당나라도 송나라도 명나라도 아닌 바로 동이민족이 세운 청나라 왕조였던 것입니다. 청나라는 애신락라(愛新覺羅) 누루하치가 세운 나라로 원래 국호는 대금(大金)이었으며 그 아들 황태극에 이르러 비로소 국명을 청으로 개정했다는 사실을 많은 사람들이 잘 모르고 있습니다.

 금나라는 전성기에 북송을 멸망시키고, 남송과 서하를 굴복시키며 동아시아의 패자로 군림하며 120년간 중원을 다스렸습니다. 금나라에 대한 현재 중국 측 기록을 보면 여러 중국민족 가운데 하나인 여진족이 수립한 정권으로 기술했으나 이는 사실과 많이 다릅니다. 금나라는 여진족, 거란족, 한족, 발해족, 고려족 등 다양한 성분으로 구성되어 있었지만, 나라를 세우고 경영하는데 주도적인 역할을 담당한 통치세력은 신라족 계통이었습니다. 따라서 금나라는 신라족이 세운 정권이라고 말하는 것이 타당합니다. 중국 춘추전국 시대의 제나라와 노나라의 건국을 주도한 통치

집단은 서주로부터 이주해온 세력이었지만, 먼 옛날부터 토착민으로 이 지역에 거주한 원주민은 우이(嵎夷)와 내이(萊夷)였습니다. 이 두 민족은 제나라와 노나라의 민족을 구성하는데 주체 성분이지만, 제나라와 노나라를 우이족 내이족 정권으로 간주하지 않는 것과 같은 이치입니다.

함보가 신라의 선진문명을 가지고 여진 지역으로 가서 추대를 받아 수령에 취임했고, 그 후손이 여러 여진족을 통일하여 세운 게 금나라입니다. 당연히 신라인이 세운 정권이라고 말하는 것이 합당합니다. 여진족이 세운 나라라면 여진족 중에 건국을 주도한 세력이 있어야 하는데 전혀 그렇지 않습니다. 하지만 함보와 그 후손 아골타는 신라인이라는 것이 청나라 이전 중국문헌에 보이는 공통된 견해입니다."(조선미디어, 심백강)

이러한 주장은 1911년에 김교헌, 박은식, 유근 등이 단군에 관련된 '조선왕조실록'을 비롯하여 중국 25사 등 주요 사서만 50여 종을 인용하여 기록한 『단조사고』에도 기록하고 있습니다.

"김교헌·박은식·유근 등이 지은 [단조사고]에는 '단군혈통도'가 실려 있다. 이 혈통도는 단군의 혈통을 계승한 동이족 여러 국가들의 계통을 밝혀놓은 것인데, 크게 보면 둘로 귀속된다.

❀ 첫째는 '①조선→한(대륙의 전삼한)→삼한(반도의 후삼한)→신라→고려→조선'의 계보다.
이는 우리가 보통 한국사의 맥으로 이해하는 것이다. 물론 식민사학은 일제가 만든 '반도사'의 틀에 갇혀 대륙에 있던 전삼한(前三韓)을 인정하지 않고 있다.

❁ 둘째는 '②부여→동부여→고구려→발해→여진→금→후금(청)'의 계보다.

　단군의 혈통들이 만든 나라가 크게 '고려→조선'과 '금→청'으로 연결된다는 역사인식이다.

　유의할 점은 둘은 단절시키면 안 된다는 점이다. 예를 들어 고구려는 예(濊) 및 마한등과도 연결되어 있어서 ①과 ②는 서로 연결된다. 김교헌, 박은식, 유근 등이 유학의 사대주의를 버리니 비로소 단군을 공동조상으로 둔 민족계통을 인식할 수 있었고, 금과 청까지도 단군 혈통 국가로 인식할 수 있었다. 이는 자의적인 것이 아니라 중원을 장악한 금나라 정사인 '금사(金史)'에도 그 근거가 나온다. [금사 본기(本紀)]의 '시조 함보' 조는 이렇게 시작한다.

"금나라 시조의 휘 함보는 처음 고려에서 왔다
金之始祖諱函普, 初從高麗來"

금나라 시조 함보가 고려 사람이라는 이야기다. 그래서 대한민국 임시정부 2대 대통령이셨던 박은식 선생이 몽배금태조(夢拜金太祖, 꿈에서 금나라 태조를 보고 절했다) 라는 글을 남긴 것이다."[출처 이덕일]

　또한 북부여도 단군의 아들인 부루의 자손이 기자를 피해 세웠다는 기록이 경상도 안동 출신의 고산(孤山) 이유장(李惟樟,

1625~1701)이라는 조선 중기 학자가 쓴 [동사절요(東史節要)]에 기록되어 있습니다.

"부루(다른 본에는 해부루라고도 되어 있다)는 단군의 아들이다. 어머니는 비서갑으로 하후씨의 딸이다. 수토를 다스리기 위해서 제후들이 도산에서 만나 옥백을 가져가 서로 만날 때 부루가 가서 회맹했다(외교의 시작이다). 부루의 자손이 기자를 피해 북부여를 세웠다(영토를 양보한 시작이다) 환인(桓因)의 신시(神市)의 시대에 대해서는 상고하지 못했다.
扶屢(一作解夫婁) 檀君之子 母非西岬女夏后氏 平水土會諸侯於塗山 相見以玉帛 扶屢往會(外交之始) 扶屢之子孫避箕子立爲北扶餘(讓土之始) 桓因神市之世 無所攷 (『東史節要』 卷1 君王紀 第1 扶屢)"
[출처 이덕일, 이유장의 동사절요(東史節要)]

그러므로 단군의 혈통, 즉 구이(九夷)부터 시작된 많은 고대국가들의 형성 과정을 통해 한반도뿐 아니라 요동과 요서까지 포함한 대륙이 고조선의 땅이라는 것을 확인할 수 있습니다.

❀ '동이들'은 '부여'와 같은 뿌리

후한서, 동이열전, 삼국지, 오환선비동이전에서도 '동이'라 불리어진 부여, 고구려, 읍루, 옥저, 예, 한 등의 뿌리는 고조선이라고 했으니, 이들의 활동무대인 한반도와 대륙의 요동과 요서 전 지역은 고조선의 강역이라고 볼 수 있습니다. 그러하기에 후한서와 삼국지에서 '동이들'은 부여와 같은 뿌리에서 갈라진 종족들이며, 그렇기 때문에 언어나 법속 등 여러 가지 일들이 서로 비슷하다고 기록하고 있는 것입니다.

"동이들이 서로 전해오기를 부여와 갈라진 종족이라 한다. 그러므로 언어와 법속이 거의 같다. "
[후한서, 권85, 동이열전, 고구려전]

"동이들의 옛말에 이르기를 그들은 부여와 갈리진 종족이라 한다. 그러므로 언어와 여러 가지 이들이 여러 면에서 부여와 같다."
[삼국지, 권30, 오환선비동전, 고구려전]

❀ 동일한 종교의식과 풍속

부여의 영고, 고구려의 동맹, 동예의 무천, 한의 5월제와 10월제 등은 나라에 따라 명칭은 다르지만 동일한 종교의식과 풍속이 북만주에 있던 부여로부터 한반도 남부에 있었던 한에 이르기까지 모든 지역에서 행해졌다는 것은 이 지역 거주민들이 원래 같은 나라에 속해 동일한 종교의식과 풍속을 가지고 살았을 것임을 알게 해 줍니다. 이 지역은 이들 나라보다 앞서 있었던 고조선의 영토였기 때문에, 이 지역 주민들은 같은 정치체제 속에서 깊은 문화 교류를 하면서 같은 성격의 문화를 갖게 되었을 것입니다.

"섣달에 하나님께 제사를 지내는데, 큰 모임이 날마다 계속되면서 마시고 먹고 노래하고 춤을 추었다. 그 이름을 영고라 한다.

이때에는 형벌과 옥사를 중단하고 갇혀 있는 죄수들을 풀어주었다."
[후한서, 권85, 동이열전, 부여국전]

"10월에 하나님에게 제사를 지내는 큰 모임을 갖는데, 그 이름을 동맹이라 한다."
[후한서, 권85, 동이열전, 고구려전]

"항상 10월에 하나님에게 제사를 지내는데, 밤낮으로 술을 마시고 노래하고 춤을 추었다. 그 이름을 무천이라고 한다."
[후한서, 권85, 동이열전, 예전]

"열국시대에 북만주로부터 한반도 남부에 이르는 지역에서 비록 나라는 다르면서도 부여의 영고, 고구려의 동맹, 동예의 무천, 한의 5월제, 10월제라는 동일한 성격의 종교의식과 풍속이 행해지고 있었던 것으로 보아, 이전에 이들은 하나의 공동체 즉 고조선의 구성원이었음을 알 수 있습니다. 바꾸어 말하면 이들이 자리했던 북만주로부터 한반도 남부까지 고조선의 영토였다고 보아야 할 것입니다."
[윤내현, 사료로 보는 우리고대사, 115p]

❊ 고조선의 영역에 대한 여러 견해들

많은 중국 고대문헌들의 기록을 토대로 고조선의 영토를 검증해 보면 고조선은 한반도에 국한된 소국이 아니라 한반도와 요동뿐 아니라 요서지역까지 아우르는 거대한 영토를 소유한 초거대 국가라는 사실에 놀라게 됩니다. 또한 중국고서들은 고조선의 초장기 고조선 도읍지가 한반도에 있는 평양이 아니라 지금의 북경에 있었다는 사실에 다시 한 번 놀라게 합니다. 즉 고조선의 첫 도읍지가 한반도에 있는 것이 아니라 바로 중국 하북성(河北省) 노룡현에 있었고, 이후 삼한, 부여, 고구려, 백제의 영토로 지속되고있었다는 사실을 보여줍니다.

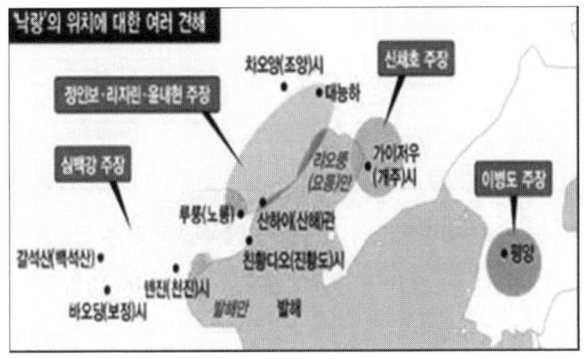

낙랑의 위치 [출처 심백강]

초창기 고조선의 중심 활동무대는 놀랍게도 한반도가 아니라 하북성(북경)에 진황도시(秦皇島市)에 소속되어 있는 노룡현(盧龍縣)을 중심으로 한 북경, 천진, 서남쪽으로 보정시까지 고조선의 중심영역임이 나타납니다. 이는 고조선이 한반도에 국한 된 작은 나라가 아니라 광활한 땅을 통치한 제국일 가능성을 보여줍니다. 과연 고조선의 영토는 한반도에 국한 된 국가가 아니라 대륙을 통치하던 거대제국이었을까?

고조선의 영역에 대해 여러 견해가 존재합니다. 크게 보면 두 가지 있는데 고조선의 영역을 압록강 이남의 국한 된 한반도로 보는 설과 대륙을 중심으로 한 한반도 전체의 영역으로 보는 견해입니다.

고조선의 영토가 한반도에 국한 된 것이 아니라고 주장하는 국내 대표적인 학자들은 고조선의 도읍지가 하북성 노룡현에 있었다는 주장하는 심백강 박사를 비롯하여 민족사학자들로 알려진 고조선의 도읍지가 요동에 있었다는 요동설을 주장하는 신채호, 요서설을 주장하는 정인보, 리지인, 윤내현 등과 조선 후기 일부 유학자들과 일제강점기 때 독립운동에 나섰던 역사하자들이 있습니다.

이에 반해 일제가 고려 중기 이후 사대주의 유학자들과 일제강점기 때 조선총독부에 의해 조작된 식민사관과 반도사관에 영향을 받은 고조선의 영역을 한반도로 국한 시키는 '청천강 패수설'과 '대동강 낙랑설' 주장하는 이른바 '강단사학(講壇史學)'으로 불리는 이병도, 이기백, 노태돈 등과 같은 학자 등이 있습니다.

이 두 견해들 각자가 주장하는 중심 논쟁에는 고조선의 도읍지 근방에 있다는 패수가 어느 지역에 존재했었는가에 대한 논쟁과 기원전 108년에 한나라가 고조선을 정복하고 세웠다는 낙랑군의 위치가 어디냐에 대한 논쟁이 중심에 있습니다.

초기 고조선의 강역은 고조선의 도읍지 근방에 있다는 패수가 어디냐에 따라서 압록강 이남, 즉 한반도에 국한 된 것으로 보는 청천강설, 대동강설(평양), 압록강설 있고, 한반도는 물론이고 요동을 중심으로 하여 거대한 영토를 소유하고 있었다는 요하설, 난하설, 대릉하설, 송화강설이 있습니다.

그리고 고조선의 도읍지 근방에 있다는 패수 뿐 아니라 고조선의 강역은 낙랑군(樂浪郡)의 위치에 달려 있습니다. 왜냐면 기원전 108년 한(漢) 무제가 '고조선'을 침략해 한사군(漢四郡)의 하나인 '낙랑'을 설치했다고 전해지기 때문입니다. 낙랑이 설치된 지역이 고조선의 영토인 셈입니다.

한사군의 중심지인 낙랑군, 그 중에서도 낙랑군을 다스렸던 조선현(朝鮮縣)의 치소(治所)를 찾으면 고조선의 위치는 자연스럽게 밝혀집니다. 왜냐면 위만 조선의 수도 왕험성에 세운 것을 조선현(朝鮮縣)이라고 보기 때문입니다. 또한 낙랑은 고구려의 발상지이기 때문에 그 위치가 중요합니다. 강단사학의 주장처럼 낙랑군이 대동강 유역에 있었다면 고구려의 발상지는 대동강 부근이 되고 고구려 영역이 한반도 중심으로 축소됩니다. 그러나 낙랑이 한반도 대동강 유역이 아니라, 현 중국의 하북성 동남쪽, 요령성(遼寧省)의 서쪽, 즉 요서 지역에 있었다면 고조선과 고구려의 강역은 한반도나 만주에 국한 된 것이 아니라 요서지역에 이르기까지 거대한 영토를 지배하던 거대국가라는 전혀 다른 실제가 들러나기 시작하게 됩니다. 만약 고대문헌들을 통해 낙랑군이 현재의 하북성 진황도(秦皇島)시 노룡(盧龍)현 산해관(山海關) 일대에서 서쪽으로 당산(唐山)시, 천진시를 지나 북경 남쪽의 보정(保定)시 수성진(遂城鎭)에 이르는 지역에 발해를 끼고

동에서 서로 펼쳐진 지역이라는 것이 입증이 된다면 정신적인 식민사관에서 해방 될 뿐 아니라 잃어버렸던 자랑스러운 우리 고대사를 되찾을 수 있게 되고, 이 책에서 논하고자 하는 고조선을 건국한 노아라는 주제에 학문적인 근거로 좀 더 접근 할 수 있는 바탕을 얻게 됩니다. 725세의 엄청난 경험과 영성을 갖춘 노아라는 인물이 고조선 건국에 개입했기 때문에 역사 이래 누구도 넘보지 못할 거대 국가를 건국할 수 있었다는 합리적 근거를 얻게 됩니다.

결론부터 이야기 하자면 중국 고서들을 통해 확인할 수 있는 것은 고조선의 서쪽 영역과 처음 도읍지는 심백강 박사가 주장하는 것처럼 하북성(북경)에 진황도시(秦皇島市)에 있는 소속되어 있는 노룡현(盧龍縣)에 위치한다고 봅니다. 이를 뒷받침할 수 있는 근거는 아래와 같습니다.

❀ 첫째, 고조선은 발해만 모퉁이에 위치

첫째 이유는 고조선의 위치에 대해 가장 고대의 사료인 '산해경'의 '조선기편'에서 '동해의 안쪽 북해(발해)의 모퉁이에 나라가 있는데 이름하여 조선'이라고 분명하게 기록하고 있기 때문입니다. (심백강저, '잃어버린 상고사', '교과서에서 배우지 못한 우리역사' 참조)

"동해의 안쪽 북해(발해)의 모퉁이에 나라가 있는데 이름하여 조선이라 한다."

東海之內 北海之隅 有國名曰朝鮮
동해지내 북해지우 유국명왈조선" [산해경]

　지금의 황해를 예전에는 '동해'라고 했습니다. 한족의 근거지인 섬서성을 기준으로 보면 북해(北海)는 현재의 '발해만' 밖에 없습니다. 발해의 다른 이름이 '북해'입니다.

　북해 모퉁이에 조선이라는 나라가 있는 곳이 구체적으로 어느 지역을 가리키는 것일까? [태평환우기]에 '노룡현에 조선성이 있다'고 했고, '바로 기자가 봉함을 받은 지역'이라고 했습니다. 바로 노룡현이 고조선의 도읍지였기 때문에 조선성이 있다고 기록하고 있는 것입니다.

　발해연안(渤海沿岸)은 우리나라 고조선(古朝鮮) 사회와 밀접한 관계를 갖고 있을 뿐만 아니라, 우리 민족이 끊임없이 활동을 계속하던 지역으로서 우리나라 고대사가 시작되는 곳이요 동방의 문명의 발생지요 문명의 여명(黎明)이 시작된 곳이었던 것입니다. 고조선의 첫 도읍지는 산해경의 기록대로 발해 모퉁이에서 시작 되었는데, 송나라 때 [태평환우기]의 기록에 '조선성(城)'이 있었다고 했고. 중국 [태평환우기]나 [무경총요(武經總要)]에 하북성 노룡현 서쪽 북경 부근에 조선하(朝鮮河)가 있다고 기록이 있습니다. 오늘날 북경 부근의 '조하'(潮河)가 바로 조선하입니다. 원나라 말기까지는 조선하(朝鮮河)라는 명칭이 존속했지만, 명·청시대에 이르러 조하(朝河)로 변경돼 현재에까지 이르게 된 것입니다. 오늘날 요동과 요서의 구분은 요녕성의 심양 앞에 서남으로 흐르는 요하(遼河)를 기준으로 북서쪽을 요동이라고 하고 서쪽과 북쪽지자오가 평원지역을 요서라고 하지만 진시황 시절이나 전국시대에는 오늘날의 요하를 기준으로 한 것이 아니고, 오늘날 북경부근에 있는 조하(조선하)가 요수(遼水)로서 이 강을 기준으로 요동과 요서를 나눈 것입니다. 산해경에 의하면 '요수는 동남쪽으로 흘러 바다로 들어간다'라고 했는데, 현재 요녕성의 요하는 서남쪽으로 흘러 바다로 들어갑니다. 요녕성에 있는 모든 강은 지리적으로 볼 때 발해로 들어가기 위해서는 서남쪽 방향으로 흐를 수 밖에 없습니다. 따라서 현재 요녕성의 요하는 [산해경]에서 말한 고대의 요수와는 완전히 다른 강인 것입니다. 동남쪽으로 흘러 발해에 들어가는 강은 바로 하북성 북경근처에 있는 '조하(조선하)'와 '난하'인 것입니다. [심백강 박사주장 참조]

산해경(山海經)은 총 18편으로 구성된 동아시아에서 지리를 전문으로 다룬 가장 오래된 책으로서 국내에 고조선의 자료가 거의 전무한 상태에서 고조선의 실체를 밝히는데 가장 중요한 최고의 고서라고 볼 수 있습니다. 왜냐하면 산해경은 기원전 2,333년 고조선이 건국 된지 263년 지난 후, 기원전 2,070년에 건국된 하나라의 우왕이 신하 백의와 함께 만든 지리서인데, 이 책에 나오는 [해내경(海內經)]과 [대황경(大荒經)]이 모두 [조선기], 즉 고조선의 역사를 기술한 [고조선사기(古朝鮮史記)]이기 때문입니다. 이러한 산해경 안의 [해내경]을 고대 조선의 역사를 기록한 [조선기]로 간주한 것은 청(淸)나라 때 학자 오임신(吳任臣)이 [산해경광주(山海經廣注)]라는 '산해경에 대한 주석서'를 만들면서 산해경의 [대황경]과 [해내경]을 '조선기'라고 간주했고,

송나라 사람 송나라 나필(羅泌)이 지은 [노사(路史)] 의 주석도 그렇게 보고 있고, 중국의 다른 여러 문헌들에서도 그와 같은 관점들을 확인할 수 있습니다. 예를 들어 [설략(說略)], [광박물지(廣博物志)], [산서통지(山西通志)], [지유(識遺)], [산대각주초사(山帶閣註楚辭)], [의요(疑耀)], [명의(名疑)], [강한총담(江漢叢談)] 등과 같은 저서들에서도 역시 [해내경] 을 [해내조선기(海內朝鮮記)] 또는 [조선기]라고 표현하고 있습니다.

[해내경]은 조선국에 대한 설명으로부터 서두가 시작되고, [대황경]에서는 소호국(少昊國), 군자국(君子國), 백민국(白民國), 숙신씨국(肅愼氏國)과 함께 요임금, 순임금, 치우 등에 대해 다루고 있습니다. 그 전체 내용상으로 볼 때, 산해경의 [해내경]과 [대황경]은 고조선 건국 이전과 이후의 역사를 기록한 [고조선사기(古朝鮮史記)]라고 볼 수 있는 것입니다. '하'나라는 중국 최초의 나라로 알려져 있습니다. 그렇다면 하나라 이전에 중원과 동아시아의 땅에 존재했던 유일한 나라는 고조선이라고 볼 수 있고, 갓 시작한 하나라의 입장에서 이미 자신보다 거의 300(263년 전)여 년 전에 건국되어 발전해 온 고조선을 볼 때 고조선은 하나라의 모델이 될 수밖에 없었을 것입니다. 또한 하나라 입장에서 700세 이상 되는 영적인 지도자인 노아와 수백 살을 살았던 경험과 지혜가 풍부한 언약자손들이 건국한 고조선은 그야말로 신화에 나오는 나라와도 같았을 것이기에 고조선에 관해 다루지 않을 수 없었을 것입니다.(창5.11장, 뒷 부분 구체적으로 거론) 이렇게 볼 때 산해경에 나타난 조선에 관한 내용은 고조선 연구에 중요한 사료가 되는 것입니다. 그러므로 산해경에서

조선의 위치를 '동해의 안쪽 북해(발해)의 모퉁이에 나라가 있는데 이름하여 조선이라 한다.'라고 기록하고 있다는 것은 고조선의 영역이 한반도에 국한 된 것이 아니라 현 북경인 하북성 노룡현까지 미치며 초기 고조선의 활동 중심 무대는 하북성 노룡현이라는 충분히 중요한 근거가 있다고 볼 수 있습니다.

❋ 둘째, 고구려의 옛 도읍지는 평주(노룡현)

오늘날 하북성 노룡현이 고조선이 도읍했던 장소라는 사실을 확인할 수 있는 근거가 고조선을 계승한 고구려의 수도가 옛 고서에 '평주'라고 불렸던 '노룡현'이라는 사실입니다. 당나라 때 두우(杜佑)가 편찬한 [통전]에 진(晋)나라 때 설치했던 평주(平州) 지역을 설명하면서 '후위(後魏) 시기에 이르러 고구려가 거기에 도읍을 정했다'고 했습니다. [통전]의 '평주' 조항에는 '평주 소재지는 노룡현에 있다. 오늘날의 노룡현에는 옛 고죽성이 있는데 백이 숙제의 나라였다. 전국시대에는 연나라에 속하였고, 진(秦)나라 때는 우북평과 요서군 지역이었다'고 했습니다. 이곳은 [태평환우기]에 '고조선의 조선성이 있다'고 한 바로 그곳입니다. 수·당시대의 노룡현은 현재 중국 지도에 아직도 그 지명이 그대로 살아 있습니다.

　현재의 하북성 진황도시 노룡현, 북위시대, 진(晋)나라시대의 평주, 진한시대의 요서군, 은나라시대에 백이숙제의 나라 고죽국이 있었던 그 지역이 바로 요서고구려의 수도가 있던 지역입니다.

　남송시대 학자 왕응린의 [통감지리통석]에는 좀더 구체적으로 노룡현 부근 현재의 하북성 창려현이 요서고구려의 수도 평양이었다고 말하고 있습니다. 이곳이 본래 고조선의 도읍지였던 지역인 것입니다. 그래서 동양 최고의 지리서인 [산해경]에 '동해의 안쪽 발해의 모퉁이에 나라가 있으니 그 이름을 조선이라 한다'고 했는데, 바로 발해의 모퉁이가 오늘날의 발해만 일대 요서지역이고, 이 요서지역을 진(晋) 나라시기에는 '평주'라고 했고, 이 고조선이 도읍했던 지역에 고조선의 계승한 고구려의 수도가 이 지역에 도읍했다고 통전에 기록한 것입니다. 속단하기는 어렵지만, 평주의 평은 '평양'의 평에서 유래했을 가능성이 있습니다.

[출처: https://www.travelchinaguide.com/map/china_map.htm, 2018.04.06]

[통전]에 '북위시대에 고구려가 요서의 평주에 도읍했다'고 했으니, 장수왕 427년 15년에 옮긴 고구려의 수도 평양은 북한의 대동강 유역이 아니라, 중국 북경 북쪽의 조하, 즉 조선하 유역에 있던 요서의 평주라고 볼 수 있습니다.

[출처 http://www.onegreen.net/maps/HTML/48727.html,2018.04.06]

그렇다면 그 유명한 수·당이 압록강 혹은 청천강 등을 건너 고구려 평양성을 침공했다고 알려진 것과는 달리, 당나라가 멸망시킨 고구려의 수도 평양성은 대동강 유역 평양성이 아닌 요서에 있던 평주 평양성이 된다는 결론입니다.

당나라와 전쟁에서 패하고 나서 짧은 시간에 요서지역에 있던 고구려 주력 세력이 한반도로 이주하게 됩니다. 명나라 때 유명한 학자 정개양(鄭開陽)이 쓴 [정개양잡저 5권 조선고]에는 '당나라가 고구려를 정벌하여 평양을 함락시키고, 안동도호부를 설치하자 그 나라가 동쪽으로 이동하여 압록수 동남쪽 1000여리에 있게 되었다'고 했습니다. 결국 고구려는 장수왕 때 현재 대동강 유역 평양으로 옮긴 것이 아니라, 당나라가 요서 고구려의 평주 평양성을 함락하고 안동도호부를 설치하자, 동쪽으로 이동하여 대동강 유역에 정착한 것이 되는 것입니다. 이때 고구려가 요서에서 대동강 유역으로 수도를 옮겼다고 보는 것이 정확한 표현일 것입니다.[조선미디어, 심백강편]

이러한 고구려의 본래 도읍지가 노룡현에 있었다는 고서들을 통해서도 고조선이 노룡현에 있었다는 사실을 확인할 수 있습니다. 고구려는 요서지역의 영토를 정복한 것이 아니라 조상의 땅인 고토를 수복한 것입니다.

‖ 평양1: 고조선 평양 ‖ 평양2: 동천왕 평양
‖ 평양3: 장수왕 평양 ‖ 평양4: 한반도 평양

중국 하북성의 노룡현(盧龍縣)은 현재 행정구역상 하북성 진황도시(秦皇島市)에 소속되어 있으며, 중국의 수도 북경시 동쪽에 위치한 도시로서 여름철이면 모택동이 수영을 즐겼던 곳이고, 중국공산당 간부들의 피서지로 유명한 북대하(北戴河)입니다. 이곳 노룡현(盧龍縣)에 '조선성이 있다'라는 기록이 송(宋)나라 때 낙사(樂史, 930~1007)라는 학자가 편찬한 지리총서인 [태평환우기(太平寰宇記)]에 실려 있습니다. [태평환우기]에 의하면 고죽성 다음에 조선성, 조선성 다음에 요서성의 순서로 기록하였습니다.

이것은 고죽성 부근에 조선성이 있고, 조선성 인근에 요서성이 있었다는 것을 의미하고 있는 것입니다.

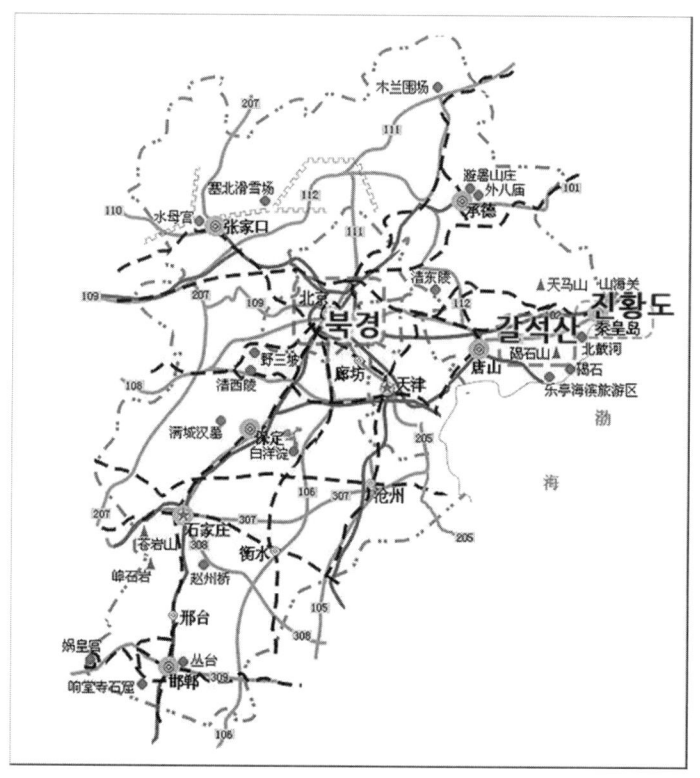

[출처 http://m.onegreen.net/maps/HTML/52051.html, 2018.04.06]

우리 첫 국가 고조선과 동일한 이름을 가진 '조선성'이 왜 송나라의 하북도 평주 노룡현 지역에 고죽성과 요서성과 함께 거론 되고 있을까? 이는 초기 고조선의 도읍지가 하북성 노룡현에 위치하고 있었다는 것을 고대문헌이 증명하고 있는 것입니다. 또한 놀라운 사실은 [태평환우기]의 저자 낙사는 노룡현에 있는 조선성을 소개하면서 '조선성은 바로 기자(箕子)가 봉함을 받은 지역이다. 지금 황폐한 성이 남아 있다(朝鮮城即箕子受封之地 今有廢城)'라고 설명하고 있습니다. 은나라가 망하면서 기자가 노룡현에서 고조선의 왕으로 등극하여 기자조선을 건국했다는 것입니다.

이는 고조선의 도읍지가 하북성 노룡현에 위치하고 있었다는 중요한 단서를 제공하고 있는 것입니다. 동이족이 세웠던 은라의 왕족이었던 기자(箕子)는 은나라가 망하자 조상들의 고향인 고조선의 도읍지에 찾아갔는데, 그곳이 오늘의 대동강 유역 평양에 있던 한반도 조선이 아니라 하북성 동쪽 조하 유역 노룡현에 있던 요서 조선이었다는 사실입니다.

❃ 셋째, 부여와 백제의 수도는 대륙의 요서지역

고조선 – 부여 – 백제로 이어지는 정통성을 계승한 국가입니다.

◉ 부여는 고조선을 계승한 나라였다.

"부루(다른 본에는 해부루라고도 되어 있다)는 단군의 아들이다. 어머니는 비서갑으로 하후씨의 딸이다. 수토를 다스리기 위해서 제후들이 도산에서 만나 옥백을 가져가 서로 만날 때 부루가 가서 회맹했다(외교의 시작이다). 부루의 자손이 기자를 피해 북부여를 세웠다(영토를 양보한 시작이다) 환인(桓因)의 신시(神市)의 시대에 대해서는 상고하지 못했다(이유장, 『동사절요』)"

"扶屢(一作解夫婁) 檀君之子 母非西岬女夏后氏 平水土會諸侯 於塗山 相見以玉帛 扶屢往會(外交之始) 扶屢之子孫避箕子立爲 北扶餘(讓土之始) 桓因神市之世 無所攷(『東史節要』 卷1 君 王紀 第1 扶屢)"『동사절요(東史節要)』

◉ **백제는 부여를 계승한 나라였다.**

"(백제의) 세계(世系)는 고구려와 함께 부여에서 나온 까닭에 부여로 씨를 삼았다."[삼국사기]

"백제는 부여의 별종이다. 구태라는 사람이 있어 처음 대방(帶方)의 옛 땅에 나라를 세웠다 …
해마다 4번 그 시조인 구태의 사당에 제사를 지낸다."[주서]

"구태의 제사를 받드는데 부여의 후예임을 계승하였다."[한원]

　백제 개로왕이 북위(北魏)에 보낸 글에 '우리는 고구려와 함께 근원이 부여에서 나왔다'고 밝히고 있는데, 그래서인지 백제가 나중에 국호를 '남부여'로 개칭했으며 백제의 역대 왕들이 부여의 건국시조인 동명왕의 사당에 제사를 지냈습니다. 그런데 고조선을 계승한 부여의 중심지가 고조선의 중심지였던 요서지역의 하북성이라는 사실입니다. [후한서 동이열전]에 부여국에 대해 설명하면서 '본래는 예(濊)의 땅이었다'고 했는데, 하북성 예하(濊河) 유역이 북부여의 발상지로 추정되는데 [대청일통지(大淸一統志) 권18 예하] 조항에 보면 '예하를 포오거(浦吾渠)라고 한다'고 했습니다. 예하가 후한시대 연간에 '포어거'로 불렸다는 건 데 '포어거'는 '부여하'의 다른 이름입니다. 후대 금나라에서 부여가 있던 곳에 '포여로(蒲與路)'를 설치했고, 명나라에서 '복여위(福餘衛)'를 설치했는데, 이는 모두 부여의 음을 한자로 표기하는 과정에서 음이 비슷한 글자로 바꾸어 쓴 것입니다. 중국어에서 '포'는 '푸'로 부여의 '부'와 같은 발음이고, '여(與)'와 '오(吾)'는 '여(餘)'와 같은 발음에 속합니다. [명일통지]에 '예하는 평산현 서북쪽 60리에 위치하고 있다. 강물이 흘러서 평산현 동남쪽을 경유하여 호타하로 유입된다'고 했습니다. 예하는 오늘날 중국 지도 상에는 나타나 있지 않지만, 오늘날 하북성 남쪽 호타하 부근에 있던 강이라는 것을 짐작할 수 있습니다.

이상을 종합하면 부여는 그동안 우리가 알아왔던 것처럼 길림성 송화강 일대가 아닌 북경 남쪽 호타하 유역에 있었다는 이야기가 됩니다. 중원에 있었던 고조선의 영토에서 고구려와 부여가 흥망한 것으로서 고조선의 영토가 어디까지 였는가를 고증하는 것은 무척 중요한 문제입니다.[참조 조선미디어. 심백강편]

이 기록에서 우리가 주목해야 할 부분은 '백제의 소치(所治)'라는 표현인데, '치(治)'는 고대사회에서 도성을 가리키는 용어로서 국가의 소치(所治)는 소도(所都) 즉 국도를 의미합니다. 이를 근거로 심백강박사는 백제국의 도성(수도)는 요서지역인 진평군 진평현에 있다고 주장합니다. 그는 청나라 때 편찬된 '흠정만주원류고'에서 이런 고기록을 근거로 '백제의 국도는 요서에 있었다(國都在遼西)'고 기록하였다고 합니다.

그러므로 고조선을 계승한 부여의 중심지가 하북성이라는 사실을 통해 고조선의 중심지와 영토가 하북성이라는 사실을 확인할 수 있게 됩니다. 그리고 고조선과 부여의 중심지가 발해만 모퉁이인 하북성 일 뿐 아니라 고조선과 부여를 계승한 백제의 중심지 또한 하북성 즉 발해만 요서지역이라는 사실입니다.

고대 천문 현상의 관측은 그 국가의 수도 근방에서 이루어졌다는 것이 정설이기 때문에 천문 관측자의 위치는 그 국가의 수도가 어디 있었는지는 물론 그 당시의 그 나라의 강역이 어디인지를 찾아낼 수 있는 중요한 근거가 됩니다. 그런데 삼국사기에 기록된 20개의 백제의 일식현상을 관측한 관측자의 위치는 놀랍게도 한반도가 아니라 발해만, 즉 요서지역이라는 것입니다.

서울대학교 박창범 교수와 경희대학교의 라대일 교수는 [삼국시대 천문현상기록의 독자관측사실 검증]에서 [삼국사기]에 나온 일식의 기록을 통해 3국의 천문현상을 관측한 위치가 삼국(고구려, 백제, 신라)의 전반기에는 한반도가 아닌 중국 대륙이었다는 사실을 밝혀냈습니다.

[삼국사기], [삼국유사]에는 고구려, 백제, 신라시대에 일어난 일식이 67회, 혜성출현이 65회, 유성과 운석의 낙하가 42회, 행성의 이상 현상이 40회, 오로라 출현 12회로 총 226회의 천체 현상이 기록 되었는데, 연구에 사용된 일식 기록은 서기 전 54년에서 서기 201년까지의 초기신라 일식 16회, 787년 이후의 후기신라 일식 9회, 백제 전 기간의 일식 20회와 고구려의 일식 8회였습니다. 이를 통해 확인 된 삼국의 관측자의 위치는 이러합니다. 백제는 요서지역인 발해만 지역에서 관측했습니다. 백제의 수도의 발해만(요서지역)에 있었다는 근거가 됩니다. 신라의 경

우, 기원전 201년 이전 초기 신라의 일식 6개를 관측한 관측자의 위치는 양자강 유역이었는데, 후기 787년 이후 신라에서 관측된 일식 9개의 관측자의 위치는 한반도 남쪽으로 확인됩니다. 이는 신라는 중국대륙에서 한반도로 넘어왔다는 추론이 가능합니다. 고구려의 관측자의 위치는 신라, 백제보다 매우 북쪽으로 치우친 위치에서 관측 되었는데 이는 고구려의 광대한 영토의 여러 곳에서 관측한 것으로 볼 수 있습니다. 이 천문관측에 따라 삼국의 중심지역을 단순하게 그려보면 고구려는 현재 만주지역을 포함한 광대한 아시아 동북부를 차지하고, 그 아래 지역인 현재 중국 본토의 동부(요서)에 백제가 있었고, 그 아래에 양자가 중심으로 신라가 있었던 것이 됩니다.

고서를 살펴보면 고조선과 부여의 정통성을 계승한 백제는 한반도 서남부의 작은 나라가 아니고 한반도 서남부를 포함하여 해안을 따라서 발해만 일대에 걸쳐 광활한 영토와 많은 인구를 소유한 제국이었습니다. 청나라 황제의 특명으로 편간된 [흠정만주원류고 3권]에서 백제는 국내에서 여러 제후와 왕을 세워 그들의 공훈에 보답했다고 했고, 백제의 강역은 한반도뿐 아니라 중국대륙을 포함한다고 기록하고 있고, 백제가 강성할 때는 군사가 100만이나 가진 제국이라고 기록하고 있습니다.

"백제의 강역은 서북쪽으로는 광녕, 금주, 의주에 이르고 남쪽으로는 해성, 개주, 동남쪽으로는 조선의 황해도, 충청도, 전라도를 포괄하고 있었다." [흠정만주원류고]
"고구려 백제가 강성할 때 군사가 백만 명이나 되어 남으로는

오, 월을 침략하고 북으로는 연, 제, 노국 들을 괴롭혀 중국의 큰 우환거리였다." [삼국사기 최치원전]

 그러므로 백제는 한반도에 국한된 소국이 아니라 고조선과 부여의 고토인 대륙을 중심으로 한 대국이었다는 사실입니다. 국사편찬위원회의 [한국사]에서 이러한 근거를 뒷받침할 만한 고서들에 기록을 잘 정리해 놓았습니다.

"백제국은 본래 고려와 함께 요동의 동쪽 1,000리에 있었다. 그 후 고려가 요동을 차지하니 백제는 요서를 차지했다. 백제가 통치한 곳을 진평군 진평현이라 한다." [송서(488년)]

"백제는 변진(弁辰)의 나라로 진대(晉代)에 일어나 번작(蕃爵)을 받았다. 스스로 백제군을 고려 동북에 두었다."
[남제서(南齊書, 537 년 이전)]

"백제는 예부터 내려오는 동이의 마한에 속한다. 진(晉) 말에 구려(駒麗)가 요동을 차지하니 낙랑 역시 요서 진평현을 차지했다."
[양직공도(梁職貢圖, 526~539년)]

"백제란 조상이 동이다. 동이는 세 한국이 있으니 첫째 마한, 둘째 진한, 셋째는 변한이다. 변한과 진한은 각각 열 두 나라가 있고 마한은 54국이나 된다. 그 중에 큰 나라는 인가가 만여 호가 되고 작은 나라는 수천 호가 되어 모두 합치면 도합 10여만 호가 되는데 백제란 그 중의 하나이다. 그것이 후대에 점점 강성해져 모든 조그마한 나라들을 병합했다. 그 나라는 본래 구려(句麗)와 함께 요동의 동쪽에 있었다. 진(晉)대에 구려가 이미 요동을 차지하니 백제 역시 요서(遼西)와 진평(晉平)의 두 군(郡)의 땅을 차지하고 스스로 백제군(百濟郡)을 다스렸다."
[양서(梁書, 629~639년)]

"그 나라는 본래 구려와 함께 요동의 동쪽 1,000여리에 있었다. 진대에 구려가 이미 요동을 차지하니 백제 역시 요서와 진평의 두 군(郡)의 땅을 차지하여 스스로 백제군을 두었다."[남사(南史, 627~649년)]

"처음 백가(百家)로서 바다를 건넜다 하여 백제라 한다. 진대에 구려가 이미 요동을 차지하니 백제 역시 요서와 진평의 두 군을 차지했다."[현재의 유성(柳城)과 북평(北平) 사이, 통전(通典, 801년)]

지금까지 살펴보면 고조선을 계승한 삼국, 즉 고구려· 부여· 백제 모두가 한반도에 국한 된 나라가 아니라 고조선의 땅이었던 대륙을 중심으로 존재했던 나라임이 분명해짐과 동시에 고조선의 도읍지가 하북성에 있었다는 논리적 근거를 제공합니다.

❀넷째, 모용은비(慕容恩碑)는 고조선의 강역을 알려줌

하북성 노룡현, 즉 요서에서 고조선이 건국 되었다는 역사적 사실로 입증할 수 있는 것이 문헌 사료뿐만 아니라 비석에서 나타나 있습니다. 북주 천화(天和) 원년(A.D566) 2월에 고조선의 후예들인 선비족의 일파인 모용선비(慕容鮮卑)족의 후예인 두로영은의 묘소 앞에 세워진 비문에 나타나 있습니다. 이 비석은 중국 남북조시대에 북주에서 전연의 개국 황제 모용황의 후예인 두로 영은영의 비석으로서 두로은비(豆盧恩碑), 모용은비(慕容恩碑) 또는 두로공신도비문이라고도 일컬어지는데 지금까지 보존되어 중국 섬서성의 함양박물관에 보관되어 있습니다. 비문의 저자는 위진 남북조시대의 대표적인 문인이었던 유신(庾信)이고, 비문은 유신의 문집인 '유자산집(庾子山集)'에 수록되어 오늘에 전하고 있습니다.

　어떤 이의 비문을 쓸 때는 당연히 그 사람의 조상(뿌리)부터 이야기하는데, 그 첫마디가 바로 '조선건국(朝鮮建國) 고죽위군(孤竹爲君)'이라고 했습니다. 즉 '조선을 건국하고 고죽이 임금이 되었다'고 한 겁니다. 선비 모용부(慕容部)가 나라를 세우고 활동한 주요 활동 지역은 진한(秦漢)시대의 요서와 요동, 그리고 하북성 서북과 남부 지역까지를 포괄하는데, 이곳은 기자조선이 건국하고, 고죽국이 통치하고, 이후 한나라의 한무제가 위만조선 지역을 관할하기 위해 '한사군(漢四郡)'을 설치한 곳입니다. [삼국사기]에 '고구려가 본래 고죽국'이었다고 했는데, 고죽국은 고조선에서 갈라져 나온 우리 동이족이 세운 나라입니다.
　비문의 결론은 이 고죽국이 바로 요서에 있었는데, 그 고죽국이 나라를 세운 곳이 바로 고조선이 건국된 장소라는 것입니다. 그 구체적인 장소가 바로 하북성 노룡현인 것입니다.

[출처 http://www.circleofblue.org/Waternews_MultiMedia/
BYU/CPC_YellowRiverMap/index.html,2018.04.08]

발해만에서 가까운 노룡현 지역에 '조선성'이 있었는데 시대에 따라 '고죽성', '요서성'으로 불렸습니다. '요서성'이라는 불리게 된 것은 진(기원전202~A.D.220)나라의 진시황이 이쪽 지역을 요서군으로 삼았기 때문입니다. 그리고 그 이전에 춘추시대(기원전 8C~기원전 3C)에 그 지역에 고죽국이 있었으니 '고죽성'이 있었던 것이고, 그 이전에 고조선 때는 조선이 있어서 '조선성'이라는 이름이 있었던 것입니다. 시대에 따라 이름이 달라지고 있지만 실상은 한 지역에 가리키고 있는데, 그 곳이 바로 '하북성 노룡현'이라는 것입니다. 이곳이 바로 고선의 건국한 고조선의 도읍지가 있던 지역이라는 것입니다.

이를 더욱 확실하게 뒷받침하는 자료가 있는데 [사고전서]에서 노룡의 서쪽 북경 부근에 '조선하(朝鮮河)'가 있었다는 기록이 있습니다.

"북문(北門)을 나와 옛 장성(長城)을 지나 망경(望京)까지 40리... 조선하(朝鮮河)를 지나 90리를 가면 북쪽으로 고하구(古河口)에 이른다." [북송(北宋)의 '무경총요'의 연경]

"조선하를 지나, 90리에 호북구(虎北口)에 이른다. 평주의 노룡에 조선성(朝鮮城)이 있다."[통감강목 56권]

조선하는 고대 요서조선 수도의 서쪽에 있던 강입니다. 송나라 때 건륭제 시기에 황제의 명을 받아 사고전서(四庫全書 1772-1781)를 8만권을 집대성했는데, 그 중에 병서(兵書)인 [무경총요(武經總要)]에서 '조선하'에 대해 기록하고 있는데 지금의 중국 하북성(河北省)의 노룡현이 바로 그곳입니다. 고조선의 도읍지가 하북성 노룡현에 있었기에 노룡의 서쪽 북경 부근에 있는 강은 조선하라고 했던 것입니다. 진나라나 한나라 때는 조선하를 기준으로 조선하의 동쪽이 요동, 조선하의 서쪽이 요서로 구분하여 하북성(河北省)의 노룡현 지역을 요서라고 했습니다. 지금의 심양에 있는 요하를 기준으로 요동과 요서로 나눈 것과는 다른 것입니다. [사기열전]에 섭하(涉河)가 건너서 왔다는 강도 조선하일 것이고, 위만이 건너서 왔다는 강도 조선하일 겁니다. 당연히 수(隋)나라가 조선을 치기 위해 건너왔다는 패수(浿水)도 이병도의 주장처럼 청천강이 아니고 조선하로 본다면 고대의 모든 기록이 다 맞아떨어집니다. 지금은 북경에 '조하'라는 이름으로 남아있습니다. 최소한 원(元)나라 말년까지는 '조선하'라는 명칭이 존속했습니다. 명청(明淸)시대에 이르러 조선하(朝鮮河)가 조하(潮河)로 변경된 것입니다.

그러므로 고문헌과 비문까지도 고조선의 처음 도읍지는 한반도가 아니라 하북성 노룡현을 가리키고 있고, 고조선은 한반도에 결코 국한 된 나라가 아니었고, 발해만의 요서를 중심한 요동과 한반도를 통치하던 거대 제국이었다는 사실을 보여줍니다. 이러한 문헌적 증거들은 고조선이 한반도에 국한 된 소국이 아니라 요서와 요동과 한반도를 아우르는 대국이라는 사실과 대륙 최초의 국가로서 문명과 문화의 발원국이라는 중요한 단서들입니다. 또한 이러한 고대문헌들을 통해 고조선의 실체뿐 아니라 하나님의 경륜가운데 바벨탑 사건에 참여하지 않은 노아와 언약자손들에 의해 고조선이 건국 되었기 때문에 고조선이 대국이 될 수밖에 없다는 문헌적 합리적 증거들을 확보하게 된 것입니다.

❀ 대륙 최초의 문명국가 고조선

수많은 고대 사료에 근거한 주장을 뒤로 하고서라도 개인적으로 볼 때 고조선의 영역이었던 하북성, 요하, 몽골, 발해 연안이 고조선 영역이었다고 보는 이유는 '홍산문명', 즉 일명 '요하문명' 또는 '발해연안문명'이 그 지역에서 발견되었기 때문입니다. 홍산문명은 고조선의 주요 활동 무대인 내몽고자치구 동부, 중국 요령성, 하북성 일대 1,000여 곳에서 수많은 유물들이 발견 되면서 밝혀지게 되었는데, 이 문명은 중국의 황하 문명(BC1600~BC1046)보다 오래 된 기원전 3,300년~기원전 2,900년경으로 보고 있습니다. 기원전.2,900년 이전이면 노아홍수가 기원전.2,458년이니 성경연대에 근거한다면 홍산문명은 노아홍수 이전 문명이었다고 볼 수 있습니다. 그렇다면 노아홍수 이전에 문명 중에 가장 대표적인 문명은 에덴동산 근처인 메소포타미아 지역에서 발생된 수메르 문명이고, 또 하나의 문명이 동쪽에 고조선의 영역이었던 발해연안 지역, 하북성, 요하, 몽골지역이 나타난 '홍산문명'이라고 볼 수 있습니다.

그런데 왜 고조선이 노아홍수 이전에 번성했던 홍산문명이 있었던 지역에서 건국이 되었을까? 노아는 노아홍수 이전에 600년을 살 동안 아마도 수메르 문명과 홍산문명에 대해 익히 잘 알고 있었을 것입니다. 그래서 노아홍수가 있은 후, 그는 터키 지역에 있는 아라랏산에 안착한 방주에서 나와 첫 번째로 찾아서 떠난 곳이 가까운 수메르문명이 있었던 메소포타미아 지역이었을 것이고, 두 번째가 홍산문명이 있었던 몽골과 발해 연안이었을 것입니다. 그 중에서는 홍산문명은 아마도 강과 바다와 대륙과 평야가 접하고 있는 하북성 북경이 도읍지로 적합한 곳이었을 것이고, 노아는 하북성 노룡현에 도착하여 그 곳을 중심으로 고조선의 개국했을 것입니다.

홍수 이전처럼 홍수 이후에 같은 두 지역에서 다시 문명이 발생 되었습니다. 그러나 아쉽게도 두 문명은 극명하게 차이가 있었습니다. 수메르 문명이 있었던 메소포타미아 지역에서는 니므롯을 중심으로 하나님의 대적하는 바벨론 문명이 일어났지만 홍산문명이 있었던 동방에서는 노아와 언약 자손들의 중심으로 생명의 문명이 꽃 피었으니 고조선의 생명문명이었던 것입니다.

고조선은 이러한 광활한 영토를 지니고 강력한 국가로서 대륙에 수천 년의 역사를 이어온 강력한 국가였던 것입니다. 그래서 대만대학교 서량지 교수는 이렇게 까지 주장했는지도 모릅니다.

'은나라는 동이족이다. (고사변) 삼황오제, 하, 은, 주나라까지가 동이족이고, 진나라에 와서야 비로서 변방의 지나족, 현재의 중국 한민족이 중원을 통일하고 가장 먼저 한 것이 만리장성을 쌓은 일이다. 진시황이 자신의 대에서 멸망할 정도로 거대한 토목공사를 한 이유는 북방의 동이족을 견제하기 위한 것이다. 북방의 오랑캐는 이제 오랑캐가 아니라 우리 쥬신민족인 것이다. 이후로 중국의 왕조가 300년이상 지속된 기록은 한 건도 없다.'
[출처 홍콩대학의 임혜상 교수, 대만대학의 서량지 교수]

지금까지 학자들이 연구한 중국 고서들을 바탕으로 고조선의 영역을 그려보면 고조선의 첫 도읍지였던 하북성의 노룡현이라는 것을 알 수 있고, 이곳을 중심으로 중국 산동(山東)반도, 북부의 요녕성, 북동부의 요동(遼東)반도와 동부의 길림성(吉林省) 중남부, 흑룡강성(黑龍江省) 및 한반도로 포함하고 영토를 포함합니다.

오늘날 요서와 요동과 및 북만주와 남만주를 포괄하고 한반도 남부에 이르는 광활한 영토를 가지고 있었던 거대 고대제국 국가로 나타납니다. 하북성 아래 산동지역에서 시작된 선교문화에 대해서도 우연히 아닌 것입니다. 산동지역의 금씨, 산동성과 고조선 신라와의 연관성 연구가 필요합니다. 즉 오늘날 요서와 요동과 및 북만주와 남만주를 포괄하고 한반도 남부에 이르는 광활한 영토를 가지고 있었던 거대 고대제국 국가로 나타납니다.

한국사 미스테리 60가지

'한국사 미스테리 60가지'라는 글에서 한민족이 대륙을 호령했다는 근거를 잘 정리했습니다.

1 19C 독일인 '에르스트 폰 헤쎄 - 봐르테크'와 영국인 '존 로스'는 현재 중국영토인 '하북성'이 근대 조선의 강역에 포함되어 있다고 설명하였다.
2 중국의 '중국고금지명사전' 마저도 '하북성'이 근대 조선의 강역에 속한다고 하고 있다.
3 몽고가 좋은 말을 얻기 위해 제주도까지 와서 말을 사육했다는 것은 다시 되새김질 해보면 상식적으로 이해되지 않는다.
4 삼국지의 '위, 촉, 오'가 병력을 모두 합해도 실제로는 20만 명 안팎이었다. 고구려나 백제의 전성기 병력은 100만명이었다.
5 같은 해의 같은 달에 백제에선 가뭄이 들고 신라에선 홍수가 난다. 한반도에서는 불가능한 일이다.
6 삼국시대를 비롯해 고려, 조선 시대에 이동성 메뚜기 떼에 의해 입은 피해 기록이 무수히 나온다. 한반도에는 이동성 메뚜기가 존재할 수 없다.
7 청나라가 건국되고 청 왕의 명령으로 씌여진 '만주원류고' 라는 역사서에는 신라가 만주에 있다고 기록되어있다.
8 삼국사기, 삼국유사를 비롯 각종 지리지나 고문헌에 나오는 지명을 종합하여 보면 한반도에서 찾을 수 있는 지명보다 찾을 수 없는 지명이 더 많다. 각종 문헌에서 나오는 모든 지명이 현재 중국에는 있다.

9 김부식은 '살수'가 어디인지 모른다고 하였다. 고려시대의 김부식도 모르는 지명이 아무 근거 없이 현재 청천강이라고 알려져 있다.

10 현재 내몽골 지역에서 고구려 성터가 발굴되었다.

※

11 바이칼 호수 주변의 부족들은 생긴 것부터 풍속이나 문화까지 한국인과 많이 닮아있다. 그들은 아직까지도 고구려칸이라고 불리는 동명성왕을 모시고 있다.

12 치우천황에 대해 중국에서는 고리국 황제이며 묘족의 선조이고 동이민족이라고 설명한다. 또한 '한단고기' 등의 사서를 보면 치우천황은 분명히 한민족의 선조이다. 묘족도 우리와 같은 민족이다. 바이칼 호수 주변엔 고리족이 지금도 살고 있으며 고구려 고려 등이 모두 고리 족에서 파생되었다. 그러나 국내에서는 치우를 부정한다.

13 백제의 유명 8대 성씨는 한반도에는 남아있지 않다. 모두 현재 중국대륙에 있다.

14 박혁거세의 무덤은 중국에서 발굴되었다.

15 고려, 조선 등의 무역 내역을 보면 한반도에서는 생산할 수 없는 것들을 수출하고 있다.

16 서울대 천문학과 박창범 교수의 연구에 의해 삼국사기의 천체관측기록이 한반도가 아닌 현 중국대륙에서 이루어진 것임이 증명되었다.

17 '한단고기'는 우리 민족의 역사가 반만 년이 아닌 일만 년이라고 주장하는 고문헌이다. 현재 학계에서 무시 당하고 있지만 박창범 교수에 의해 한단고기의 천체관측기록이 정확하다고 밝

혀졌다.

18 백제의 인구가 고려나 조선 초의 인구보다 많다.

19 고구려 수도를 묘사한 부분을 자세히 살펴보면 지금의 평양으로는 턱없이 작다. 현 중국대륙의 장안(시안)과 완벽하게 일치한다.

20 당 13만 군에 의해 백제 수도가 함락된 후에도 백제 장군 흑치상지는 200여개의 성을 기반으로 당에게 저항해 당은 40만 군을 증원한다. 만약 백제가 한반도에 있었다면 한반도 전체가 성으로 뒤덮여 있어야 한다.

21 조선 초 인구가 37만 명인데 1,000년전의 국가인 백제나 고구려의 군인만 100만 명 이었다.

22 현재의 요동 요서 개념과 과거의 요동 요서 개념은 완전히 틀린다. 요동이 고구려 영토라 함은 현재의 요동반도를 이야기하는 것이 아니라 현 중국 대륙 내륙의 요동을 이야기한다.

23 18~19c 외국인 선교사 또는 탐험가들이 작성한 지도에는 조선이 만주는 물론 중국 대륙의 일부까지 지배하고 있다.

24 현 중국 대륙의 강소성 숙천과 산동성 즉묵시의 향토사학자들이나 향토지에 따르면 연개소문이 이 곳들에서 연전연승을 거두었다고 한다.

25 현 중국대륙의 강소성 숙천 근처에는 성터가 있는데 이 곳 주민들은 '고려성'이라고 부른다.

26 현 중국 대륙의 베이징 근처에는 '고려영진'이라는 지명이 있다.

27 고구려 고씨가 아직도 중국 대륙에 살고있다. 특히 장수왕

후손인 사람은 고구려 유리왕의 묘가 베이징 근처에 있다고 주장했으며 실제로 베이징 근처에 유리왕묘가 있다. 중국에서는 제후국 유리국 왕의 묘라고 주장하고 있다.

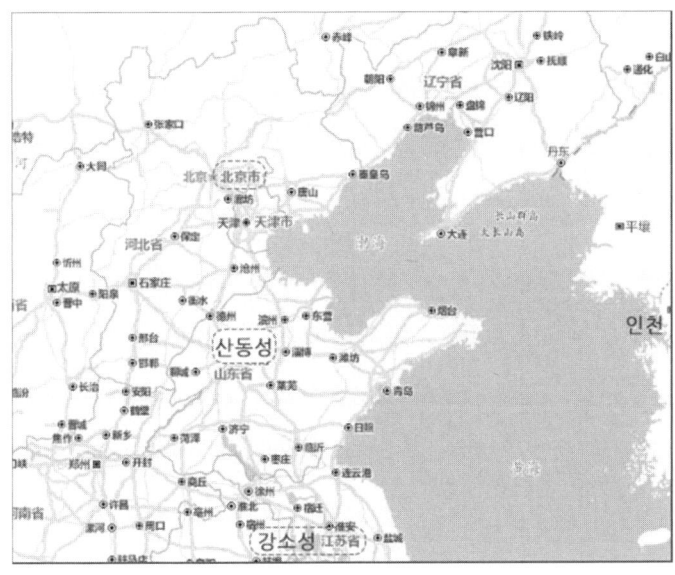

[출처 http://www.hotelaah.com/shandong/ditu.html]

28 중국대륙에 있는 수많은 성들이 현지인들에게 예로부터 지금까지도 고려성, 또는 고구려성이라고 불리고 있다.

29 백제의 의자왕, 흑치상지에 관련된 지명들이 중국대륙에만 존재한다.

30 백제가 패망할 당시 지명이 한반도에는 없다. 그러나 중국대륙에는 모두 있다.

31 삼국사기에 나오는 지명 중 김부식이 모른다고 한 지명이

359개나 된다. 이들 모두가 중국 대륙에는 존재한다.

32 한단고기 외에 한민족 일만 년 역사를 주장하는 '규원사화'는 위서 라고 알려져 왔다. 그러나 규원사화 진본이 국립중앙도서관에 보관 되어있다.

33 중국의 고문헌에 나와있는 발음법으로 정확하게 한자를 읽는 민족은 우리 민족밖에 없다.

34 신라 수도에 있다는 토함산의 이름은 화산이라는 뜻이다. 또한 삼국유사, 삼국사기 등에도 토함산의 화산활동이 기록되어있다. 그러나 현 경주의 토함산은 공교롭게도 화산이 아니다.

35 한국 국사에서는 고조선이 망한 후 한(漢)나라에서 한사군을 설치했다고 가르친다. 그러나 중국의 문헌에서는 한사군을 설치하려다가 고구려 동명왕에게 참패해서 한(漢)군의 수장들이 모두 육시(몸을 6등분하는 참형) 당했다고 기록되어있다.

36 청나라 황제들의 성씨인 '애신각라' 는 '신라를 잊지 않고 사랑하겠다'는 뜻이다.

37 애신각라를 몽골어로 읽으면 '아이신 지료' 라고 발음된다. '아이신'은 '금(金)'을, '지료'는 '겨레(族)'를 의미한다. 신라의 왕족은 금(金)씨이다. 청나라의 원래 이름은 금(金)나라 이다.

38 임진왜란 때 청나라 태조 누르하치가 조선 선조에게 '부모님의 나라를 침략한 쥐 같은 왜구들을 해치우겠다'는 요지의 편지를 썼다.

39 금나라 역사서인 [금사]에 '금 태조'는 고려에서 왔다고 기록되어있다.

40 청나라 황실 역사서인 [만주원류고]에는 금 태조가 나라 이름을 신라의 왕의 성씨에서 따왔다고 기록되어있다.

41 송나라 역사서 [송막기문]에는 금나라 건국 직전에 여진족이 부족국가 형태일 때의 추장이 신라인이라고 기록되어있다.

42 현재 우리나라 부안 김씨의 족보에 금 태조의 이름이 나와 있다.

43 백제 온조왕 13년(BC 6) 5월에 왕이 신하들에게 이르기를 '우리나라의 동편에는 낙랑이 있고 북에는 말갈이 있어 영토를 침노하여 오므로 편안한 날이 적다.'고 하였다. 지금 국사에서 배우는 상식으로는 백제, 북쪽은 고구려로 막혀 있어야 한다.

44 1976년 평남 대안시 덕흥리의 무학산 밑에서 발굴된 고구려 고분벽화에는 유주자사 진에게 보고하는 13명의 태수의 그림이 그려져 있는데 그 뒤에 관명이 새겨져 있다. 그 이름은 다음과 같다. 연군태수(하북성 보정부 서쪽의 완현 부근), 광령태수(하북성 탁현의 군치), 상곡태수(보정부, 하문부 및 순천부 서남 경계), 어양태수(하북성 밀운형 동쪽), 범양태수(북경의 서쪽), 대군태수(산서성 대동현 동쪽), 북평태수(북경지방), 낙랑태수(북경 동쪽의 하북성), 창려태수(산해관 남쪽), 요동태수(하북성 영정하 동쪽), 요서태수(하북성 영정하 서쪽), 현도태수(하북성 북경 서남쪽), 대방태수(창려, 금주 일대)이다. 유주는 북경 일대를 말한다.

45 중국의 역사서인 [남제서]에는 북위가 백제를 치려고 수십만의 기병을 파견했다가 패배했다고 기록되어있다. 우리가 국사 교과서에서 배운대로라면 북위에서 백제를 치려면 바다를 건너야 한다. 기병은 바다를 건널 수 없다.

46 고려도경에는 '고려의 강역은 동서 너비가 2천여 리, 남북

길이 1천5백여리, 신라 백제를 병합하니 고려의 동북(東北)쪽이 넓어졌다' 라고 쓰고 있다. 송사(宋史), 삼국사기 지리지, 고려사 지리지, 세종실록 지리지, 신증동국여지승람 등을 보더라도 역사서 원전에 의한 조선의 선조 국가들이 존재했던 곳은 모두 동서 (東西)가 넓고 남북이 짧은 지역을 통치 영역으로 하였다는 것을 알게 된다. 북송인이자 외국(外國)인 서긍이 직접 고려로 가서 보고 온 고려의 통치 영역의 지형구조가 동서(東西)가 넓은 구조였다고 했다. 현재의 한반도는 동서가 짧고 남북이 긴 지형이다.

47 몽고에서는 징기스칸의 어머니와 아내가 모두 고구려 사람이라고 전해진다.

48 임진왜란 당시의 기록들(명사, 선조실록, 난중일기, 이순신 전서, 임진전란사, 은봉야사별록 등) 을 자세히 살펴보면 지명, 상황전개, 위치, 방위, 거리 및 전후 사정이 한반도에서는 전혀 들어맞지 않는다.

49 임진왜란 당시의 기록에 나오는 지명들이 중국에는 모두 존재한다.

50 난중일기의 원문을 직접 번역한 현역 해군 중령 최두환씨 (해군본부 충무공수련원 연구실장)는 난중일기 번역을 하며 도저히 이해할 수 없는 부분이 많았다고 한다. 이러한 문제는 지명을 추적하여 임진왜란의 무대를 중국 본토로 옮겨놓자 쉽게 풀려나갔다고 한다.

51 임진왜란 당시 기록을 보면 왜가 침입해 오자 조선의 왕은 서쪽으로 피신했다고 기록되어있다. 상식적으로는 북쪽으로 피신

해야 옳다.

52　'어제신도비명'에 '임진년에 왜적이 침입하여 부산 동래를 함락하고 여러 길로 나눠 서쪽으로 진출했다'고 기록 되어있다. 한반도라면 당연히 북상 하는 것이 옳다.

53　지도는 측량학, 수학, 천체학, 광학 등을 두루 섭렵하고 있어야 제대로 만들 수 있다. 한반도 전역을 3차례 둘러보고 정교한 대동여지도를 김정호가 만들었다는 것은 어불성설이다.

54　김정호는 일제시대에 일제가 만든 교과서에 의해 알려지기 시작했다. 대동여지도가 공개된 때가 역시 일제시대이다.

55　대동여지도에 분명 조선의 강역이 1만9백리에 달한다고 기록 되어있다. 글 옆의 지도, 즉 한반도와는 전혀 부합되지 않는다.

56　조선의 중심지는 낙양이라고 기록 되어있다. 한반도에는 낙양이라는 지명은 단 한번도 존재하지 않았다. 낙양은 중국의 천년고도의 도시이다.

57　세스페데스라는 포르투갈 신부가 16세기 때 쓴 책에 의하면 '꼬라이 또는 꼬리아라는 왕국은 일본에서 10일정도 걸리며 왕국의 끝은 티벳까지 달한다. 또한 조선의 북쪽에 타타르가 있었는데 그것도 조선땅이다'라고 기록 되어있다. 타타르는 내몽고에서 활동하는 종족이다. 그리고 조선대륙의 강들은 수량이 풍부한데 강의 폭이 3레구아에 달한다고 기록 되어있다.

* 레구아(legua, 거리의 단위: 약 3마일, 5km)

58　루이스 프로이스 라는 신부가 쓴 조선의 강역에 대한 글에는 수량이 풍부한 강과 거대한 사막이 존재한다고 기록 되어있다.

59 일제시대에 일본에서 불태운 우리 역사서가 약 20만권이다. 삼국사기와 삼국유사 딱 두 권만 남겨두었다.

60 한국의 국사의 기초와 체계는 모두 일제시대 때 일본에 의해 세워졌다. 현재 고등학교의 국사 교과서 역시 일제시대에 일본에 의해 쓰여진 '조선사'라는 책과 내용이 거의 똑같다.

 한반도는 일제가 만든 왜색 용어

현재 대한민국 국민들은 대한민국의 영토 하면 한반도를 떠올립니다. 이러한 생각은 일제의 식민사관 정책의 잔상입니다.

"'한반도'는 일제가 한국을 멸시하고자 만든 왜색 용어다. '일본지리사전'은 '육지가 바다에 돌출하여 삼면이 바다로 둘러싸여 있는 부분, 특히 조선반도가 그 좋은 보기'라고 하여 유독 한반도를 강조했다. '반도'(Peninsula)란 용어는 일제가 메이지유신 후 이른바 그들의 '본도'(本島)에 예속 시키려는 의도에서 만들어낸 신조어였다. 자기들이 살고 있는 곳은 내지(內地), 즉 '온 섬(全島)'이고 한국은 섬도 못 되는 반 섬, 즉 섬의 하위 개념인 변방으로 비하시키고자 하여 '반도'라고 명명하였다." [독립기념관 홈페이지 검색]

우리 조상들은 우리 민족의 영토를 한반도를 국한시키지 않았습니다. 그래서 1,900년 이전에는 우리 영토를 한반도라는 말을 한 번도 사용 한적이 없었고 해동(海東), 동국(東國), 청구(靑丘), 진단(震檀), 계림(鷄林), 근역(槿域) 등으로 불렀습니다. 우리는 잠자고 있는 우리 역사를 깨워야 합니다. 우리는 한반도에 수천 년 동안 갇혀 있었던 민족이 아니라는 역사적 진실을 알 필요가 있습니다. 고조선은 거대한 영토를 소유하고 하나님을 섬기며 하나님께 제사하는 제천행사를 국가 행사로 진행했던 실존 문명의 발생지로서, 한반도와 만주뿐만 아니라 하남성과 산둥성까지 대륙을 통치하던 고대거대 국가였다는 사실입니다.

이러한 사실은 고조선의 유물을 통해서도 다시 확인할 수 있습니다.

3) 고고학적 유물의 고조선 증거

중국 요녕성의 요녕성 박물관과 심양의 정가와자 유적 전시관에는 고조선이 실존했다는 다량의 유적물들이 전시되어 있습니다. 고조선 지배계층의 무덤과 유물들이 다량으로 발견되었습니다. 고조선은 특징적인 유물인 비파형 청동검이 한반도뿐 아니라 중국 전역에서 발견된 것을 볼 때 고조선은 신화적인 국가가 아니라 강력한 고대국가로써 실존했던 것임을 알 수 있습니다.

"삼국사기와 고려사 등의 국내 문헌과 후한서 동이열전과 삼국지 오환선비동이전에 실려 있는 고조선의 뒤를 이은 여러 나라에 관한 기록을 통해, 고조선의 북쪽과 동쪽 및 남쪽의 국경을 추정할 수 있다.
북쪽은 아르군 강, 동북쪽은 흑룡강, 동쪽은 동해, 남쪽은 한반도 남부 해안으로 추정된다. 따라서 고조선의 영토는 서쪽으로는 오늘날 난하와 갈석산을 경계로 하여 오늘날 요서와 요동, 북만주와 남만주를 포괄하고 한반도 남부에 이르렀을 것으로 추정된다. 이러한 결론은 13세기에 활동했던 중국 역사가 증선지의 [십구사략통고]에 실린 고대 조선의 지도와 일치하고, 비파형동검 출토지 분포와도 일치한다. 최근의 연구에 따르면 한민족의 복식 자료 출토지 분포도 이와 일치한다. 비파형동검은 서기 전 15세기 경부(학자에 따라 서기 전 10세기 무렵으로 보기도 한다.) 사용되었던 고조선 중후기의 대표적 청동무기인데, 북경 근처로부터 요서, 요동을 거쳐 연해주와 한반도 남부 해안에 이르는 넓은 지역에서 출토된다."[윤내현, 사료로 보는 우리 고대사, 만권당, 104]

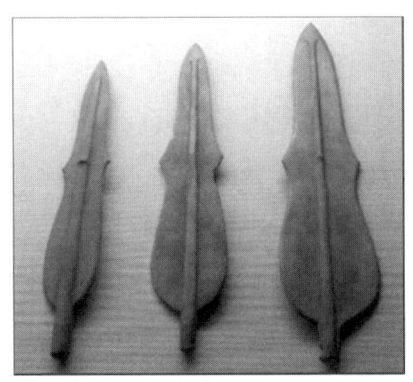

비파형동검
[출처 http://terms.naver.com/entry.nhn?docId=
2164811&cid=44411&categoryId=44411,2018.04.06]

고조선을 건국한 단군은 실존 인물입니다. 삼국유사의 [왕력편]에서는 한 때 동북아를 호령했던 거대 국가인 고구려를 건국한 주몽의 아버지가 단군이라고 기록하고 있습니다. 단군이 건국한 고조선의 기상을 이어 받아 동아시아를 호령했던 국가가 바로 역사가운데 엄연히 존재했던 고구려인 것입니다.

바이칼호, 아르곤강, 아무르강 위치

고조선과 고조선을 건국한 단군은 신화가 아니고 역사적인 나라요 인물입니다. 그리고 그 나라를 계승한 나라가 바로 대한민국인 것입니다. 그러나 아쉽게도 2천년 고조선에 관한 수많은 서적이 범흥왕(514-540) 때 불교를 국교로 만들기 위해 하나님(상제)을 섬기던 고조선에 관한 수많은 책을 없앴습니다. 그리고 조선시대에 사대주의(事大主義, flunkeyism) 사상 때문에 수많은 고조선에 대한 고서들이 불행히도 사라졌습니다. 그 책 중에 단군 조선 때 신지(神志)라는 사관이 쓴 비사로서 우주창조. 단군조선의 건국. 산천지리 등이 기록 되어 있는 우리 민족 최초의 정사(正史)로서 [신지비사(神誌秘詞)]라는 고조선의 경전과 같은 책이 불태워졌습니다.

"단재(丹齋) 신채호(申采浩, 1880-1936) 선생은 [조선상고사]에서 우리 민족 최초의 정사(正史)를 [신지비사(神誌秘詞)]라고 소개한다. 단군 조선 때 신지(神志)라는 사관이 쓴 비사이다. 단재는 신지비사가 우주창조. 단군조선의 건국. 산천지리 등을 노래한 것으로 훗날 고려 때의 [해동비록]에 일부 내용이 요약 정리되어 있다고 말한다. [해동비록]은 1,106년 예종의 명에 의하여 당시 풍수서들을 집대성한 책이다. 신지비사에서 단재가 주목한 것은 삼경설(三京說)이다. 저울대, 저울추, 저울판 이 세 개가 갖춰져야 저울이 제 기능을 다하듯 나라도 세 개의 수도(삼경)가 있어야 나라가 번성하여 주변 70개국이 조공을 바칠 거란다. 저울대, 저울판, 저울추설은 중국의 그 어떤 풍수서에도 등장하지 않는 우리 민족 고유의 풍수설이다. 그 흔적은 고구려의 삼경제, 고려의 삼경제 등에 드러난다.

신지비사가 말하는 삼경이 어디인가에 대해서 고령의 풍수관리 김위제(金謂磾)는 [성호사설 천자문 고려비기]에서 평양, 개성, 한양을 꼽았다.

高麗肅宗時 金謂磾…又引神誌秘詞曰 如秤錘極器 秤幹扶疎 梁錘者五德地 極器百牙岡 此以秤諭三京也 松嶽爲中 木覓爲南 平壤爲西也 極器者首也 錘者尾也 秤幹者提綱之處也 松岳爲扶疎 以諭秤幹 西京爲白牙岡 以諭秤首 三角山南爲五德丘 以諭秤錘…

그러나 단재 신채호는 하얼빈, 안시성, 평양이라고 반박 하였다. 아울러 단재는 고대 우리 민족이 활동했던 드넓은 영토를 망각하고 후세인들이 '도깨비도 뜨지 못하는 땅 뜨는 못하는 재주를 부려 만주 땅에 있던 지명들을 한반도로 옮겨 스스로 우리 영토를 압록강 이하로 축소시켰음을 비판하였다.

신지비사는 그 후에 어찌 되었을까? 고려왕조까지 은밀하게 전해지다가 조선왕조에 들어와 금서가 된다. 조선의 태종, 세조, 성종은 고려의 수많은 풍수, 음양서, 비기(秘記)들을 금서로 지정하여 소각하거나 비장시킨다. 그 가운데서도 신지비사는 금서의 첫 번째 대상이었다. 예컨대 조선 제3대 왕인 태종(太宗) 이방원(李芳遠, 1367~1422)은 1412년 8월 '충주사고'에 비장된 비결들을 가져오게 하였는데 신지비사 만큼은 그 누구도 보지 말고 밀봉한 채 가져오게 할 정도였다. 태종은 신지비사를 직접 펼쳐본 뒤 '이 책에 실린 것은 모두 괴탄하고 근거 없는 주장들'이라고 하면서 불태우게 한다. 신지비사가 공식적으로 역사에서 사라진 시점이다. 그러나 단재는 임진왜란 때 소실된 것으로 보았다.

왜 조선왕조는 그토록 신지비사를 없애고자 하였을까? 신지비사는 우리 민족의 주요 활동 무대를 만주로 보았으나 조선은 우리 영토를 압록강 이남으로 한정시켰다. 최영 장군의 요동정벌을 부정하여 세워진 나라이다. 신지비사는 우리 민족이 70개국의 조공을 받는 동아시아 최강국을 표방함에 반해 조선은 스스로 명나라에 조공을 바치는 나라가 되었다. 조선의 입장에서는 신지비사가 불편했을 뿐만 아니라 명나라가 이 책의 내용을 알까 두려웠다.

  아무튼 단군조선 때 발간된 역사서이자 풍수서인 신지비사는 조선시대에 태종 이방원이 강제로 수거해 불태우게 한 이후 영원히 사라진 것으로 알려졌다가 이병도 박사가 [진단학조] 창간사에서 소유하고 있다고 서술했지만, 아직까지 소재 파악이 잘 안 되고 있다. 언젠가[신지비사]가 다시 세상에 나온다면 드넓은 만주 땅에서 활동하였던 우리 민족의 역사가 다시 쓰일 것이다."
[출처 충청문화역사연구소장 신상구]

  특별히 일제 때 일본에 의해 51종의 20만권이나 되는 민족역사에 관한 책이 불태워지거나 강탈 당하여 일본에 넘어가 버렸습니다. 일본이 보기에 고조선의 역사를 신화를 만들 수 있는 삼국유사나 한국의 뿌리인 고조선에 대한 자긍심을 크게 영향을 주지 못할 것이라고 사려 되는 삼국사기 정도만 남겨둔 것입니다. 일제가 고조선의 역사를 완전히 지우려고 했으나 웅장했던 우리의 뿌리인 기원전 2천년 단군조선(2333-108)의 역사를 완전히 지울 수는 없었습니다. 고조선의 유물들은 거대하고 위대했던 고조선의 역사가 실존했음을 증거하고 있기 때문입니다. 그 대표적인 것이 고조선의 대표 유물인 고인돌입니다. 고조선 땅이었던 중국 요녕성에 326기와 한반도에서 발견된 4만기 고인돌입니다.

  "고인돌(지석묘, 支石墓, dolmen)은 크고 평평한 바위를 몇 개의 바위로 괴어 놓은 고대의 거석 구조물(Megalith)을 말한다. 아시아와 유럽, 북아프리카에 6만기 정도가 분포하며, 숫자상으로 한국에 남·북한을 합쳐 4만기 정도로 가장 많다. 고인돌의 윗쪽은 평평하며, 내부에는 방이 마련되어 있다. 세워진 연대는 지역에 따라 차이가 있으나 동아시아는 기원전 2,500년 ~ 기원전 수백 년 전후로 추정 된다."[위키백과, 고인돌]

4) 고인돌 축조 연도와 고조선 건국시기

 놀랍게도 경기도 양수리에서 발견된 고인돌의 축조된 시기가 고조선 건국시기와 거의 일치하는 기원전 2,665~기원전 2,140년으로 추정 됐습니다. 이는 한국 사람이 우리 역사의 뿌리가 위대함을 증명하기 위해 한반도 고인돌의 축조 연도를 이렇게 높게 잡은 것이 아니라 미국의 고고학자 사라넬슨(Sarah Nelson) 교수의 연구결과입니다. 넬슨 교수는 1970년 한국을 방문해 1년간 한국의 신석기 문화를 공부했고, 1973년 미시간대 대학원에서 '한강 유역 신석기시대 빗살무늬 토기 연구'로 박사학위를 받았습니다. 그는 오산리 유적을 세계고고학사전에 올렸을 뿐 아니라 1996년에는 세계동아시아 고고학대회에서 처음으로 한국고고학을 독립 분과로 만들기도 했던 권위 있는 고고학자입니다.

 김성태가 쓴 '엉터리 사학자 가짜 고대사'라는 책에서는 양수리 고인돌을 '서기전 2,325년'으로 측정 되었다고 기록하고 있습니다.
"한반도에서도 서기 전 25세기로 올라가는 청동기 유적이 두 곳이나 발굴되었다는 사실이다. 하나는 문화재관리국 발굴단에 의해 발굴된 경기도 양평균 양수리의 고인돌 유적이다. 다섯 기 의 고인돌이 발굴된 이 유적에서 채취한 숯에 대한 방사성탄소연대 측정 결과는 서기 전 1,950± 200년으로 나왔는데 교정 연대는 서기 전 2,325년경이 된다. 이 유적에서 청동 유물은 출토되지 않았으나 고인돌은 청동기 시대 유물이라는 것이 학계의 정설이므로 이 연대를 청동기 시대 연대로 볼 수 있는 것이다."
[김성태, '엉터리 사학자 가짜 고대사', 책보세, P104]

양수리 고인돌이 고조선 건국 연대와 일치하는 법위에 축조되었다는 것은 고조선 건국 연도가 신화가 아닌 역사절 사실이며 한반도에 이미 기원전 수천 년 전에 강력한 국가가 존재했다는 확실한 증거입니다. 특히 고인돌에서 고조선의 대표적인 유물인 비파형 청동검이 함께 발견되곤 하는데 이는 한반도 고인돌이 고조선 때 축조되었다는 것을 말하고 있는 것입니다.

단국대 사학과 윤내현 교수는 한반도 고인돌이 기원전 2,410년에 축조됐다는 것을 놓고 의미심장한 말을 합니다. 중국의 황하문명의 청동기 문화는 기원전 2,200년 경인데, 요하지역과 한반도에서 출토된 고조선의 청동기 시대 유물, 고조선의 주 활동 무대인 요하지역에서 발견된 청동기 문화인 하가점하층문명이 기원전 2,410년, 한반도 청동기문화 유적인 전라남도 연암군 장철리 유적과 양수리 고인돌 유적이 기원전 2,378년경으로서 황하문명보다 몇 백 년 앞선 것이라고 주장합니다. 그래서 삼국유사에서 고조선 건국을 기원전 2,333년으로 기록한 것은 실증적 사실이며, 중국 최초의 나라인 하나라(기원전 2,070년)보다 100

년이상 앞섰다는 것입니다. 그리고 이미 한반도에 청동기 시대가 기원전 2,000전에 존재 했었고, 고조선의 혈통이 정착 했었다고 볼 때 고구려 백제 신라도 고조선의 토착민이 중심이 된 나라라는 것입니다. 그래서 신라가 삼국사기에 유목민이라는 기록에서 '유'자는 '흘리유'가 아니라는 것입니다. 그러므로 삼국의 원 뿌리는 모두 고조선이라는 것입니다. 그러한 사실은 삼국 모두 단군을 시조로 섬겼다는 기록해서 찾을 수 있는 것입니다. 이 모든 증거들은 고조선은 결코 신화적인 나라가 아니라 2,000년 이상을 이어온 실존 강대국이었다는 것입니다. 이러한 사실을 입증할 고고학적인 증거들이 계속해서 발견되고 있습니다.

더욱 놀라운 사실은 메소포타미아 문명보다 1,800년이나 앞선 기원전 3,000년경으로 추정되는 천문도가 기록된 200개 이상의 고인돌이 발견 되었다는 것입니다.

 ## 고조선, 세계 4대 문명의 발상지

"또 이집트나 메소포타미아가 다른 지역보다 앞서 문명을 꽃피운 세계 4대 문명의 발상지라고 주장하는 중요한 요인 중 하나로 그곳에서 발견된 체계적인 천문도를 꼽는다. 하지만 대동강 유역의 고인돌에서 발견된 천문도는 기원전 3,000년경의 것으로 1,200년경에 만든 바빌로니아 천문도보다 무려 1,800년이나 앞서는 것이다. 고인돌 별자리야말로 우리 선조들이 세계 문명 발상지에 견주어 결코 뒤떨어지지 않는 앞선 문명을 이루었음을 보여주는 증거자료다.

고인돌에 새긴 천문도는 주로 평양의 고인돌에서 발견되는데, 그 수가 200여 개에 이른다. 고인돌의 뚜껑돌에 새긴 홈 구멍이 천문도라는 것을 알기 전에는 이 홈 구멍에 대한 견해가 분분했다. 그러나 고인돌에 새긴 홈 구멍의 배열 상태를 조사한 학자들은 널리 알려진 별자리와 거의 일치한다는 사실을 발견하고, 그것이 '성좌도'라는 결론을 내렸다. 평범한 돌에 아무렇게나 구멍을 뚫은 것처럼 보이는 고인돌이 현대 과학자들도 놀랄 정도로 정확한 별자리를 나타내고 있다는 것이다. 우리 선조들은 기원전 3,000년 경 이래 하늘을 관찰하여 고인돌에 천문도를 새겨놓았고, 이런 기록이 서기 355년까지 전해져서 고구려 시대에 이를 바탕으로 석각 천문도를 만들었는데 이것이 바로 '천상열차분야지도'이다. 천상열차분야지도의 별자리는 기원전 5세기 무렵인 고조선 말기의 것이라고 한다. 서기 1세기경인 고구려 초의 것이라는 주장도 있다.) 고구려 시대의 석각 천상열차분야지도는 현존하지 않지만, 당시 제작해둔 탁본이 조선 초에 발견되어서 이를 바탕으로 약간 수정하여 195년에 천상열차분야지도를 다시 각석하였다. 이 석각 천문도는 현재 국보 228호로 지정되어 덕수궁 궁중유물 전시관에 소장되어 있다."
[출처 이종호, 한국의 7대 불가사의, 역사의 아침 2007.3.15]

　이는 고조선의 실존은 물론이고 고조선 문명의 우수성과 문명의 발생지라고 까지 할 수 있는 증거물인 것입니다.
　이뿐 아니라 강원도 춘천 중도에서 고조선의 거대한 유적이 발견 되었는데 6,000~7,000명이 거주한 것으로 추정되는 대 단위 도시를 형성하고 있는 집터 917기, 고인돌 101기, 창고, 비파형 동검, 선형동부, 중도식 토기, 마제석기, 방어용 환호(404m), 공방, 경작유구, 혈유구 등 1,400여 유물이 대량 발굴 되었습니다. 이것은 기원전 11세기~6세기까지 형성된 도시라고 합니다. 이런 지울 수 없는 기원전에 실제 했던 고조선의 역사는 한반도에 가득한 것입니다. 그러므로 고조선을 건국한 단군이 노아라는 역사적인 고증을 하려는 시도는 헛된 신화적인 내용에 기초한 것이 아님은 분명한 것입니다.

노아는 성경 연대로 계산하면 기원전 3,058년에 출생해서 기원전 2,108년까지 950년을 살았는데, 고조선이 건국된 기원전 2,333년에 노아는 분명하게 살아있었을 뿐 아니라 노아의 정년기라 볼 수 있는 725세였고, 고조선이 건국 된 후 225년을 더 살았으며, 중국 최초의 나라인 '하'나라가 건국되기 38년 전까지 살았으니, 노아와 고조선의 연관성에 대해 고증하려는 시도는 전혀 성립될 수 없는 괴변이 아닌 것입니다.

고대문헌과 유물들을 통해 더 이상 고조선의 실존에 대해서는 의심할 수 없는 역사적으로 실존 했던 국가였을 뿐 아니라 동방문명의 발원국이요 뿌리로써 한반도뿐만 아니라 대륙을 통치하던 제국으로 성장한 고대제국이었음을 발견하게 됩니다. 결론적으로 네이버백과사전에서 '기원전 108년까지 요동과 한반도 서북부 지역에 존재한 한국 최초의 국가'라는 제목으로 기록된 내용으로 고조선의 실존에 대한 논거는 마무리합니다.

"삼국유사를 쓴 일연(一然)이 단군신화에 나오는 조선(朝鮮)을 위만조선(衛滿朝鮮)과 구분하려는 의도에서 '고조선'이란 명칭을 처음 사용하였고, 그 뒤에는 이성계가 세운 조선과 구별하기 위해서 이 용어가 널리 쓰였다. 지금은 단군이 건국한 조선과 위만조선을 포괄하여 고조선이라고 부른다. 고조선 건국시기는 기원전 2333년으로 전한다.

고조선이 처음 역사서에 등장한 시기는 기원전 7세기 초이다. 이 무렵에 저술된 관자(管子)에 '발조선(發朝鮮)'이 제(齊)나라와 교역한 사실이 기록되어 있다. 또 산해경에는 조선이 보하이만(발해만, 渤海灣) 북쪽에 있던 것으로 나타난다.

이들 기록에 나타난 조선은 대체로 랴오허(요하, 遼河) 유역에서 한반도 서북지방에 걸쳐 성장한 여러 지역집단을 통칭한 것이다. 당시 이 일대에는 비파형동검(琵琶形銅劍)문화를 공동기반으로 하는 여러 지역집단이 성장하면서 큰 세력으로 통합되고 있었다. 단군신화는 고조선을 세운 중심집단의 시조설화(始祖說話) 형식으로 만들어졌다가 뒤에 고조선 국가 전체의 건국설화로 확대된 것으로 여겨진다. 중국 전국시대(戰國時代)에 들어와 주(周)나라가 쇠퇴하자 각 지역의 제후들이 왕이라 칭하였는데, 이때 고조선도 인접국인 연(燕)나라와 동시에 왕을 칭하였다고 한다.

더욱이 고조선은 대규모 군대를 동원하여 연을 공격하려다가 대부(大夫) 예(禮)의 만류로 그만두기도 하였다. 이렇게 고조선은 기원전 4세기 무렵 전국칠웅(戰國七雄)의 하나인 연과 대립하고 ... 그러나 기원전 3세기 후반부터 연이 동방으로 진출하면서 고조선은 밀리기 시작하였다 ...

한은 기원전 109년 육군과 수군을 동원하여 수륙 양면으로 고조선을 공격하였고, 고조선은 총력을 다하여 이에 저항하였다... 대신(大臣) 성기(成己)가 성안의 사람들을 독려하면서 끝까지 항전하였으나, 기원전 108년 결국 왕검성이 함락되고 말았다. 한은 고조선의 영역에 낙랑, 임둔, 현도, 진번 등 4군을 설치하였다. 이때 많은 고조선인들은 남쪽으로 이주하였고, 그들은 삼한사회의 발전에 지대한 영향을 끼쳤다.

고조선 사회에 대해서는 기록이 전하지 않아 자세하게 알 수 없으나, 지금 전하는 8조 법을 통해 볼 때 계급의 분화가 상당히 진전되었을 뿐만 아니라 사유재산제, 신분제가 존재한 사회였음을 알 수 있다."[네이버 지식백과 고조선 (두산백과)]

 고조선이 실존한 나라인 것은 분명한 역사적 사실인데, 과연 고조선을 건국한 주역이 노와와 그 언약자손이라는 증거들이 있는가?

2 한민족의 시작과 노아의 고조선 건국

노아와 그 언약자손들이 한민족의 시작과 고조선 건국의 주역이었다는 주장이 가당치도 않는 추측일까?

이러한 비슷한 주장을 하는 분들이 있습니다. 한국기독교 교단에서 존경 받았던 예수원 설립자 토레이(R. A. Torrey,한국이름 대천덕) 선교사가 노아의 5대손인 욕단이 단군일 가능성이 있다고 주장했습니다.

"창세기 10:25에 '에벨'이라는 이름이 나오는데, 그에게는 '벨렉'과 '욕단'이라는 두 아들이 있었습니다. '벨렉'이란 '나뉘어 진다'는 뜻으로 그는 아브라함의 조상이 되었고, 그의 아우 '욕단'은 …알모닷, 셀렙 등 여러 사람들의 조상이 되고, 메사에서부터 스발로 가는 길의 동편 산으로 갔다는 말이 나오는데, 이것은 동방의 산지대로 갔다는 것입니다. 이들은 모두 셈의 족속들이기 때문에 동방 사람들이 어디에서 나왔는지를 생각해 본다면 욕단으로부터 나온 것이 아닌가 생각하여 욕단이 혹 단군이 아닌가 추측해 볼 수도 있습니다. 정확한 계산은 할 수 없지만 단군의 시대와 욕단의 시대가 비슷한 연대입니다."
[대천덕,「우리와 하나님」,도서출판 예수원, 1988, 163쪽]

토레이의 할아버지는 무디와 함께 시대적인 부흥을 주도했던 인물이고, 토레이 선교사는 한국교회에 성령신학을 전해주고 정착시킨 인물이며 한국교회의 영성에 선한 영향을 준 존경받는 인물이고 하버드대학교도 나온 학식 있는 분이십니다. 이런 인물이 한민족의 직접적인 조상이 욕단일 것이라고 거론한 것에 대해 가볍게 볼 일이 아닙니다.

 유석근 목사는 한민족을 셈과 에벨과 욕단의 후손으로서 또 하나의 선민이라고 주장하기도 합니다.

"창세기 10장 21절에 보면 셈은 에벨 온 자손의 조상이라는 말씀이 있다. 에벨은 셈의 셋 째 아들 아르박삿의 손자였다. 셈은 아르박삿 외에도 네 아들이 있었고(창10:22), 따라서 셈은 이 모든 자손들의 조상임에도 틀림이 없다. 그런데도 셋째 아들 아르박삿의 손자 에벨을 먼저 언급하면서, 셈은 에벨 온 자손의 조상으로만 구별해 놓았다. 그 의미는 무엇인가? 셈의 후손들 가운데서도 특별히 셈의 셋째 아들 아르박삿의 손자 '에벨의 혈통'이 선택된 종족이라는 것이다. 그러면 에벨의 자손이란 누구인가? 벨렉과 욕단 두 형제뿐이다. (창10:25)

 따라서 신적 선책을 받은 종족인 '에벨의 온 자손'이란 곧 '벨렉 자손'과 '욕단 자손'을 말하는 것이다. 셈은 에벨 온 자손의 조상이라고 했으니 셈은 그 두 형제의 자손들의 조상이 된다는 말이요, 하나님은 '셈의 하나님'이라 했으니 (창9:26) 곧 '벨렉 자손의 하나님'이시고 '욕단의 하나님'이신 것이다. 여기에서 여호와 하나님은 선택된 백성이 하나가 아니라 둘인 근거를 분명히 예비하셨다. 선택 받은 백성은 '벨렉계 선민'과 '욕단계 선민' 두 계열의 백성이 존재한다."
[유석근, 아리랑 고개를 넘어 예루살렘으로, 318,319P, 예루살렘]

지금까지 여러 학자들 중에 우리 민족이 욕단의 후손이라는 것에 어느 정도 동의하고 있습니다. 그러나 성경의 연대와 한민족의 이동경로와 뿌리의 역사를 살펴보면, 우리 민족은 욕단의 직계 후손일 뿐 아니라 심지어 노아가 우리 민족의 건국에 직접 관여했다는 간접적인 증거들을 발견하게 됩니다. 이 책에서 우리 민족은 셈의 언약을 받은 언약자손이요 선민이라는 것을 다룰 것이지만, 지금까지 거론되지 않았던 부분을 다룰 것입니다. 즉 우리 민족은 셈의 자손이요 욕단의 자손으로서 셈의 언약을 받은 선민일 뿐 아니라 노아가 고조선이 건국되는데 있어 직간접적으로 개입했고, 고조선이 노아의 무지개 언약을 받은 무지개민족이라는 부분을 중점적으로 다룰 것입니다.

노아가 고조선을 건국에 개입했다는 주장을 하려면 먼저 노아가 고조선이 건국된 해인 기원전 2,333년 당시에 존재했던 인물이라는 사실이 입증되어야만 할 것입니다. 과연 그는 그 당시에 존재했던 인물이었을까? 예 그렇습니다. 이 내용을 증명할 수 있는 구체적인 성경 연대계산에 대한 내용은 부록에 수록해 두었습니다. 먼저 이 부분에 대해 살펴보는 것이 이 책의 논증을 이해하는데 도움이 될 것입니다. 고조선이 건국된 해인 기원전 2,333년을 성경연대로 계산해 보면, 그 해 노아의 나이가 대략 725세쯤 되었습니다. 성경에 보면 그가 950세까지 살았다고 했으니, 고조선이 건국 될 당시 725세 나이는 노아의 전성기인 것입니다. (창9:29) 노아는 고조선 건국 당시까지 살아계셨고, 그 후 약 225년(기원전 2,108년) 정도를 더 사셨다니 참으로 놀라운 일입니다.

노아 나이 725세 쯤에 동방에서 고조선이 건국한 해인데, 이 때쯤 중동의 메소포타미아 지역인 시날 땅에서는 니므롯이 바벨탑 사건(벨렉 때, 창10:25)을 일으킨 시기였습니다. 시날 땅에서 바벨탑 사건이 있었던 동시대에 동방에서 고조선이 건국 되었다는 것은, 니므롯이 바벨탑 사건을 일으킨 시대에 분명 동방에 바벨탑 사건에 참여하지 않은 나실인과 같은 사람들이 살고 있었다는 의미입니다. 따라서 동방에서 고조선을 건국한 사람들은 바벨탑 사건에 참여하지 않는 사람들의 의해 세워진 국가로서, 고조선은 구별된 하나님의 특별한 선민의 나라였다는 가능성을 추론할 수 있습니다.

 동방의 히브리 민족

그러면 메소포타미아 지역에서 바벨탑 사건이 있었던 동시대에 동방에서 고조선을 건국한 인물들은 과연 누구였을까? 저는 이들이 무지개 언약을 받은 노아와, 셈의 언약을 받은 셈과, 이 두 언약을 계승한 아르박삿과 셀라와 에벨과 욕단과 그 후손들일 것이라고 추측합니다. (창10:21-30)

만약 그들이 바벨탑 사건에 참여하지 않은 인물들이라면 그 당시 살아있었던 믿음의 언약자손들은 지금 열거한 언약의 사람들이기 때문입니다. 그러하기에 고조선은 무지개 언약을 가진 노아와 그 언약을 전수 받은 언약의 후손들이 건국한 신정국가요 제사장 국가요 마지막 시대에 무지개 언약인 마지막 복음을 위해 하나님께서 숨겨놓은 동방의 히브리 민족이라고 봅니다.

창세기 5장, 11장에 기초해서 연대를 계산해 보면 바벨탑 사건이 있었던 시점에 분명 하나님으로부터 인정 받은 언약의 사람들인 노아와 셈과 아르박삿과 셀라와 에벨과 욕단이 살아 있었습니다. 바벨탑 사건이 있었던 벨렉 때는 기원전 2,357년이였는데, 그 당시 언약의 사람들은 모두 살아있었습니다. 노아는 기원전 2,108년 때까지 살았고, 셈은 기원전 1,959년, 아르박삿은 기원전 2,018년, 에벨은 기원전 1,927년까지 살았으니, 창세기 11장에 기록된 위대한 믿음의 사람들은 바벨탑 사건이 있었던 시기에 살아있었을 뿐 아니라 고조선이 건국 된 해인 기원전 2,333년 당시에도 이들 모두는 역시 살아있었던 것입니다. (성경 인물 연도계산, 고조선 건국 연도의 타당성에 대해 부록 수록)

그러면 이런 질문을 던져 볼 수 있습니다. 과연 언약의 믿음의 사람들이 바벨탑 사건 당시에 살아 있다면 그들은 바벨탑 사건에 참여 했겠습니까? 상식적으로 볼 때 믿음의 언약의 사람들이기 때문에 아닌 것이 분명합니다. 그렇다면 모든 인류가 바벨탑 사건에 참여할 때 하나님께서 구별해 놓으신 바벨탑 사건에 참여하지 않은 거룩한 나실인과 같은 한 무리의 선민이 존재했다는 결론을 얻습니다.

사 건	요 절	계산법	사건연도 출생연도	사망연도 (수명)
솔로몬 즉위연도	왕상6:1	기준연도	BC970 (절대연도)	
솔로몬성전건축연도	왕상 6:1	-4	BC966	
출애굽연도	왕상 6:1	+480	BC1446	
야곱의애굽입국연도	출12:40,41	+430	BC1876	
야곱 출생연도	창47:9	+130	BC2006	
이삭 출생연도	창25:26	+60	BC2066	
아브라함 출생연도	창21:5	+100	BC2166	
데라 출생연도	창11:26~32	+70	BC2236	
나홀 출생연도	창11:24~25	+29	BC2265	
스룩 출생연도	창11:22~23	+30	BC2295	
르우 출생연도	창11:21~22	+32	BC2327	
벨렉 출생연도	창11:18~19	+30	BC2357	BC2118 239세
에벨 출생연도	창11:16~17	+34	BC2391	BC1927 464세
셀라 출생연도	창11:14~15	+30	BC2421	BC1988 433세
아르박삿 출생연도	창11:12~13	+35	BC2456	BC2018 438세
셈 출생연도	창11:10~11	+100	BC2558	BC1956 600세
노아 출생연도	창5:32	+500	BC1056	BC2108 950세

노아 홍수연도	창9:28~29	-600	BC2458 2월27일	
방주에서 나온 연도	창9장	-365	BC2457 2월27일	

그렇다면 이들이 바벨탑 사건에 참여하지 않고 어디에 있었을까요? 분명 B.C. 2,357년쯤에 있었던 바벨탑 사건과 동시대에 동방에 B.C. 2,333년에 고조선이 건국 되었으니, 바벨탑 사건에 참여하지 않은 노아와 믿음의 사람들은 동방에 있었다는 결론을 얻습니다. 이는 곧 고조선 건국의 주역이 바벨탑 사건에 참여하지 않은 노아와 그 언약 자손일 가능성이 매우 큰 것입니다.

이것이 성경적이며 역사적인 증거가 있습니까? 과연 무지개 민족이라 칭함 받은 우리 민족의 원류가 노아와 그의 언약자손인 욕단이고, 고조선은 그들이 건국한 제사장 나라일까? 그렇다고 말할 수 있는 역사적인 증거가 있습니까? 과연 고조선은 무지개 언약을 받은 노아가 세운 무지개 나라일까?

한국사	중국사	성경사	세계사
노아홍수 BC2457	노아홍수 BC2457	노아홍수 BC2457	노아홍수 BC2457
고조선 BC2333-BC108	고조선은 '하나라'보다 263년 앞선 존재 삼황오제시대 ---- 하 BC2070-1598 ---- 은 BC1600-1046 ---- 주 BC 1046-770 ---- 춘추전국 BC770-221 ---- 진 BC221-206	노아 방주 나옴 BC2457년 2월 27일 셈출생 BC2556-1959 아르박사출생 BC1658-2018 셀라출생 BC2421-1988 에벨출생 BC2391-1927 바벨탑사건 BC2357 고조선건국 BC2333 애굽 BC945-594 아브라함출생 BC2166-1991 노아사망 BC2108 출애굽	원바벨론 아카드왕국 BC2334~2150 고바벨론 우르3왕조 BC2150-2006 신바벨론 갈대아왕조 BC625-539 앗시리아제국 BC745-608 페르시아 BC539-331 그리스 BC331-168 로마 BC168-AD476 함무라비법전 BC1700경 알파펫발명 BC1200경 석가모니출생 BC563 공자출생 BC552 소크라테스출생

101

			BC1446 솔로몬등급 BC970	BC470 플라톤출생 BC387 중국불교전래 BC2 예수님탄생 BC2?
한사군 BC108-313	한: 서한 BC206-AD23		오순절과 교회 탄생 29 바울의 회심 36	로마기독교공인 313 고구려불교국교
신라 BC57-668	한: 동한 25-220		최초의 기독교총회 49	372 게르만족대이동
백제 BC18-660	삼국 220-280		로마 대화제, 네로의 박해 64	375 로마제국동서분열
가야 BC 0-562	진: 서진 동진 265-420		베드로, 바울순교 67	395 서로마제국멸망
고구려 BC37-668	16국 304-439		예루살렘 멸망 70	476 동서교회분리 484
부여 BC 2C-494	남북조 420-581		니케아 종교회의, 예수신성 325	신라불교국교 527
통일신라 668-935	수 581-618		교황권 확립, 그레고리1세 590 동로마 성상숭배 금지 626 동앵글족 개종 631 이슬람 예루살렘 점령 638	인도힌두교창시 500 이슬람교창시 610 신라,삼국통일 676 중국,당건국 618 잉글랜드왕국성립 829
발해 698-926	당 618-907			

		영국, 기독교개종 완성 685 덴마크 복음화운동 전개 827	프랑스, 카페왕조성립 987
고려 918-1392	오대십국 907-1279	신성로마제국 탄생 오토10세 962 동방교회와 서방교회 완전분열 1054	신성로마제국 962-1806 징기스칸몽골통일 1206 영국, 프랑스100년 전쟁 1337 유럽 흑사병 1347
	송 960-1279		
	요 907-1125		
	서하 1032-1227		
	금 1115-1234		
	원 1279-1368		
조선 1392-1898	명 1368-1644	중국 명조에 의해 기독교 폐지 1368 이슬람에 의해 동로마제국멸망 1453 마틴루터 종교개혁 1517 프란시스코교단 일본도착 1593	프랑스혁명 1789 활판인쇄술 발명 1450 동로마제국멸망 1453 일본, 전국시대 1467 아메리카대륙 발견 1492
	청 1841-1840		

			일본에 반기독교 교서공포 1614 진젠돌프가 독일에 헤른후트 설립 1722 모라비안교도의 첫 선교사 파송 1732 중공의 반기독교 칙령발포 1736 조나단 에드워드의 '세계 복음화 기도 운동' 제창 1747	루터 종교개혁 1517 도요토미 전국통일 1590 영국 청교도 혁명 1640 산업혁명 1760 미국 독립선언 1776
대한제국 1897- 1910	청 1841-1911 중화민국 1912-1949		허드슨테일러'중국 내지선교회' 창설 1865 선교사 알렌 한국 도착 1884 언더우드, 아펜셀러 한국 도착 1885 국부 이승만 한신 감옥에서기독교 개종 1899	공산당 선언 1848 미국, 남북전쟁 1861 메이지유신 1868 제1차세계대전 1914-1918 소련성립 1922

고조선의 부활인 대한민국 건국 1948.8.15 ~현재	중화인민공화국 1949. 10. 1~ 현재	기독교입국론 입각한 대한민국 건국 1945 개신교 선교사들의 중국 철퇴 개시 1951 홍위병들이 중국교회 파괴 1966 CCC 한국 대회 (Explo '74) 개최 1974 대한민국에 무지개 언약인 천국복음의 비밀이 전달 2011~	제2차세계대전 1939-1945 대한민국건국 1948 이스라엘건국 1948 한국전쟁 1950~1953 중동전쟁 1차 석유파동 1973 소련해체 1991

Chapter II

고조선 건국 주역은 노아와 언약자손

1 역사의 증거들

1) 바벨탑 사건과 고조선 건국은 동시대 사건

성경적인 연도로 계산해 보면 고조선이 건국했던 기원 전 2,333년은 중동의 메소포타미아 지역에서 바벨탑 사건이 있었던 때입니다. 즉 바벨탑 사건이 있었던 시대인 벨렉 24살 때입니다. (창10:25)

고조선 건국의 시기는 바벨탑 사건과 거의 동시대에 이루어진 일입니다. 그렇다면 바벨탑 사건에 있었던 동시대에 동방에 바벨탑 사건에 참여하지 않은 이들에 의해 고조선이 건국되었다는 결론을 얻습니다. 그리고 그 당시 노아 나이는 약 725세쯤 된 나이였습니다. 성경에 의하면 노아는 950살까지 살았다고 했으니, 노아나이 725세면 노아로서 가장 전성기라고 볼 수 있습니다. 노아가 바벨탑 당시에 살아 있었다면 과연 바벨탑 사건에 참여했을까? 당연히 참여하지 않았을 것입니다. 이런 정황을 보면 두 가지 추론해 볼 수 있습니다. 노아는 바벨탑 사건에 분명 참여하지 않았지만 그 곳에 남았을 경우와 끝내 그 당시 니므롯에

선동 된 사람들을 설득하지 못하고 바벨탑 사건이 있었던 시날 땅을 떠났을 경우입니다. 저는 개인적으로 떠났다고 봅니다. 왜냐하면 700 살이 넘은 영적인 거장이 그 지역에 있었다면 노아의 증손자인 나이어린 니므롯에 전지역의 사람을 선동하여 바벨탑 사건을 일으킬 수 없었을 것이기 때문입니다. 또한 바벨탑 사건이 있었던 시기에 동방에 고조선이 건국 되었기 때문입니다.

그러면 떠난 시점을 두 가지로 추정해 볼 수 있습니다. 첫째 바벨탑 사건이 시작되기 이전에 이미 중동 땅에는 죄악이 가득 찼을 뿐 아니라 온 땅에 생육하고 번성하고 충만하라는 노아에게 주신 하나님의 축복의 명령에 따라 노아는 새 땅에서 새 나라를 세우기 위해 순결한 언약 자손인 셈과 아르박삿과 셀라와 에벨과 욕단과 함께 동방으로 갔을 것이라는 것을 추측해 볼 수 있습니다. 둘째, 노아는 바벨탑 사건이 시작 되려고 하자 사람들을 설득했지만 따르지 않자 하나님의 경륜의 뜻을 따라 새 나라를 세우기 위해 바벨탑을 건축하기 시작한 후 떠났을 것이라고 추정해 볼 수 있습니다. 어찌 보면 욕단의 형이 바벨탑 사건이 일어난 시날 땅에 있었다는 것으로 볼 때 바벨탑이 건축되기 시작한 후 어느 시점에 떠났을 가능성도 있습니다.

중요한 것은 분명 바벨탑 사건이 있었던 당시 동방에서 고조선을 건국한 사람들이 이미 존재했다는 것입니다. 그렇다면 분명 그 사람들은 바벨탑 사건에 참여하지 않은 노와와 언약 자손인 욕단의 가능성이 성경적으로 매우 큰 것입니다. 왜냐면 바벨탑 사건이 있었던 시날 땅에 있지 않고 동방에 있었다는 것은 동방에 고조선을 건국한 사람들은 분명 바벨탑 사건에 참여하지 않은 사람들이었을 것이기 때문입니다. 그리고 바벨탑 사건에 참여하지 않았다는 것은 분명히 특별한 믿음의 자손들이요 하나님의 경륜에 의해 구분된 사람들이라고 볼 수 있습니다. 그렇다면 성경적으로 볼 때 그 당시 살아있었던 믿음의 인물들을 성경적으로 살펴보면 노아와 셈과 셈의 언약의 계승자인 에벨과 에벨의 아들인 욕단일 수밖에 없습니다. 성경연대로 볼 때 이들이 바벨탑 사건과 고조선이 건국되던 동시에 살아 있었다는 것은 이들을 통해 고조선이 건국되었다는 추측을 가능하게 합니다.

2) 욕단의 이동경로

고조선 건국이 노아와 언약 자손이라고 첫째 단초는 셈의 언약의 자손인 에벨의 둘째 아들인 욕단이 동방의 산악지대로 가서 살았다는 말씀에서 찾아 볼 수 있습니다.

"에벨은 두 아들을 낳고 하나의 이름을 벨렉이라 하였으니 그 때에 세상이 나뉘었음이요 벨렉의 아우의 이름은 욕단이며.... 오빌과 하윌라와 요밥을 낳았으니 이들은 다 욕단의 아들이며 그들의 거하는 곳은 메사(출발지)에서부터 스발(목적지)로 가는 길의 동편 산(과정)이었더라"(창 10:25~31)

토레이박사에 의하면 욕단은 단군일 것이다라고 주장합니다. 그런데 위 성경 말씀을 통해 볼 때 그 욕단은 메소포다미아 지역을 중심으로 볼 때 동쪽을 향해 갔다는 것을 알 수 있습니다. 욕단이 우리민족의 조상이라면 욕단의 이동경로를 추적해 보면 그 흔적이 남아있을 않을까?

욕단은 메사에서부터 스발로 가는 동편산에 거하였다고 합니다. 메사는 출발지이고, 스발은 목적지이며, '가는 길의 동편산'은 그 사이에 있는 곳입니다. 그러면 '메사'는 어떤 장소를 가리키는 것이고,고 '스발'은 어디며, '동편산'은 어디를 가리키는 것일까?

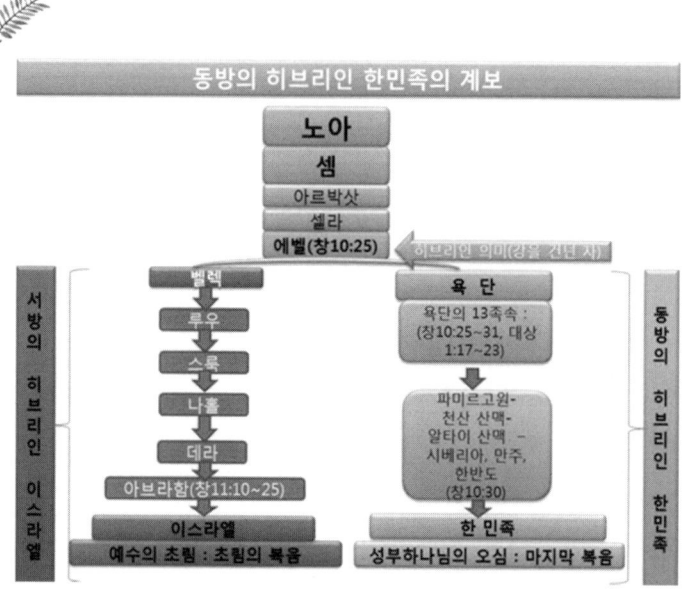

① 메사는 시날 땅인 메소포타미아 지역

'메사'는 시날 땅인 '메소포타미아' 지역일 것입니다. 왜냐면 욕단의 형인 벨렉의 이름의 뜻이 '세상이 나뉨'이라는 의미로서 바벨탑 사건이 있었던 메소포타미아 지역에 있었다는 것을 알 수 있고, 벨렉의 후손들인 아브라함의 후손들이 그 인근에 계속해서 거주했다는 것을 볼 때 욕단의 고향은 메소포타미아 지역을 가능성이 높습니다.

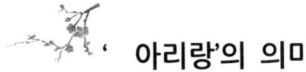 **'아리랑'의 의미**

오래 전 필자와 한 교회를 섬기던 차우정 박사(당시 국방대학교 전쟁사 교수)로부터 자신이 쓴 논문을 저에게 선물로 주었는데, 그 논문에서 우리 민족이 즐겨 부르고 있는 아리랑이 최초의 찬송가였다는 주장이 있습니다. 그리고 메사는 메소포타미아의 옛말인데 우리민족이 그 메소포타미아에서 떠나 동쪽 산맥인 파미르고원, 텐산산맥을 넘어오면서 부른 최초의 찬송가라는 것입니다.

그 내용을 정리하면 이렇습니다. '알리랑'의 '알'은 하나님의 뜻이고, '이랑'은 '~함께'라는 것입니다. 그리고 고개는 욕단의 후손이 동방으로 향하여 갈 때 넘었던 파미르 고원, 천산산맥, 알타이 산맥이라는 것입니다. 이러한 주장이 너무 지나친 주장이라고 할 수 있을지 모르지만 금세기에 놀랍게도 아리랑이 찬송가로 불려지고 있다는 사실을 아십니까?

"미국 칼빈 대학교 교수이며 미국 찬송가편찬원이었던 버트 폴먼(Bert Frederick Polman)교수는 아리랑의 멜로디를 가지고 1990 년 미국 찬송가 229 장을 만들었다. 제목은 '그리스도 당신의 충만하심'(Christ, You Are the Fullness)이다. 같은 편집위원인 에밀리 브링크는 멜로디가 너무 아름다워서 12 명의 전원 찬성으로 새로운 찬송가에 실리게 되어있다고 한다."(위키백과 '아리랑')

이것이 우연한 것일까? 아니면 '아리랑'이 우리민족이 시작될 때 4천년 전에 실제로 만들어진 찬송가일까?

유석근목사도 '알리랑 고개를 넘어 예루살렘'이라는 책에서 비슷한 주장을 했습니다.

"알이랑"은 '알'과 '이랑'으로 구분된다. '알'은 '하느님'을 의미한다. '하느님'이라는 신명(神名)은 처음에 '알'이었다. 그런데 '알' 앞에 '한'이라는 관형사를 붙이고, '알' 뒤에 '님'이라는 존칭면사를 붙여서 '한알님' 이라고 했다. 그것이 (한을님 - 하ㅇ님 - 하늘님 -

하느님)으로 바뀐 것이다. 그래서 '알'은 '하느님'이다. 창조주 하느님을 뜻하는 원시 언어가 '알'이었다. 유대인의 '엘(EL)', 아랍인의 '알아(알라)'는 바로 이 '알'에서 파생된 말이다.

🌿 '알라'는 아랍어로 유일신 하느님을 지칭하는 말이다.

그렇기에 그리스도인인 아랍 사람들도 이 단어를 사용한다. 구약성경에 나오는 하느님의 이름인 '엘로힘'(단수Eloah)은 '알라(alah)'라는 말에서 유래했다. (벌코프 조직신학 239쪽 크리스챤 다이제스트 간). 즉 창조주 하느님을 뜻하는 인류 최초의 신명(神名)이 우리말 '알'이었는데, 노아에 의해 홍수 이후의 세대로 전해졌다.

'이랑'은 '~와 함께'라는 토씨로써 (언어학자들은 '토씨'는 6천년 이상 간다고 한다. 영어의 'With'이다.

(예, 갑동일랑 = 갑돌이와 함께, 갑순이랑=갑순이와 함께) 따라서 '알리랑'은 '하느님과 함께(With God)'라는 말이다.

왜 '알'이 유일신 하느님을 뜻하는 말이었을까? '알'이 수많은 생명을 낳기 때문이다. 쌀도 볏알에서, 과실도 씨알에서 생기고, 하늘과 따오가 바다의 허다한 생물들이 또한 '알'에서 탄생한다. 그래서 '알'은 '모체'요, '근원'이요, '시작'과 같은 뜻을 갖는다. 따라서 창조주 하느님도 '알'이었다. 왜냐하면 그는 만물의 모체이시고 근원이시며 시작이기 때문이다.

하느님을 뜻하는 성경원어 '엘(EL)'은 바로 이 '알'에서 가지 쳐 나온 말이다. '엘'은 '다스리는 이', '강하신 분'이란 뜻을 가진 신명(神名)으로 셈어에서 전반적으로 사용된 '하느님' 또는 '신성(Divinty)에 관한 호칭이다. 이 '엘'은 바로 '알'의 변음이다. 홍수 이전의 사람들은 하느님을 '알'이라고 불렀다. 이 '알'이라는 단어는 창조주 하느님을 뜻하는 일종의 원형 언어로서 노아에 의해 홍수 이후의 세대로 전승 되었다.

이제 우리는 '알'이 원래 무슨 말인지 확실히 깨달았다. 그것은 홍수 이전 최초의 인류 가계로부터 내려온 지상 최초의 낱말 중 하나로서, 고대에 창조주 유일신을 뜻하는 하느님의 이름이었다. 그래서 '알리랑'은 '하느님과 함께(With God)'이다."[유석근, 알리랑 고개를 넘어 예루살렘으로, 309-314P, 예루살렘]

이 내용이 근거하여 '알리랑'을 해석해 보면 이렇습니다.

알리랑 알이랑 알알이요
알이랑 고개를 넘어간다
나를 버리고 가시는 님은 십리도 못가서 발병 난다

◉ 해석

하나님과 함께 하나님과 함께 하나님과 함께 하나님이요
하나님과 함께 고개를 넘어간다
나를 버리고 가시는 님은 십리도 못가서 발병 난다

그러면 '나를 버리고 가시는 님'은 누구를 뜻할까? 여기서 문맥상 '나를 버리고 가시는 님'은 '하나님을 믿는 나를 버리고 가는 님'이 됩니다. '나를 버리고 가시는 님'은 곧 에벨의 장남인 벨렉과 한때 함께 생활했던 함과 그 후손들이 아니었을까?

'나를 버리고 가시는 님은 십리도 못가서 발병 난다' 이 가사를 보면 저주하는 내용이 아닙니다. 왜냐면 '가시는 놈'이라고 하지 않고 '가시는 님'으로 표현하고 있기 때문입니다. 이것은 아버지의 간청에도 외면했던 탕자와 같은 벨렉, 그리고 한 때 친척이었던 함과 그의 자손들을 향한 안타까운 심정이 서려 있는 것이 아니었을까?

차우정 박사의 말대로 아리랑이 찬송가가 맞는다면 하나님의 신앙을 버리면 십리도 못가서 발병이 나니 참된 신앙으로 돌아올 것을 간절히 바라는 벨렉과 죄악의 땅인 시날 땅에 남아 있는 혈통들을 향한 간절한 소원이 담긴 가사가 아니었을까? 노와와 에벨과 욕단과 그의 후손들이 불렀던 알리랑의 염원이 응답 되었던 것일까? 비록 스발 땅에 에벨의 장자였던 벨렉이 남아 있었지만, 벨렉의 5대 째에 이스라엘의 조상인 아브라함이 태어났고, 아브라함의 혈통에서 셈의 장막의 기초인 예수 그리스도께서 태어나셨습니다. 세상이 나뉨, 분리라는 의미의 이름을 가진 벨렉은 분명 바벨탑 사건에 참여했을 것입니다. (창10:25) 그럼에도 불구하고 하나님께서 벨렉의 5대손 때인 아브라함을 찾아와 셈의 언약을 성취하기 위해 은혜로 믿음의 조상으로 다시 부르셨고, 그 혈통을 통해 세상 죄를 담당하신 구주가 오신 것입니다. 물론 셈의 언약을 이루기 위한 하나님의 주권적인 은혜지만, 한 편으로 어쩌면 에벨과 믿음의 선조들이 그렇게 염원하던 기도의 응답으로 벨렉의 5대 손인 아브라함을 부르신 것이 아닌가 싶습니다.

그리고 차우정 박사는 '메사'를 메소포타미아의 옛말이라고 주장합니다. 욕단의 후손들의 출발지를 메소포타미아 지역이라고 주장합니다.

믿음의 혈통인 노아와 셈과 아르박삿과 셀라와 에벨과 욕단은 벨렉과 함의 자손들과 함께 처음에는 시날 땅에 거주했을 것입니다. 그런데 노아의 증손자인 니므롯의 선동으로 죄악이 또다시 관영하게 되었고, 이에 에벨이 이 죄악의 땅을 떠나야만 하겠다고 결단하고 의견을 내 놓자 믿음의 혈통인 욕단과 13명의 자손들은 에벨과 함께 시날 땅인 메소포타미아 지역에서 동방으로 떠나게 된 것이 아닐까?

출발지인 '메소'라는 지역은 시날 땅인 메소포타미아 지역이라면 '가는 길 동편 산'은 어디를 가리키는 것일까?

② '가는 길은 동편 산'은 어디를 가리키는가?

욕단의 후손들이 가는 길인 '가는 길은 동편 산'은 어디를 가리키는 것일까? 여기서 산은 원어상 민둥산이 아닌 산맥을 가리키는 것입니다. 그래서 공동번역에서는 산을 산악지대라고 번역했습니다.

'그들이 살던 지방은 메사에서 스바르에 이르는 동쪽 산악 지대였다' (창10:30) - 공동번역

여기서 '산'이란 히브리어로 '하르'라고 하는데, 그 뜻은 '산맥', '산지'를 가리킵니다. 시날 땅인 메사를 중심으로 동쪽에 산맥이 있습

니다. 이 산맥은 바벨탑 사건이 있었고 인류문명의 발생지로 여기지는 메소포타미아 지역의 동쪽에 위치한 파미르고원-텐산산맥-알타이산맥을 가리키는 것입니다. 노아와 욕단과 그의 후손은 메소포타미아 지역에서 티크리스강을 건너 이 산맥을 넘어 동방으로 왔던 것입니다.

카자흐스탄 카즈구 대학 김정민 교수에 의하면 카자흐스탄 정부가 발간한 우리민족의 족보라고 여겨지는 '케레이 족보'라는 책에서는 '케레이들이 파미르 고원에서 발원하여 알타이산(알튼산)으로 갔다'라고 기록되어 있다고 합니다. 그런데 그 교수의 말에 따르면 실상 '케레이'는 우리민족을 가리키는 것이라고 합니다. '케레이'는 겨레, 코리(khori), 고려(高麗)의 어원이라고 합니다. 즉 '케레이'에서 겨레, 코리, 고려라는 말이 나왔다는 것입니다. 중국에서는 고려를 '커리예'라고 부르고, 러시아에서 '까리예츠', '까레이스키'라고 불리우고 있습니다.

고려를 '거리예', '까리예츠'라고 부르는 것은 고려가 '케레이'에서 나왔기 때문에 발음이 비슷한 것입니다. 사실은 '커리예'에서 고려, 고려에서 구린, 구린에서 구이린, 구이린에서 계림과 길림이 나온 것입니다.

몽골 사람들은 한민족을 '구리훈'라고 부르는데 '고려사람'이라는 뜻입니다. 몽골비사에서는 고려인을 '케레이'라고 분명하게 부르고 있다는 것입니다. 그러므로 그 교수에 의하면 '케레이'는 분명 우리의 조상의 뿌리가 되는 민족이 분명하다고 합니다. 그런데 김정민 교수에 의하면 카자흐스탄의 정부에서 출간한 책에서 케레이가 파미르고원에 서 시작하여 알타이산으로 갔다는 것입니다. 케레이가 파미르고원에서 시작해서 알타이산(알튼산)으로 갔다는 말은 성경에서 욕단의 후손이 스발로 가는 동방 산악지대였다는 말씀과 일치합니다. 욕단의 후손은 메소포타미아 지역의 동쪽 산맥인 파미르고원에서 톈산산맥을 지나 알타이산맥으로 간 것이 분명합니다.

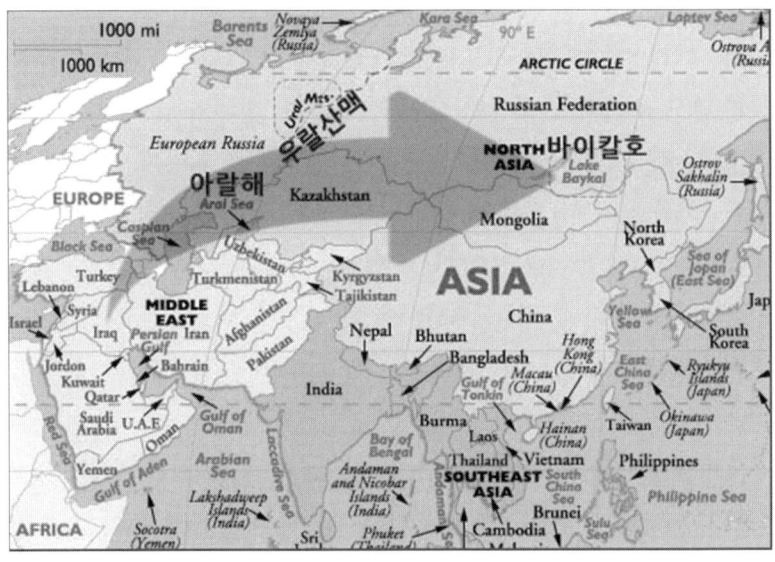

케레이 민족의 이동 루트
[출처 https://sisterhoodagenda.com/global-sisterhood-directory/asnewnew/,2018.04.06]

"유전학적 근거에 의하면 인류가 아프리카로부터 전 세계로 흩어져 나갔다고 하지만, 최근에 발생했던 해빙기의 자연재해 이후 새로 시작된 인류를 기준으로 본다면 동-서양의 문명을 전파한 민족은 유럽만한 크기의 거대한 고원을 보유하고 있는 티베트-파르미 고원에서 왔을 가능성이 가장 높다고 하겠다...
홍수 때 살아남아 파편처럼 흩어져서 선사시대 생활을 하던 인류에게 파미르 고원에 장착해 홍수 이전 문명을 온전히 간직했던 생존자들이 동-서로 퍼져 나가면서 현생인류의 고대문명이 다시 발전을 하게 된 것이 아닌가 생각한다."
[김정민, 단군의 나라 카자흐스탄, 글로벌콘텐츠, 19,20P]

 그러므로 우리 민족의 원류인 케레이는 메소포타미나 지역을 떠난 동방으로 간, 분명 노아와 욕단의 후손들이었을 것입니다. 그래서 지금도 케레이들의 발원지로 보는 파미르고원 신화에 놀랍게도 아담이 흙으로 지어지고 코에 숨을 불어 창조된 사건, 아담이 사과를 먹고 이덴(에덴)에서 쫓겨난 사건. 노흐(노아)의 방주의 신화가 전해지고 있습니다.

"홍수로 세상이 물에 잠겨 7달, 7일, 7시간이 지난 후에 한 배(방주)가 카즈구르트산에 도착했다. 선지자 누흐는 탱크리에게 헤엄쳐 가면서 홍수에 피난 하지 못한 사람들과 동물들을 구원해 달라고 빌었다...

홍수가 끝난 후 사람들은 새들을 날려 보내 마른 땅이 있는 지를 확인 했는데, 그 중 제비가 녹색 한가지를 ... 이 후 사람들은 카즈구르트 산에 배를 정박하고 거기서 살기 시작했다."
[카자흐스탄의 탱크리 신화, 34~38페이지, 김정민 단군의 나라 카자흐스탄, 글로벌 콘텐츠, 13p]

카자흐스탄의 탱크리 신화에 나오는 '누흐(Noa)'는 중동 지방과 중앙아시아 식 발음으로서 이스람교에서는 노아를 '누흐'로 발음하고 있습니다. 그러므로 파미르고원에서 전해오는 홍수에서 살아남은 '누흐'라는 인물은 분명 성경에 나오는 '노아'인 것입니다.

분명 우리 민족은 케레이들이 노아와 그 언약자손들이었기 때문에 그들이 지나왔던 파미르고원에 창세기의 이야기가 고스란이 전해져 오는 것은 당연한 것이 아닐까요? 그리고 케레이들이 갔다는 알타이산(알툰산)의 의미 또한 우리민족의 원류인 케레이들이 노와와 언약자손임을 다시 한번 확증해 주고 있습니다.

🌿 알타이산, 알툰산, 금산, 황금산은 동일한 지명

알타이산은 투르크어로 알툰산입니다. '알'의 의미는 빛, 광명, 태양, 황금이라는 뜻이 있고, '툰'이라는 의미는 산이라는 의미입니다. 그래서 알툰산은 황금산으로 금산(金山)이라는 뜻입니다. 빛, 광명, 태양, 황금은 하나님이라는 의미로서, 알타이산은 하나님의 산인 것입니다. 이는 하나님을 섬기던 노아와 욕단의 믿음의 후손이 이 산을 넘어왔다는 하나의 증거인 것입니다.

이 알타이산을 중심으로 서쪽이 카자흐스탄, 동북쪽에 시베리아, 동남쪽에 몽골이 위치합니다. 특히 카자흐스탄은 노아와 욕단의 후손이 넘어온 것으로 추정되는 루트인 텐산산맥을 접경하고 있습니다. 그러므로 노아와 욕단이 후손이 이 루트를 따라 동쪽으로 넘어와서 바이칼 호수를 지나 시베리아와 몽골초원을 지나 만주를 거쳐 동방의 끝인 한반도에 와서 제상의 나라인 고조선을 세웠다면 카자흐스탄의 역사 속에 분명 한민족의 특징 짖는 공동된 흔적들이 남아있을 것입니다.

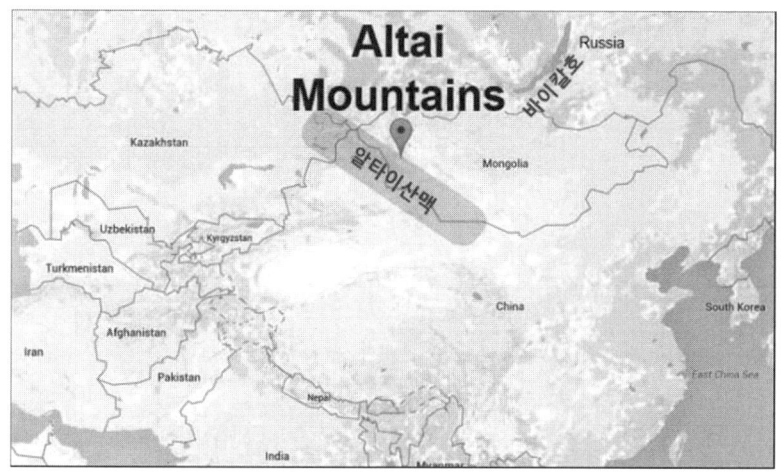

알타이산맥 위치

[출처 http://marketbusinessnews.com/ancient-mummy-adidas-boots-found-mongolia-claims-time-travel-rife/131568/2018.04.06]

그런데 놀랍게도 카자흐스탄의 역사는 고조선의 역사와 유사점이 많이 발견됩니다. 카자흐스탄 사람들은 삭족이라는 민족이 파미르고원이라고 곳에서 살았으며 그들은 탱그리 신앙이 있었고 주스라는 국가를 가지고 있었고, 3주스(조선) 시스템을 가지고 있었고, 공동수도는 아스타나라는 곳을 수도로 갖고 있었다고 합니다. 이는 우리민족과 너무나 닮은 공통점을 지니고 있습니다.

분류	한국	카자흐스탄
부족명	색족	삭족
신의 명칭	단군	탱그리
국가명	조선(주신)	주스(주잔)
부족명	마한, 진한, 변한	오르타, 크스, 울루
수도명	아사달	아스타나
발상지	파미르 고원	파미르 고원

고대 한국인을 '색족(色族)'이라 불렸는데, 카자흐스탄은 자기 조상을 '삭족'이라고 합니다. "우리는 '단군'이라고 하지만, 카자흐스탄은 '탱그리'라고 합니다. 국가명을 우리는 '조선'이라고 하는데 그들은 '주잔 또는 주스'라고 합니다. 단군조선이 마한, 진한, 변한 세 개의 조선으로 나뉘었던 것과 마찬가지로, 카자흐스탄은 울르주스, 오르타주스, 크스주스 세 주스로 삼 연방 시스템을 가지고 있었다고 합니다. 마한, 진한, 변한 세 개의 조선의 공동 수도는 '아사달'이고, 카자흐스탄의 울르주스, 오르타주스, 크스주스 세 주스의 공동 수도는 '아스타나'입니다. 그리고 삭족과 색족의 발상지는 모두 파미르 고원이라고 합니다.

'주스'라는 뜻은 실상 '조선'이라는 의미입니다. '조선'은 몽골 초원식 발음으로 '주잔'이라고 하고, 만주어로는 '주셴'이라고 하고, 카작어로는 '주스'라고 하고, 헝가리어로는 '구즈'라고 합니다. '구즈'에서 '우즈'가 된 것입니다. 그래서 우즈베키스탄이라는 의미는 조선 사람의 땅이라는 의미입니다. 우즈(=조선), 벡(=남자), 스탄(=땅)이는 우즈벡기스탄도 메소포타미아 지역에서 파미르고원으로 오는

가는 경로이기 때문에 조선 사람의 땅이라는 명칭은 우연이 아닌 것입니다.

조선(고조선) = 주잔(몽골어) = 주센(만주어) = 주즈(카작어) = 구즈(헝가리) = 우즈

"한국에서도 많은 학자들이 '숙신(肅愼)'과 '조선(朝鮮)은 같은 단어에서 유래되었다고 하고 있으며 조선은 순수 한국 발음으로 '주신'이라고 한다."
[김정민, 단군의 나라 카자흐스탄, 236,237p, 글로벌콘텐츠]

한국어 표기	민 족 명
조선	한민족
주신	한민족
주센	여진, 타타르
숙신	여진, 타타르
주스	카자흐스탄
자시	아바르, 유연
자즈	아바르, 유연
주리진	여진, 타타르
주르천	여진, 타타르
추르차니	마자르

카자흐스탄 수도 '아스타나'는 '아사달'을 의미

오늘날도 여전히 카자흐탄의 수도는 아사달을 의미하는 아스타나 입니다.

공통점은 이 뿐만이 아닙니다. 삭족은 한국의 색족 처럼 신분을 네 가지 색깔로 구분했습니다. 둘 다 기마민족이었고, 편두 풍습(머리를 납작하게 눌러 불의 형상으로 연출하는 지배계급의 풍습)을 가지고 있었으며, 알타이어계 언어를 썼습니다.

고구려의 상징 마크는 까마귀, '삼오족'

카자흐스탄 사람들이 자신의 민족을 '케레이'라는 부르는데, '케레이'라는 의미는 몽골말로 놀랍게도 '까마귀'이라는 의미를 가지고 있습니다. 그런데 까마귀 하면 떠오른 것은 노아의 홍수 사건입니다. 성경에 노아가 방주의 창을 열고 처음 내어 땅의 마름의 확인하기 위해 내어 놓았던 새가 바로 까마귀이었습니다. (창8:6,7) 노아가 수없는 새 중에서 특별히 까마귀를 먼저 내 보내 확인했다는 것은 노아가 까마귀에 대한 생각이 모든 새 중에서 남달랐다는 것을 알 수 있습니다. 그런데 우리 민족의 원류로 추정되는 '케레이'라는 이름의 의미가 '까마귀'라는 것이 우연일까요? 아니면 까마귀와 관련된 노아와 케레이라는 불리는 우리민족과 직접적인 관련이 있다는 말일까요? 그리고 신기하게도 고조선을 계승한 고구려를 상징하는 마크도 까마귀인 '삼오족'입니다. 그 당시 까마귀는 하늘을 날아다니며 하늘과 인간을 연결한다고 믿었습니다. 우리 민족의 원류의 이름이 까마귀라 이름을 지닌 '케레이'라는 것과 우리 민족의 고대국가인 고구려의 상징이 까마귀라는 것이 우리민족과 까마귀와 관련된 노아와 분명 직접적인 관계가 있을 것이라는 추론이 한층 더 가능해집니다.

　노와와 욕단의 후손들 루트로 추정 되는 텐산 산맥이 연결된 키르기스탄에서는 지도자를 '졸본아타'라고 합니다. 졸본이라는 단어가 우리나라에도 있는데 '졸본부여'입니다. 주몽이 고구려를 세울 때 졸본에서 나라를 세웠다고 하여 졸본하면 고구려의 처음 도읍지로 알고 있습니다. 졸본이라는 뜻은 금성이라는 뜻이고, 아타라는 뜻은 할아버지입니다. 금성은 고대에 태양의 아들의 상징으로서 이 땅에 하늘의 뜻을 대행하는 왕을 상징합니다. 그런데 하늘의 뜻을 대행하는 왕 같은 지도자를 금성의 할아버지라고 왜 불었을까요? 이는 그 지역에서 처음 지도자의 특징이 유난히 나이가 많아서가 아닐까요?

　이미 노아는 노아홍수 때 600세이었으니, 노아가 텐산산맥 지역에 지도자였다면 지도자를 '졸본아타(금성의 할아버지)'라고 부르는 것은 자연스러운 일이 아니었을까? 그리고 그 지도자는 하늘의 뜻을 대행하는 왕이라고 한 것은 나이 많은 노아가 하늘의 뜻을 대행하는 대제사장이었기 때문이 아니었을까? 이러한 일련의 증거들은 노아와 욕단의 후손들이 파미고원로부터 텐산산맥을 지나 왔다는 사실을 보여주는 증거들이라고 봅니다.

파미르고원 위치

[출처 https://commons.wikimedia.org/wiki/File:Location_map_
Pamir_mhn.svg,2018.04.06]

" ... 그것은 고대 한민족이 이란고원을 지나 파미르고원을 넘어, 천산산맥(텐산산맥)과 알타이산맥을 갔다는 말이다. 실로 수많은 고개를 넘은 것이다. '파미르 고원'을 지나(支那) 사람들은 총령(總領:파총, 재령)이라고 하는데, 이는 한국어 파(總) 마루(領) 그대로 파마루(파미르)이다.

지리학에서도 역시 파미르 고원(總領)에서는 파(總)가 많이 야생한다고 한다. 파미르 고원 '파마루'로서 파(總)가 많이 자생하는 산마루(領)이기에 파마루(파머루) 고원인 것이다. '파미르'의 어원이 한국어 '파마루'이다.

한국인은 남자를 사내라고 한다. 사내는 원래 '산아이'가 (산아이-사나이 - 사내)로 변한 것이다. 우리 선조들이 고대에 산지, 파미르고원, 천산산맥, 알타이산맥을 넘어 동방으로 왔기 때문이다. 이러한 언어적인 연관성은 고대 한국인이 '파미르고원'을 지나 '천산산맥'을 넘어 '알타이산맥'을 넘어서 동방으로 이동해 왔음을 보여주는 하나의 고고학적 증거이다."
[유석근, 알이랑 고개를 넘어 예루살렘으로, 314,315p. 예루살렘]

그러면 믿음의 언약자손들은 파미르고원을 지나 텐산산맥을 넘어 어디로 향해 갔을까요?

③ 욕단의 후손들의 목적지 '스발'은 어디를 가리키는 것일까요?

'스발'은 시베리아와 만주를 가리킵니다. 시베리아와 몽골초원을 포함하는 만주의 우리말의 옛 고어는 '새발' '새벌', '시비리', '밝은달' '밝달', '배달'입니다. 이는 '새 땅', '새로운 벌판' ' 새 나라'. ' 밝은 땅'이라는 의미를 가지고 있습니다. 욕단의 후손들에게 시베리아와 몽골초원을 포함하는 만주벌판은 새로운 땅이고, 새로운 벌판인 것입니다. 그리고 해 뜨는 곳을 향해 가서 만났기에 해가 떠오르는 곳에 있는 밝은 땅인 것입니다.

'스발'은 히브리어를 그대로 '음역'하면 '스팔'입니다. 스팔이 세월이 흘러 새벌로 된 것입니다. 16세기에 시베리아라는 단어는 러시아 사람들이 고구려가 망하고 주인이 집이 잠시 비운 사이에 점령하여 '시비리'가 '시베리아'로 불리게 된 것입니다. 지금도 북한에서는 시베리아를 '씨비리"라고 불리고 있습니다.
(유석근, 또하나의 선민 아리랑민족 참조)

◉ **씨비리 (Sibir′)**

[명사] [북한어] 〈지명〉 '시베리아(러시아의 우랄 산맥에서 태평양 연안에 이르는 북아시아 지역)'의 북한어" [네이버 국어사전]

 몽골사람들이 한민족을 세 가지로 부른다고 합니다. 구린훈(고려사람, 고려민족), 차간훈(하얀사람, 백의민족), 쏠롱고스훈(무지개사람, 무지개 민족)이라고 부른다고 합니다.

◉ **구린훈 고려사람**
◉ **차간훈 하얀사람**

차간훈은 하얀사람이라는 뜻으로 흰 옷을 입는 민족이라는 의미인 것입니다. 스키타이 전통에 의하면 흰 색은 제사장급을 상징하는 것으로 우리민족의 신분은 제장이었던 것입니다.

◉ **쏠롱고스훈 무지개사람**

 '쏠롱고스훈'이란 의미는 '무지개사람'이라는 의미로서 '솔롱고'는 '무지개', '스'는 '들'(복수), '스훈'은 '사람'이라는 뜻입니다. 왜 우리민족을 무지개 사람이라고 칭했겠습니까? 홍수 후 노아에게 주신 언약이 무지개 언약이 아닙니까? (창9장) 우리민족은 무지개 언약을 잡은 노아와 욕단의 후손들로 구성된 나라이니 당연히 무지개 사람들이라고 불리워지는 것은 당연한 것이 아닐까? 이는 분명 노아와 욕단의 후손은 파미르고원 – 텐산산맥 – 알타이 산맥 – 바이칼 호수을 지나 몽골과 만주 초원까지 왔다는 증거가 아닐까?
노아와 욕단과 욕단의 후손들이 파미르고원 – 텐산산맥 – 알타이

산맥 – 바이칼 호수를 지나 시베리아와 만주 땅에 와서 나라를 건국했으니 고조선인 것입니다. 그래서 알타이 산맥 넘어에 있는 바이칼 호수주변에 아직도 브리야트족 40만 명이 살고 있는데 한민족의 생김새와 같으며 고조선 시대에 사용하던 비파형 청동검과 토기들과 유물들이 발견되고 있는 것입니다. 유전학적으로도 브리야트족과 한민족의 DNA 유전자와 가장 똑 같은 혈통임이 밝혀졌습니다.

테무진(징기스칸)은 몽골의 세운 장본인입니다. 케레이들이 바이칼 호수 근처에 살 때 테무진이 친척의 공격을 피하여 왔을 때 테무진(징기스칸)이 큰 인물이 될 것을 깨닫고 케레인의 옹칸이 딸을 줘 결혼을 시켰다고 합니다. 징기스칸은 케레이의 도움으로 몽골의 기틀을 세웠다고 합니다. 그러나 옹칸의 아들 때에 사이가 좋지 않아 전쟁을 했으나 징키스칸은 자녀들 케레이족에 결혼을 지켰다고 합니다. 그래서 결국 몽골제국의 중요 부족을 보면 케리이들이 30~40%, 나이만부족이 30~40%로 구성되었다고 합니다.
[김정민, '단군의 나라 카자흐스탄' 참조]

이러한 내용들은 분명 케레이들이 파미르 고원과 텐산산맥과 알타이 산맥을 지나 시베리아의 바이칼 호수와 몽골을 포함하는 만주로 넘어왔다는 것을 알 수 있습니다.

지금까지 노아와 믿음의 언약 자손들의 출발지와 동방까지 거쳐온 루트를 보았습니다. 그 루트에서 노아와 언약자손들이 남겨놓은 신앙의 흔적들을 보았습니다. 그리고 역사적으로 그들이 노아와 관련된 까마귀라는 뜻을 가진 '케레이족'이라는 사실도 보았습니다. 그 또한 '케레이'에서 삼족오를 상징으로 사용하고 있는 '고려'라는 이름이 나왔다는 것을 통해 까마귀라는 뜻을 가진 케레이족은 분명 우리민족의 원류이고 노아와 아주 깊은 관련이 있는 민족이라는 것을 보았습니다. 이를 통해 노아와 언약 자손들이 동방까지 왔던 루트와 역사적으로 어떤 족속이었지는 발견할 수 있었습니다. 그들은 역사적으로 까마귀라는 의미를 가진 '케레이족'이었고, 그들은 죄악의 도성인 시날 땅을 출발하여 파미르고원 - 천산산맥(텐산산맥) - 알타이산맥(알툰산) - 바이칼 호수 - 시베리아와 만주를 지나 한반도까지 왔던 것입니다.

 믿음의 조상들은 죄악의 도성인 시날 땅을 떠나 강을 건넜고, 알리랑 찬송가를 부르며 해가 떠오르는 새벽을 향해 아리랑 고개인 파미르고원과 천산산맥과 알타이 산맥을 넘어왔던 것입니다.

 그리고 온 땅에 생육하고 번성하고 땅에 충만하라는 하나님의 명령에 충실한 믿음의 조상들은 바이칼 호수를 지나 북해 모퉁이 북경에 도착한 것입니다. 이곳에 신본주의 나라를 새롭게 시작했으니 바벨탑 사건에 참여하지 않은 노아와 욕단의 후손인 무지개 민족이 건국한 새 나라가 고조선이였던 것입니다.
 "노아는 홍수 이후 350 년을 더 살면서, 증손자 니므롯이 어떻게 바벨탑을 쌓고, 그가 메소포타미아의 자손들이 세운 도시국가들을 어떤 수단으로 빼앗았는지 모두 들었을 것이다. 이러한 참담한 현실에 그는 대홍수 직전에 느꼈던 깊은 좌절감에 다시 빠졌을 것이다. 노아는 9 대 후손까지 보았다. 그는 아브라함이 탄생하기 2 년 전에 죽었다. 황인종의 조상인 셈은 대홍수 후 502 년을 더 살았고, 아브라함이 가나안에 입성한 후로도 75 년 더 살았다.

언어가 갈라지던 시기에 노아는 그의 5 대손인 욕단을 따라 시베리아(바이칼 호반)에 거주한 듯하다."[임번삼, 설문해자에 나타난 창세기, 283, 284p, 유석근, 또 하나의 선민 알이랑 민족, 116-131, 도서출판예루살렘, 서울, 2005]

◉ 참조 1 몽골과 일본 vs 인도, 중국과 동남아

'아시아신화는 새를 숭배하는 신화와 용과 뱀을 숭배하는 신화로 나뉜다. 전자는 몽골(城隍堂)ㆍ한국(삼족오, 봉황)ㆍ일본(삼족오)등으로, 후자는 인도(용, 뱀)ㆍ중국(용, 이무기)ㆍ동남아(뱀)로 연결되어 있다. 인도와 중국의 서방정토 사상은 그들의 조상이 모두 메소포타미아에서 왔음을 암시한다. 전통적으로 인도에서는 용과 뱀을, 중국은 용을, 동남아는 뱀을 숭배하였다. 동남아 건축물의 처마 끝 장식은 뱀 꼬리를 형상화한 것이다. 이에 반해, 새(봉황)는 노아에게 대홍수의 종식을 알린 까마귀와 비둘기, 출애굽 여정에서 지성소의 법궤를 뒤덮었던 스랍의 날개, 선지자 엘리야에게 떡과 물을 가져다 준 까마귀 등에서 그 유래를 찾을 수 있다. 세월이 흐르면서 이러한 봉황과 용의 숭배는 용봉신앙으로 혼합되는 야상을 나타내었다.' [임번삼, 설문해자에 나타난 창세기. 37p. 크리스챤 서적]

◉ 참조2 성경에 나타난 각 민족의 조상

노아홍수를 인해 이 땅에서는 살아남은 노아가족 여덟 식구 밖에 존재하지 않았으니, 모든 나라와 종족과 백성은 노아의 세 자녀인 셈과 함과 야벳으로부터 시작되었다. (창10장)

'노아의 아들 셈과 함과 야벳의 족보는 이러하니라 홍수 후에 그들이 아들들을 낳았으니 … 이들로부터 여러 나라 백성으로 나뉘어서 각기 언어와 종족과 나라대로 바닷가의 땅에 머물렀더라 ….이들은 그 백성들의 족보에 따르면 노아 자손의 족속들이요 홍수 후에 이들에게서 그 땅의 백성들이 나뉘었더라' (창10:1~32)

① 야벳의 혈통에서 시작된 나라와 민족(백인종)

'야벳의 아들은 고멜과 마곡과 마대와 야완과 두발과 메섹과 디라스요 고멜의 아들은 아스그나스와 리밧과 도갈마요 야완의 아들은 엘리사와 달시스와 깃딤과 도다님이라
이들로부터 여러 나라 백성으로 나뉘어서 각기 방언과 종족과 나라대로 바닷가의 땅에 머물렀더라' (창세기 10:2~5)

노아의 아들	노아의 손자 (창10장)	파생민족	설 명
야벳 (Japheth)	고멜 (Gomer)	독일, 터키 지방의 갈리디아. 프랑스, 스페인. 영국, 아르메니아	"고멜과 그 모든 떼와 북쪽 끝의 도갈마 족속"(에스겔38:6) 터키 지방의 갈라디아(요세푸스에 의하면 AD93년 이전에 갈라디아인을 'Gomerites'이라고 칭함), 프랑스와 스페인 서쪽지방으로 이주, 프랑스를 수세기 동안 골 (Gaul)이라 칭함, 스페인 북서쪽을 '갈리시아'라는 지방이라 칭함, 영국 웨일즈 (Wales)까지 이주, 고멜의 아들들은 아르메니아의 조상, 고멜의 아들인 '아스그나스'는 독일의 조상
	마곡 (Magog)	루마니아, 우크라이나	"[곡] 네가 네 고국 땅 북쪽 끝에서"(에스겔38:15) 루마니아, 우크라이나 지방
	마대 (Madai)	페르시아, 이란	마대는 셈의 아들인 엘람(Elam)과 함께 이란의 조상이라고 알려짐, 그리스 사람들에 의해서 메대 (Medes)라 불려짐, 페르시아(바사)/ 이란의 조상
	야완 (Javan)	그리스	야완은 그리스의 히브리 단어임, "그리시아의 왕"(다니엘8:21) = "야완의 왕" 야완의 아들들 엘리사, 달시스, 깃딤, 도다님도 그리스와 연결되어 있음

두발 (Tubal)	그루지아	"로스와메섹과 두발 왕 곡아" (에스겔39:1) 현재 그루지아(Georgia)의 자손
메섹 (Meshech)	러시아	모스크바의 옛 이름이 메섹임, 러시아의 수도이면서 도시를 포함한 지역의 명칭
디라스 (Tiras)	유고슬라비아	마케도니아부터 유고슬라비아 지역의 조상

② 함의 혈통에서 시작된 나라와 민족 (흑인종)

'함의 아들은 구스와 미스라임과 붓과 가나안이요 … 가나안의 경계는 시돈에서부터 그랄을 지나 가사까지와 소돔과 고모라와 아드마와 스보임을 지나 라사까지 였더라 이들은 함의 자손이라 각기 족속과 언어와 지방과 나라대로였더라' (창10:6~20)

노아의 아들	노아의 손자 (창10장)	파생민족	설 명
함 (Ham)	구스 (Cush)	이디오피아	구스는 이디오피아의 히브리서 단어임, 성경에서는 이디오피아 사람을 구스 사람이라고 표현함
	미스라임 (Mizraim)	이집트	미스라임은 이집트(애굽)의 히브리어식 단어임 "애굽 사람의 큰 애통이라 하였으므로 그 땅 이름을 아벨미스라임이라 하였으니"(창세기 50:11)
	붓 (Phut)	리비아	붓은 리비아의 히브리어 단어임
	가나안 (Canaan)	팔레스타인 (가나안족 속)	팔레스타인 / 이스라엘과 요르단 지역, 블레셋, 시돈, 헷(히타이트족-Hittite)의 조상, 여부스는 예루살렘의 옛 이름

③ 셈의 혈통에서 시작된 나라와 민족 (황인종)

'셈은 에벨 온 자손의 조상이요 야벳의 형이라 그에게도 자녀가 출생하였으니 셈의 아들은 엘람과 앗수르와 아르박삿과 룻과 아람이요 아람의 아들은 우스와 훌과 게델과 마스며 아르박삿은 셀라를 낳고 셀라는 에벨을 낳았으며 에벨은 두 아들을 낳고 하나의 이름을 벨렉이라 하였으니 그 때에 세상이 나뉘었음이요 벨렉의 아우의 이름은 욕단이며 욕단은 알모닷과 셀렙과 하살마웻과 예라와 ....

이들은 다 욕단의 아들이며 그들이 거주하는 곳은 메사에서부터 스 발로 가는 길의 동쪽 산이었더라 이들은 셈의 자손이니 그 족속과 언어와 지방과 나라대로였더라'(창10:21~31)

노아의 아들	노아의 손자 창10장	파생민족	설 명
셈 (Shem)	엘람 Elam	페르시아 이란	페르시아의 옛이름(페르시아는 이란의 옛이름) 페르시아에서 온 사람을 엘람인이라고 사도행전에서 쓰임(행2:9) 아리안이란 단어는 이란에서 시작됨 (셈 + 야벳) "…내 몸은 엘람 도(페르시아) 수산 성에 있었고..(단8:2)" 창14:19, 스2:31, 4:9, 사21;2, 렘 25:25, 49:34~39, 겔32:24, 단8:2
	앗수르 (Asshur)	앗시리아	앗시리아의 히브리 단어임, 앗시리아의 조상이 됨
	아르박삿 Arphaxad	동이족인 한민족, 이스라엘	① 한민족의 조상 : 노아-셈-아르박삿 -셀라-에벨-욕-케레이-동이족-한민족 ② 이스라엘의 조상 : 노아-셈-아르박삿 -셀라-에벨-벨렉-루우-스룩-나훔-데 -아브라함
	룻 Lud	리디아	리디아사람들의 조상(터키 서부),이들의 수도는 사데 였으며 아시아의 일곱 교회 중 하나, 소아시아 각 민족
	아람 Aram	시리아. 메소포다미아의 아람족속	시리아의 히브리 단어임, 구약에서는 시리아를 아람이라고 하였음

2 노아와 언약자손은 동이족

고대 중국에서는 고대 우리민족을 맥고려, 맥족, 구려족, 구이(九夷)족, 동이(東夷)족이라고 불렸습니다.

" …맥족이 주민들의 대부분을 이루었기 때문에 맥고구려라고 불리기도 했다. 맥족은 또 구이족, 구려족으로 불리기도 했다 …
 구이(九夷), 구한(九韓), 구황(九皇), 구맥(九貊), 구려(九黎) 등에 대해서 동이(東夷)는 구이(九夷)라고 후한서(後漢書)에 기록되어 있다."[위키백과사전]

이 동이족에 대한 고대 문헌은 동이족이 노아와 믿음의 혈통인 욕단의 후손임을 확인할 수 있는 증거들이 많이 있습니다. 구이족, 즉 동이족이 노아와 언약자손들로 구성된 민족국가라면 몇 가지 분명한 특징이 있을 것입니다.

◉ **첫째, 장수하는 나라**

성경에서 언약자손들은 장수했다고 했기 때문입니다. (창5,11장)

◉ **둘째, 미신이 아닌 하나님을 섬기는 신앙을 가진 나라**

언약자손은 당연히 미신이 아닌 하나님을 섬겼을 것입니다.

◉ **셋째, 도를 따라 사는 어진 나라**

언약자손이라면 하늘의 도를 따라 살았을 것입니다.

중국고기에서는 동이족(구이족)이 장수하는 나라라고 합니다. 이는 노아와 그를 따르던 언약 자손이 고조선을 건국했다는 유력한 증거입니다.

 창세기 5장과 11장의 족보에 나오는 인물들의 수명을 살펴보면 크게 두 사건을 통해 수명이 급격하게 주는 것을 볼 수 있습니다.

◉ **첫째는 노아 홍수 때**입니다. 죄가 온 세상에 가득하매 하나님께서 물로 세상을 심판하셨습니다. 그 결과 노아 홍수전에는 평균 수명이 912세인데, 노아 홍수 후에는 수명이 반으로 줄어 400세로 줄어들게 됩니다. (창5,10,11장)

◉ **둘째는 바벨탑 사건**으로 수명이 또 한 번 반으로 줄어듭니다. 바벨탑 사건으로 죄악에 세상에 또 한 번 관연하게 됩니다. 바벨탑 사건이후, 400세대에서 반으로 200세 대로 줄어듭니다. 이는 죄악에 대한 심판이 단명을 가져옴을 증명하는 것입니다.

 그런데 언약의 자손인 노아와 셈과 아르박샷과 셀라와 에벨은 죄악의 탑인 바벨탑 사건에 참여하지 않고 동방으로 넘어왔습니다. 그렇다면 이들의 수명은 분명 길었을 것입니다. 성경을 살펴보면 그것이 입증됩니다. 노아는 950세, 셈은 600세, 아르박샷은 438세, 셀라는 433세, 에벨은 464세를 살았으나 동시대 사람들은 그렇지 못했습니다. (창10,11장) 노아 같은 경우는 거의 천년을 살았으니, 백세도 제대로 살지 못하는 사람들에게는 놀라운 이야기 꺼리가 됐을 것입니다. (창9:28,29)

수백세의 장수를 누렸던 언약의 자손들로 구성된 나라가 있었다면, 당대에도 그 나라는 주목 받는 나라가 되었을 뿐 아니라 그 나라에 대한 이야기가 전설처럼 전해져 왔을 것입니다. 그리고 한민족의 뿌리인 동이족의 특징이 장수의 나라임이 입증되면, 성경적으로 볼 때 분명 동이족을 구성하고 있는 인물들은 바벨탑 사건에 참여하지 않은 노아와 믿음의 자손들일 가능성이 매우 높아집니다. 그리고 동이족(구이족) 사람들이 노아와 믿음의 자손들이라면 미신을 섬기지 않고 하나님을 섬기는 신앙을 가졌을 것이며, 어진 사람들이었을 것입니다.

과연 동이족 사람들은 오래 장수하는 사람들이고 하나님을 섬기던 민족이었을까요? 중국의 고기에 나타난 동이족에 대한 놀라운 이야기를 들어봅니다.

1) 동이, 군자불사지국(君子不死之國)의 나라

AD100년에 중국에 살았던 허신이가 기록한 중국 사람들이 성경처럼 중하게 여기는 '설문해자'에 동이족에 대한 놀라운 설명이 있습니다.

 죽지 않는 군자가 있는 나라

"사람들에게는 기본적으로 순리(順理)를 따르는 성향이 있으나, 오직 동이(東夷)만이 큰 것을 따르니 대인이다. 이(夷)의 풍속은 어질고, 어진 사람은 오래 살기 마련이기 때문에, (그곳은) 죽지 않는 군자가 있는 나라(君子不死之國)이다. 살펴보면 그 곳은 하늘도 크고 땅도 크며 사람 역시 크다."
[중국 설문 대부(大部)]

 이 얼마나 놀라운 기록인가? 동이 사람들은 오래 살고 그 곳에 죽지 않는 군자가 있다는 것입니다 '죽지 않는 군자'가 과연 누구겠습니까? 950살까지 살고 하늘의 큰 뜻을 따라 사는 천인합일(天人合一)한 노아가 아니겠습니까? 100년도 살지 못했던 사람들이 동이족에 있었던 950살까지 살았던 노아를 보면 죽지 않는 군자라고 하지 않았겠습니까? 그리고 그 곳 사람들은 순리를 따르고 어질고 대인이라는 것입니다. 오직 동이만이 '큰 것', 즉 하늘의 뜻을 따르는 대인들이 사는 나라라고 합니다. 이는 분명 동이는 바벨탑 사건에 참여하지 않은 노아와 언약자손들이라는 것을 입증하는 역사적 자료인 것입니다.

 또한 설문해자는 공자가 죽지 않는 군자가 있는 나라인 동이(구이)에 살고 싶다는 대목이 나옵니다.

"夷, 東方之人也 南蠻從蟲 北狄從犬 西戎從羊
唯 東夷從大 大人也 夷俗仁 仁者壽 有君子不死之國
故 孔子曰 道不行吾 欲之君子不死之國九夷
承乎 浮於海 有以也"[설문해자]

[해석]
"이(夷)란 동쪽에 사는 사람을 부르는 말이다. 남쪽은 만(蠻)이라 부르며 벌레를 쫓는 종족이고, 북쪽은 적(狄)이라 부르며 개의 종족, 서쪽은 융(戎)이라 부르며 양의 종족으로 본다. 오직 동이는 큰 뜻

을 따르는 대인이다. 이(夷)의 습성은 어질다. 어진 사람으로 오래 살고 군자들이 죽지 않는 나라이다. 공자께서도 말씀하시기를 '중국 땅에 도가 행하여지지 않으니 군사불사지국인 동이에 가고자 한다'라며 뗏목을 바다로 띄웠다. 참으로 연유 있는 일이다."[설문해자]

이런 기록은 설문해자에서만 기록되어 있는 것이 아닙니다. 중국 후한서(後漢書) 동이전(東夷傳)편에 동이는 '군자의 나라이자 죽지 않는 나라(不死國)'라고 기록하고 있습니다.

"동방을 이(夷)라고 한다. 이는 곧 뿌리이며 어질고 살리기를 좋아한다고들 한다. 모든 것은 땅에 뿌리박고 있으므로 천성이 유순하고 도로써 다스리기 쉬워서 군자의 나라이자 죽지 않는 나라(不死國)가 된 것이다."[중국 후한서(後漢書) 동이전(東夷傳)]

이는 동이족은 불멸, 즉 죽지 않는 군자들이 사는 나라라고 칭할 만한 오래 살았던 사람들로 구성된 민족이고, 이는 곧 동이족(구이족, 구려족)이 400~950세까지 장수한 노아와 그의 언약자손들라는 것을 입증하고 있는 것입니다.

"구이(九夷)의 음악과 춤을 하(夏)나라 왕 앞에서 연주하게 하였다는 기록이 있다. 구이는 군자불사지국(君子不死之國)이라 불리워지게까지 이르게 되었다. 때문에 공자는 구이(九夷)에 머무르고자 하였다."[위키백과사전]

그리고 과장된 내용이 포함된 것이지만 놀랍게도 삼국유사에도 단군이 1,908세를 살았다고 기록하고 있습니다.

" 단군왕검은 평양성에 도읍을 정하고 나라 이름을 '조선'이라 일컬었으며 중국 주나라 호왕이 기자를 조선의 임금으로 봉하기 전까지 1500년동안 나라를 다스렸다. 황해도 장당경으로 옮겨가 살다 이후 아사달로 돌아와 산신이 된 단군의 나이는 1,908세었다." [삼국유사]

단군이 실제 1,908년은 산 것은 아닐 것입니다. 다만 우리 선조들은 고조선을 건국했던 단군이 일반사람들에 비해 신이라고 말할 만큼 오래 살았다는 것을 말해주고 싶었던 것은 아니었을까요? 노아가 950살 까지 살았으니, 100살도 제대로 못하고 죽은 일반사람들의 눈에는 노아는 거의 신이라고 비춰졌을 것입니다.

이와 같은 고서는 한결같이 동이족 사람들은 상상할 수 없을 정도로 오래 산 장수한 사람들이라고 기록하고 있습니다. 그러므로 이러한 고서들은 고조선을 건국한 인물들은 죄악의 탑인 바벨탑 사건에 참여 하지 않는 구별된 언약 자손인 노아와 아르박삿과 셀라와 에벨과 욕단과 그의 후손일 가능성을 말해주고 있습니다.
그리고 동이족이 노아와 믿음의 직계후손들을 이루어진 민족이라면 그들의 성품 또한 특별했을 것입니다.

"공자가 구이의 영토에 가서 살고자 하니 어느 사람이 말하기를 '누추할 텐데 어떡하시겠습니까?' 공자가 말하기를 '군자가 거처하는 곳인데 어찌 누추함이 있겠는가?'" [논어]

"동방에 군자의 나라가 있으니 동방의 덕목이 어진 고로 군자의 나라가 있다 하느니라 …

중국의 도덕이 땅에 떨어지고, 중국의 정치가 혼란에 이르면 동방에 가서 배워 오라." [회남자 대형훈(淮南子 隊形訓)]

2) 동이, 신의 성품을 지닌 사람들

고서들은 고조선사람들의 성품에 대해 보통사람들과는 너무나 다른 특징들이 있었기에 이에 대해 많은 곳에서 세밀하게 다루고 있습니다. 심지어 공자는 고조선의 사람들의 성품에 감탄하며 순결한 백성들이 사는 나라인 동이 조선에 가서 살고 싶다고까지 했습니다.

"後漢書卷二十八下 地理志 : 東賈眞番之利 皆瀸貊朝鮮 殷道衰箕子去之朝鮮 犯禁八條 是以其民終不相盜 無門戶之閉 婦人貞信不淫辟 東夷天性柔順 異於三方 故孔子欲居九夷有以也 師古曰 東夷其國有仁賢之化 可以行道也

은나라가 쇠망하여 기자(箕子)가 옮겨갔던, 동이 조선 사람들은 천성이 유순하여 어질고 착하며, 도가 행해지는 나라로 도적질 하는 일이 없기 때문에 문을 잠그는 일이 없으며, 부녀자들은 정숙하여 음행을 하는 일이 없고, 옛날 공자(孔子)도 구이에서 살고 싶어 했던 순결한 백성 들이다."

[후한서 지리지(後漢書 地理志)]

고서들은 우리나라를 한마디로 동방예의지국[東邦禮義之國]이라 했습니다. 동이족(고조선) 사람들의 성품을 한마디로 정의하고 있는 말입니다. 이러한 동이족(고조선) 사람들의 품성에 대한 기록을 여러 고서들에서 찾아 볼 수 있습니다.

동방의 예의지국

"중국인들이 예로부터 우리나라를 예의 밝은 민족의 나라라고 평했다는 데 근거한 말. 산해경에 의하면 중국인들은 우리나라를 해 뜨는 동방의 예의지국 또는 군자국으로 일컬어 왔다. 중국의 공자도 자기의 평생 소원이 뗏목이라도 타고 조선에 가서 예의를 배우는 것이라고 하였다 한다. 중국인들은 예로부터 우리의 민족성을 가리켜 어진 사람(仁人)이니 '사양하기를 좋아하여 다투지 아니한다'(好讓不爭) 혹은 '서로 도둑질하지 않아 문을 잠그는 법이 없으며, 여자들은 정숙하고 믿음이 두터우며 음란하지 않다'고 하여 칭찬해 마지 않았다."
[네이버 지식백과 동방예의지국]

 ## 홍익인간 정신의 나라

"山海經 海內北經 東海之內 北海之隅 有國名曰朝鮮 偎人愛之 貴道德 有文書 孚屠出 此國中也
조선(고조선)는 동해의 안쪽이며 북해(발해만)의 모퉁이며, 조선은 하늘이 다스리며 높은 도덕과 귀한 문서가 있어 외인애지(偎人愛之)의 정신, 즉 홍익인간 정신이 조선에서 나왔다."
[산해경 해내북경]

 ## 사람을 사랑하고 도덕과 법이 있는 나라

"山海經 海內經 朝鮮偎人愛之 懿行案偎亦愛也 土俗道法流通 藏經本作爲人是也 漢記云 孚屠佛也 慈悲心爲主 不殺生 亦此義也

조선은 사람을 사랑하고 도덕과 법이 있는 나라라서 자비심으로 살생하지 않으며 참으로 의로운 나라라고 한서(漢書)에도 기록하고 있다고 전한다."[한서]

"後漢書卷百十五東夷傳 : 東方夷者言仁而好生 天性柔順易以道御 其人性少嗜欲 同姓不婚 至君子不死之國 東明因至 夫餘而王之於東夷之城
동이 사람들(東方夷者)은 천성이 유순하고 인성은 욕심이 없으며 같은 성씨끼리는 혼인도 하지 않는 군자의 나라라고 하였다."
[후한서 동이전 (後漢書 東夷傳)]

 ## 흰 옷을 입고 사는 백의민족

"三國志魏志卷三十東夷傳 昔箕子去之朝鮮 其人性愿懿少嗜欲有廉恥 皆以濊爲民同姓不婚 謹厚衣尚白 其俗行者讓路
옛날 기자가 옮겨갔던 그 조선 사람들은 인성이 후덕하고 욕심이 적은 사람들로 염치가 있는 사람들이기에 서로 길을 가다라도 먼저 길을 양보하는 미덕을 지닌 백성들로서 모두가 동성은 결혼을 하지 않고 항상 근후(謹厚)한 생활을 하며 흰옷을 입고 사는 백의민족이었다."
[삼국지 위지동이전(三國志魏志東夷傳)]

 ## 충성과 신의의 사람들

"史記秦本記 由余笑曰 夫戎夷不然 上含淳德以遇其下 下懷忠信以事其上 一國之政猶一身之治 不知所以治 此眞聖人之治也
조선 융이의 나라에는 윗사람은 아랫사람을 순박한 덕으로 대우하고 아랫사람은 윗사람에게 충성과 신의로 섬기는데, 한나라의 정치가 마치 한 몸을 다스리는 것과 같은 이치인 참 성인(眞 聖人)의 정치이다."

[사기 진 본기(史記 秦 本記)]

 ### 서로 공경하며 사는 사람들

"東方朔神異經 東方有人 相恭座而不傷毁 見人有患難投死救人 蒼卒見之如疑名曰善
동방의 사람들은 서로 공경하며 사는 사람들이며 사람이 환난을 당하는 것을 보면 죽음을 무릅쓰고 자신의 몸을 던져 구해내는 사람들이다. 이러한 사람들을 창졸(蒼卒)히 보면 이해할 수 없는 사람들 같지만 참으로 선(善)한 사람들이다."

[한나라의 동방삭 신이경(東方朔 神異經)]

"동방의 사람들은 남자는 전부 허리에 요대를 차고 모자를 쓴다. 여자는 전부 색옷을 입고 항상 공손하게 앉는다. 그들은 상대방 명예를 존중하여 훼손하는 일이 없으며 사람이 환란을 당하는 것을 보면 죽을 곳이라도 뛰어들어 도와준다."

[산해경]

 ### 천성이 유순하며 서로 양보하는 사람들

"중국인들은 서남북사람들이 버러지, 동물과 같다고 보았다. 오직 동방인에 대해서만 천성이 유순하고 서로 양보하기를 좋아하고 다투지 않으며 가르치기를 좋아한다.
[중국 예기 왕제편]

동방을 이(夷)라고 한다. 이는 곧 뿌리이며 어질고 살리기를 좋아한 다고들 한다. 모든 것은 땅에 뿌리박고 있으므로 천성이 유순하고 도로써 다스리기 쉬워서 군자의 나라이자 죽지 않는 나라(不死國)가 된 것이다."
[중국 후한서(後漢書) 동이전(東夷傳)]

 ### 체격이 크고 용감한 사람들

"三國志魏志卷三十東夷傳 : 昔箕子去之朝鮮 其人性愿愨少嗜欲有廉恥 皆以濊爲民同姓不婚 謹厚衣尚白 其俗行者讓路
동이족은 체격이 크고 용감하다. 그러면서도 남의 것을 빼앗는 일이 없다."
[중국 후한서 동이열전]

 ### 동이, 동방예의지국

 동방예의지국이라는 표현 자체가 중국에 조공을 잘 바쳐서 그렇게 된 것이라는 터무니없는 주장을 하는 사람들도 있습니다. 그러나 고서들은 우리 민족을 하늘의 직계 후손인 천손(天孫)으로서 백의를 즐겨 입는 제사장 국가인 백의민족으로 하늘의 이치를 따르며, 유순하며 상대방의 명예를 존중하며 훼손하는 일이 없고, 사람이 환란을 당하는 것을 면 죽을 곳이라고 뛰어들어 도와주고, 서로 길을 양보 할 만큼 공손하며, 도둑조차 없어 문을 잠그지 않고 살며 같은 성씨끼리는 결혼도 하지 않는 법도가 있는 민족이며, 남자들은 정의감에 불타고, 부녀자들은 정숙하며 음행을 하지 않는 민족이고, 사람을 사랑하고 아끼는 홍익인간의 정신을 가진 민족으로서 천손의 성품, 즉 신의 성품을 가진 군자가 끊임없이 나오는 군자국이 바로 우리민족이라고 기록하고 있습니다. 분명 동이족의 사람들의 성품은 분명 아주 특별했기 때문에 고대문헌에 그렇게도 그들의 성품을 칭송했을 것입니다.

이것은 동이족이 하나님의 사람들로 구성된 천손민족인 것을 보여주고 있는 것입니다. 그래서 동이(東夷)하면 '군자의 나라'라는 칭호가 따라 붙었을 것이고 '동방예의지국'이라고 칭하였을 것입니다.

 동이, 군자의 나라

"옛 부터 동방에 국가가 있는데 동이이라 한다. 지역은 조선 백두산에 접했고 훌륭한 단군이 임금이 되니 요임금과 동시대 때의 일이다. 그 국가는 풍속이 순후해서 다니는 이들이 길을 양보하고, 먹는 이들이 밥을 서로에게 미루고, 남자와 여자가 따로 거처해 분별이 매우 수월하였으며,,,, 동방예의지국의 예의바른 군자의 국가라고 하였다. 그래서 나의 할아버지인 공자께서 동이에 살고 싶어 하셨다. 그 국가는 크지만 교만하거나 거만하지 않고, 그 군대도 비록 강하지만 남의 국가를 함부로 침범하지 않았다. 풍속이 순후해서 걸어 갈 때에 서로 길을 양보하고 밥을 먹을 때에도 서로 미루고, 남자와 여자가 따로 거처해 자리를 함께 하지 않으니 이르기를 동방예의지국의 동방의 예의바른 군자의 국가이다."
[동이열전]

얼마나 동이(東夷)나라가 도를 행하는 나라였으면 공자는 그 곳에서 살고 싶었다고 했겠습니까?

공자가 살고 싶었던 나라 고조선

"법금 8조법(고조선 법) 덕분에 그 국가의 백성들은 끝내 도적질을 하지 않아 집 문을 닫는 일이 없었고 정말 귀하구나! 어질고 현명한 군자의 교화는… 동이의 천성도 유순하여 다른 삼방 밖의 이적과는 다른 때문이기도 하다. 그러므로 공자가 도가 행해지지 않음을 슬퍼하여 바다에 뗏목을 띄워 구이의 영토에 가서 살려고 하였다는 것도 이유가 있었던 것이다"
[한서지리지]

"구이는 동이이고, 동이는 기자조선(고조선, 단군조선-기자조선-위만조선, 기원전 2333년 10월3일~기원전 108년)으로, 공자가 가서 살고자 했던 곳이 바로 이곳이다."
[사고전서]

　군자의 나라는 모두가 살고 싶어 했던 나라요 낙원과 같은 곳이었던 것입니다. 그래서 「논어」 공야장에서 '도불행이라 승부부우해 하리니'라 하여 도가 행해지지 않아 뗏목을 타고 동이족의 나라로 항해하고 싶다'라고 하였고, 「논어」 자한에서 '자욕거구이라' 하여 동이족의 나라에서 도를 펴고 싶다했고, 공자는 담자를 찾아보고 옛날 일들에 관해 논한 다음에 사람들에게 말하기를 '중국에 옛 법이 없어져도 이(夷)의 나라에는 그대로 있다고 들었는데 과연 그 말이 옳다'라고 했던 것입니다.

　그러므로 예(禮)하면 '동이'이고, 동이하면 '군자예의지국[東邦禮義之國'이요 '군자의 나라'였던 것입니다.

"이른바 중국에서 예를 잃었을 때에는 사방의 동이에게 가서 구하였다." [후한서, 삼국지]

누가 이런 군자의 나라를 시작했겠습니까? 바벨탑 사건이 있었던 동시대에 동방에서 고조선을 건국한 사람들은 바벨탑 사건에 참여하지 않은 하나님의 성품을 가진 천자의 자손들인 노아와 그 언약 자손들이라고 말할 수밖에 없지 않겠는가?

고조선은 천손의 성품을 가진 언약자손들이 지도층이라서 그런지 맹자는 제자 백규의 질문에 답하기를 단군조선 말기 예맥조선의 세제는 요순(堯舜)의 십분의 일(10%)의 세제보다 경미한 이십분의 일(5%)이 세제였다고 합니다.

"孟子告子下 白圭曰 吾欲二十而取一何如 孟子曰 子之道貊道也 欲輕之於堯舜之道者貊也 欲重之於堯舜之道者桀也 什一而稅堯舜之道也 寡則貊 多則桀
맹자(孟子)는 단군조선 말기 예맥조선의 세제는 요순(堯舜)의 십분의 일(10%) 세제보다 경미한 이십분의 일(5%) 세제였다고 하였다."

이러한 놀라운 동이족의 신적인 성품들은 동이족이 천손의 자손들로 구성된 민족이라는 것을 반증하고 있는 것입니다. 만약 동이족 사람들이 노와와 언약 자손들이 맞는다면, 신앙은 분명 미신이 아니라 하나님을 섬겼을 것입니다.

3) 동이, 하나님을 섬기는 사람들

우리민족은 하나님을 섬기던 노아와 무지개 언약과 셈의 언약을 이어 받은 믿음의 언약자손들이었기 때문이지는 모르나 회남자는 고조선의 백성들을 '천손민족'이라고 칭하고 있습니다.

"한나라 초기의 회남자〈淮南子, 유안(劉安), 유방의 손자〉는 **조선의 백성인 숙신은 천손 민족**으로서 군자가 끊이지 않는 가히 공경하는 옛날 군자의 나라였다고 했다.
淮南子隧形訓 ...肅愼氏天民 肅敬也 愼畏也 傳曰 肅愼白民唯仁爲能然也 東方德仁故君子國)(淮南子俶眞訓 太行石間東方極 自碣石過朝鮮大人之國"

그러므로 우리민족의 원류인 동이(東夷)는 하늘의 손으로서 하나님께 제사하며 하나님을 섬기는 민족이었던 것입니다. 그래서 동이족 사람들은 절기 때가 되면 국가 전제가 거국적인 제천 행사를 했던 것입니다.

"동이(東夷) 사람들은 농사절기에 맞추어 하늘에 제사하고." [삼국지위 동이전(東夷傳)]

많은 사람들은 우리민족이 종교가 불교나 유교나 아니면 심지어 샤마니즘이라고 생각하는 사람들이 많습니다. 그러나 불교는 AD527년 신라 25대 왕인 범흥왕 때 인본주의적인 왕권의 확립을 목적으로 불승 이차돈의 설득에 넘어가 대신들의 반대를 꺾고 외래 종교인 불교를 공인 한 것입니다. 그리고 조선시대에는 정치적 목적 때문에 유교를 들여온 것입니다.

그러면 고조선이 건국되던 기원 전2,333년부터 불교가 공인되던 기원 후527년 까지 2,861년 동안 우리 민족이 신앙이 무엇이었을까?

하늘에 계신 하나님을 섬기는 신앙이었습니다. 우리민족은 예로부터 하늘에 계신 하나님을 향해 제사 드렸던 민족이였습니다. 우리민족은 천손의 민족으로서 하늘에 하나님을 섬기던 제사장 민족이었습니다. 그래서 절기 때 마다 범국가적으로 백성전체가 하늘 하나님께 제사하는 행사가 있었던 것입니다.

고조선 시대에는 음력 3월16일에 강화도 마니산에서 하나님께 제사하는 제천행사가 있었습니다. 이 제천행사를 대영절(大迎節)이라고 합니다. 10월에는 백두산 제천행사가 있었습니다. 그리고 하나님께 제사하는 국가적인 제천 행사로서 부여는 영고, 예맥은 무천, 고구려는 동맹이 있었습니다. (규원 사화, 삼국지, 후한서) 그리고 고구려에서는 체천 행사로서 광개 토열제가 있었습니다. 그리고 고려의 팔관회는 불교의 행사가 아니라 실상 제천 행사였습니다.

"고려가 하늘에 제를 올리고 숭신에 제하는 제전을 팔관회라 칭한다" [송사(宋史) 고려전]

"팔관회는 고구려의 동맹(제천행사)을 계승한 것"
[고려도경]

그러므로 우리민족의 신앙은 본시 불교도 유교도 아닌 하늘에 계신 하나님을 섬기던 신앙이었습니다. 그래서 초장기 조선에 왔던 선교사들은 우리민족의 신앙을 이렇게 기술하고 있는 것입니다.

캐나다 개신교 선교사인 게일(J. S. Gale)이 쓴 그의 저서 「전환기의 조선」(Korea in Transition)에서 한국의 신을 이렇게 기록하고 있습니다.

"한국인의 신이란 '하나님'으로서, 즉 유일하게 위대하신 분이다."

또한 미국인 헐버트(H. E. Hullbert) 선교사는 그의 저서 「대한제국 멸망사」(The Passing of Korea)에서 이렇게 기록하고 있습니다.

"이상한 이야기가 되겠지만 오늘날 한국인들이 생각하고 있는 순수한 개념으로써의 종교관은 외래적인 의식과는 아무런 관련이 없고 원시적인 자연숭배와도 거리가 먼 '하나님'에 대한 믿음이다. 하나님이라는 어휘는 '하늘'이라는 단어와 '주인'이라는 단어의 합성어로서 한자의 '천주'(天主)에 해당하는 것이다. 모든 한국인들은 이 하나님이 우주의 '최고 지배자'라고 믿고 있다."

장로교 선교사인 H. G. Underwood의 부인인 L. H. Underwood는 「Underwood of Korea」에서 이렇게 기록하고 있습니다.

"옛 한국의 일부였던 고구려 왕국(the Kingdom of Kokurei)에서는 하나님이라 불리우는 유일한 신만을 섬겼다. 그리고 유일한 신 하나님은 크고 유일한 하나(only one)를 가리키는 것이었다."

본시 우리민족의 신앙은 하나님이라고 불리는 유일신 만을 섬기던 민족이었던 것입니다. 그래서 한국 고대사의 전문가인 임승국(林承國) 박사(명지대교수역임, 2001년 74세 별세)는 신라시대의 [삼성기전] 하편에 기록된 '한임'을 주석하면서 '한님 또는 하나님의 호칭은 우리 민족 고유의 유구한 신칭(神稱)이다'라며, '민족사를 하나님 나라로부터 출발했다고 하는 나라는 우리 역사뿐이다'라고 말한 것이 아닐까? 훈민정음으로 기록된 조선 선조 때의 박인로(1561-1642)의 노계가사에서도 '하나님'이라는 기록이 있습니다.

> 時時 브라보고 눔모르로 머리드러 北眞을 브라보고 눔모르
> 눈 눈물을 天一方에 디이ᄂ다 一生에 품은 뜻을 비옵ᄂ다 하ᄂ님아

그러므로 우리민족의 원 신앙은 불교도, 유교도 아닌 살아계신 유일신 창조주 하나님을 믿는 민족이었던 것입니다. 그런데 고려 500년 불교, 조선 518년 유교, 일본 강정기 36년 일본 천황신에 의해 노아와 믿음의 계승자들이 전수해 주시고 수천 년 동안 믿었고 섬겨왔던 우리 민족인 진정한 참 신앙인 하늘에 계신 하나님을 섬기던 신앙을 잃어 버렸던 것입니다. 그러면 근 3,000년 동안 유일신 하나님만을 섬겨왔던 우리민족은 누가 이 신앙을 우리민족에게 전달했겠습니까? 유일한 하나님을 철저히 섬겼던 노아와 그 언약자손들에 의해 전해진 것이 아닐까?

고조선이 성경에 나타난 삼위일체 하나님을 섬기던 나라였다는 것을 중국의 최초의 나라인 하나라의 우임금의 이야기를 통해 발견할 수 있습니다. 건국한 우임금이 나라를 건국하게 된 것은 처갓집인 고조선이 섬기던 삼위일체 하나님의 도움을 받아 황하를 치수하게 되었고, 그것이 계기가 되어 힘을 갖게 되고 그 지역의 부족을 통합하여 나라를 건국한 것입니다.

중국 고기에 보면 하나라의 왕인 '우왕'의 아내는 동이족이었고, 처갓집인 동이족의 도움을 받아 황하의 물을 다릴 수 있게 되었다는 것이 기록하고 있습니다.

"순의 제자 우는 동이족의 도산국 여자와 결혼하였으며, 그 처가의 도움으로 황하의 홍수를 해결하여 명성을 얻고, 순의 훈계자가 되었다."
[서전고서]

그 당시 부족들은 황하홍수로 인해 매년 큰 피해를 보았다고 합니다. 어느 누구도 그 황하의 홍수를 다스릴 수 없었는데 '우'가 처갓집으로부터 황하치우의 비법을 배워 결국 부족을 통합하여 중국최초의 나라인 '하'나라의 왕이 되었다는 의미입니다.

또한 역대신선동감은 이렇게 우왕이 황하를 다스릴 사건을 이렇게 기록하고 있습니다.

"우는 형산에서 창수사자로부터 금간옥첩을 얻었다."

[역대신선동감]

여기서 우에게 비법을 전해준 '창수사자'는 누구를 가리키는가? '창수사자'는 동이족 출신의 지도자이며 단군의 아들인 부루였을 것입니다.

"우는 도산회의에 참석한 부루로부터 금간옥첩을 받았다."
[세종실록지리지]

"大同江水浸烟蕪 (대동강수침인무)
王儉春城似畵圖 (왕검춘성사화도)
萬里塗山來執玉 (만리도산래집옥)
佳兒尚憶解夫婁 (가아상억해부루)

대동강 물에 스며든 안개가 거칠고
봄날의 왕검성은 그림책과 흡사하며
우임금이 만 리 길 도산에 와서 옥구슬을 집은 듯
좋은 아들이 해부루를 가상하게 기억한다."
[유득공, 柳得恭 1749~1807, 냉재집(冷齋集) 권1]
[출처 환타임스, 2011년 1월31일)]

"개천(開天) 125년 무진 10월 3일에 국인(國人)이 단군을 추대해서 임검(壬儉:임금)으로 삼았고, 단군은 하백의 딸인 비서갑을 왕후로 취하고, 태자 부루를 낳았다. 태자 부루(扶婁)를 보내 도산(塗山)에서 우왕과 회합했는데, 이것이 중국과 교제한 첫 시작이라고 썼다."
[장도빈, 『동광』 제7호(1926년 11월 1일)에 쓴 단군사료]
[출처 이덕일 페이스북]

그러므로 우가 황야의 홍수를 다스렸던 비법은 결국 동이족인 단군인 나라인 고조선으로부터 전부 받은 것이었던 것입니다. 그래서 중국의 사기인 사마천의 오제본기에서는 우가 동방 군장의 나라의 사시와 절기와 도량형의 제도에 따라 모두 바꿨다고 기록하고 있습니다.

"우는 드디어 도방의 군장을 알현하고 사시와 절기와 모두 동방 군장의 나라(고조선)와 합일하게 하고, 도량형의 제도를 동률로 하였으며, 오례를 모두 수정했다."
[사마천 사기 오제본기]

이 기록은 그 당시 동방 군장의 나라인 고조선은 사시와 절기와 도량형의 제도를 지닌 고도의 문명 국가였다는 것을 알 수 있습니다. 이는 노아홍수 전에 600년 동안 고도의 문명을 배운 노아가 군장의 나라에 있었음을 반증하는 내용인 것입니다. 고조선은 노아가 가지고 있는 고도의 문명으로 이루어진 나라이기 때문에, 고조선은 그 당시 엘리트의 나라였고 주변 나라를 세우는 엘리트 선교사를 파송하는 선교 중심 국가였던 것입니다. 그래서 중국의 첫 번째 나라인 '하'나라 뿐 아니라 '하'나라의 다음 나라인 '은'나라도 동이족 사람이 세운 나라이고, '하'나라 이전에 중국의 신적인 인물로 여기는 삼황오제도 동이족 사람이었던 것입니다.

1989년 중국 상해에서 발간된 '역대 제왕록'에서 삼황오제에서 중국의 최초의 조상으로 여겨지는 태호복희씨가 '고대 동이족'이라고 기록하고 있습니다. 뿐만 아니라 사마천 사기에는 중국의 고대국가인 상(은)나라를 동이족이 세웠다고 기록하고 있습니다.

"상(은)나라의 시조 설(薛)은 동이족이다.
상(은)나라는 동이족의 나라이고 주나라는 화(중국 한(漢)족)의 나라이다."[사마천 사기]

그럴 수밖에 없는 것은 동이족인 고조선은 노아가 600년 동안 경험했던 노아 홍수전에 고도의 문명과 400살까지 살았던 노아의 언약자손들이 노아가 전해진 고도의 문명을 배웠을 것이기 때문에, 고조선의 사람들은 나라를 건국할 뿐 아니라 근동국가들의 정신적 지주 역할을 하며 신화적인 인물들로 남게 되었을 것입니다.

 ## 우왕 공덕비의 삼신상제(三神上帝) 하나님

 진시황이 자신을 황제로 칭하며 하나님을 섬기는 신앙을 중국인들에게 믿지 못하게 하기까지 중국은 하나님을 섬기던 고조선에 의해 고조선의 영향을 받는 형제의 나라였던 것입니다. 그래서 놀랍게도 중국 최초 국가의 왕인 우왕의 공적비가 발견 되었는데 우왕의 공적비에는 군자의 나라가 황해의 물을 다스리는 비법을 전해준 것과 전해 주라는 명령하신 분이 하나님이라고 기록하고 있습니다. 중국학자들이 말하길 우의 공적비가 세워진 해가 단군이 비법을 전해 준 67년(B.C.2,267년)이라고 합니다.

"禹碑釋文
承帝曰咨 翼輔佐卿 洲諸與登 鳥獸之門 參身洪流 而明發爾興 久旅忘家 宿岳麓庭 智營形折 心罔弗辰 往求平定 華岳泰衡 宗疎事衰 勞余神 鬱塞昏徙 南瀆愆亨 衣制食備 萬國其寧 竄舞永奔"

 우의 비문의 내용을 정리하면 우비는 자신이 치수(물을 다스림)

에 힘을 쏟았지만 성공치 못하다가 신의 가르침을 받아 치수에 성공하였다고 기록하고 있습니다.

놀랍게도 우의 비문의 내용은 우의 치적을 새긴 것이 아니라 우가 신(神)의 공덕을 칭송하는 찬송의 내용이었던 것이었습니다. 우왕은 처갓집의 나라인 고조선을 대인의 나라요 군자의 나라라고 칭하며 황하치우의 공을 하나님께 돌리고 군자의 나라가 섬겼던 하나님의 공덕을 기리는 비를 세운 것입니다. 이는 황하의 물을 다스린 것은 자신의 공이 아니고 부루 태자의 공이라는 것입니다. 그런데 부루 태자가 우에게 황하치우의 비법을 전해준 것은 삼신상제(三神上帝)의 명령이었다고 기록하고 있습니다.

"삼신상제(三神上帝)는 내가 가서 돕는 것이 옳다고 하시므로 내가 온 것이다'라고 전하지 않았는가?"

그러므로 황야치유의 역사는 삼신상제, 즉 하나님의 역사였던 것입니다. 여기서 삼신상제라는 의미를 해석하면 높은 곳에 계신 세

분 하나님이라는 의미로서, 기독교입장에서 말하면 삼위일체 하나님이라는 의미를 가지고 있는 것입니다. 이는 고조선의 신관이 놀라게도 성경에 계시된 삼위일체 신관을 가지고 있다는 사실을 증명합니다. 고조선은 삼위일체 하나님을 섬기던 나라였던 것입니다. 이러한 증거는 고조선을 건국한 이들이 노아와 믿음의 언약자손일 가능성을 한 층 높여줍니다.

◉ 참조1 고조선이 전수한 고대 중국의 하나님 신앙

" 중국의 원 신앙 또한 신앙과 문명의 본원인 고조선의 영향을 받아 하나님을 섬기던 신앙이 존재했다는 것이다. 왜냐면 중국인들이 자신들의 뿌리로 보고 있는 삼황오제는 동이족 사람들이고, 최초의 나라인 하나라의 왕인 우왕의 처갓집도 동이족이고, 처갓집인 동이족의 후원으로 나라가 건국 되었고, 하나라를 잇는 상(은)나라도 동이족이 건국했기 때문이다. 그러면 언제 중국인들이 섬기던 하나님 신앙이 사라졌는가? 진시황때이다.

노나라의 공왕(B.C.140)은 공자의 옛집 담장을 헐다가 공자가 편집한 서경(書經)의 일부를 발견하였다. 당시에 대부분의 고대 기록은 진시황의 분서갱유(焚書坑儒)로 사라진 상황인데, 열왕의 행적을 소개한 서경의 진본이 발견된 것이다. 이 책은 공자 이전의 왕들이 2,000여 년간 봉선제를 드리며 유일신을 섬긴 내용을 담고 있다. 그런데 유일신을 섬긴 서경의 일부 내용을 종묘사직을 섬긴 것으로 왜곡한 어용학자들이 서경 진본을 고수하려던 고문학파를 물리치고 권력을 잡으면서, 중국의 역사는 진시황을 황제의 반열로 올리는 방향으로 왜곡한 것으로 알려져 있다. 서경은 중국 개국 초기

(B.C.2,230-B.C.721)의 왕들의 행적을 기록한 역사서로, 제자와 홍수를 다스린 내용이 많다

성탕으로부터 제을에 이르기까지는 상(은)나라 임금들 가운데 덕을 밝히고 제사를 정성컷 드리지 않은 임금이 한 명도 없었다고 하였다. 그들이 드린 봉선제는 짐승을 잡아 드리는 피의 희생제사였다. 공자는 [중용]에서도 '하늘과 땅에 드리는 모든 제사의식을 통해 사람들이 상제를 섬기느니라'고 하였다. 이러한 제사는 일찍이 하나님이 모세를 통해 지시한 사죄의 의식이었고, 죄인이 하나님께로 나아가는 길이었다.

'너희 중에 누구든지 여호와께 예물을 드리려거든 가축 중에서 소나 양으로 예물을 드릴지니라' (레1:2)
중국의 고대 왕들이 상제를 섬긴 일은 대명회전(大明會典, BC1509)에도 상세히 소개된다. 그런데 제사 때마다 암송하는 기도문의 내용이 성경의 기록 (창1:1-3, 26-27, 사64:8-9)과 너무나 흡사하여 우리를 놀라게 한다.

'태고에 혼돈하고 공허하며 흑암만 있었도다. 다섯 개의 행성은 아지가 회전을 시작하지 않았고, 해와 달도 빛을 비추지 않았도다. 이 깊은 흑암속에서 아무 형체도 소리도 없었다. 당신은 하늘을 만드셨고, 땅도 만드셨고, 사람도 만드셨나이다. 모든 생물들이 당신의 뜻으로 말미암았습니다. 당신만이 모든 만물의 참 어버이가 되십니다. 상제께서 높은 하늘을 펴시고 땅을 두셨나이다. 당신의 선하심을 측량할 길이 없습니다. 당신은 토기장이와 같이 모든 생물을 빚으셨나이다'

이러한 내용은 창세기 (창1:1-3, 26-27, B.C3,4000)와 이사야서(사 64:8-9, B.C700)를 베껴 놓은 듯이 유사하다. 그런데 한나라의 도학자인 신환핑이 상제 이외에 다른 신을 제사하도록 영향력을 행사했다고 한다. 이러한 행위에 대해 어느 제사 집전자는 그를 이렇게 비난했다고 한다.

'나는 상제 이외에 4명의 신이 더 있다고 하는 것보다 어리석은 일은 없다고 감히 말할 수 있다. 고대부터 지혜가 풍부하시며, 나라의 모든 운명을 주관하시는 분은 유일하신 상제임이 분명하다. 나라의 황제가 상제께 희생제물을 들리는 것은 의무이며 관습이다.'

대명회보

[출처 https://www.lib.hit-u.ac.jp/service/tenji/exb-panf.html,2018.04.06]

중국에서는 진과 한을 경유하면서 토속신앙과 도교의 영향으로 다신 신앙이 유일신을 대체했으며, 한무제(B.C.255년경)가 동중서(董仲舒B.C.170?-120?)의 영향으로 유교를 국교로 선포하면서 상제께 드리던 제사제도가 폐지되었다. 이어서 불교가 도입되면서(B.C.2-3)

중국은 다신론과 범신 신앙이 지배하는 나라로 바뀌게 되었다.

그러나 명나라는 '역사연구회'(AD1369년)를 결성하였고, 이들의 연구에 따라 옛날처럼 중국의 황제들이 하늘의 상제에게 다시 제사를 재개하였다. 이러한 제사의식을 위해 명나라를 세운 홍무제(1328-1398)는 난징에 천단(天壇)을 세웠다. 그리고 청의 영락제(1360-1424)가 이를 베이징 근교로 이전하면서 기년전과 황국우를 증축했고, 건륭제(1711-1799)가 오늘의 모습으로 개축하였다. 이곳에서 거행하는 제사에는 왕족을 비롯한 모든 고관이 참석했다고 한다. 이곳에서 하늘의 상제에게 가무와 석 잔의 포도주를 올린 후, 수소를 잡아 번제를 드렸다고 한다. 이러한 의식은 청나라가 멸망한 1911년까지 계속 되었다고 한다.

우리나라에서는 고종이 명성황후의 시해사건(1895년)을 계기로 독립 의지를 굳건히 하고자 소공동에 환구단(圜丘壇)을 쌓고, 대한제국이 독립국가임을 선포하였다(1897). 같은 해 10월 12일에는 고종이 환구단에 나아가 상제께 제사를 드리고 황제 즉위식을 거행했으며, 국호를 '대한제국'이라 선포하였다. 그리고 1899년에는 원구단 옆에 황궁우를 세웠다."
[출처 임번삼, 설문해자에 나타난 창세기, 122-126, 크리스찬서적]

◉ 참조2 고조선은 고대문명의 중심지이고 발원지

중국은 자신의 나라를 중화라고 하여 세계의 중심 나라라고 주장합니다. 그래서 모든 나라의 시작과 문명의 시작인 자신의 나라라고 주장합니다. 그러기 위해서 자신의 민족과 나라의 시작이 어느 나라보다도 더 오랜 역사를 가지고 있어야 하고, 중화문명이 더 오랜 역사를 가지고 있어야만 했습니다.

그러나 1980년 이후에 중국 고고학계는 커다란 충격에 빠지게 되는데 동이족 영역이었던 요야와 대릉하 유역에서 황하문명보다 시기적으로 앞서고 질과 양 면에서도 뛰어난 문명의 증거들이 무더기로 발견되기 때문입니다. 산둥성와 장쑤성일대, 발해와 요하와 만주와 한반도를 중심한 동이족 문명은 고조선의 문명으로서 노아홍수 이전의 문명을 600년 동안 경험한 노아와 언약자손들에 의해 시작된 문명이기 때문에 대륙의 문명의 시원이 된 문명인 것입니다.

이에 중국은 고고학적인 사실을 부인할 수 없기 때문에 2001년 6월부터 본격적으로 우리민족의 역사인 고조선, 고구려, 발해의 역사를 중국역사로 편입시키려는 체계적인 동북공정의 시도가 시작된 것입니다. 그러나 분명한 것은 동이족인 고조선은 동이족인 노아가 건국했고, 그 후 화족인 중국에 영향을 준 것입니다. 중국의 최초의 나라의 시작은 B.C.2,070년 하나라이고, 고조선 건국은 263년이 앞선 B.C.2,333년 전입니다. 동이족의 나라는 중국보다 263년이 앞선 것입니다. 또한 중국인들이 자신들의 역사라고 편입시킨 삼황오제는 고조선인 동이족의 역사인 것입니다. '하'나라를 건국했다는 우왕이 쓴 산해경에 분명히 삼황오제의 8대 임금들이 조선에서 나왔다고 했습니다.

"山海經 海外西經 大荒地中 有山名曰不咸 肅愼氏之白民也 有樹名曰雄常先八代帝於此取之

대황지 가운데 불함산이 있는데 그곳에는 숙신씨가 흰옷을 즐겨 입는 다고 하였고, 삼황인 복희씨(伏羲氏) 신농씨(神農氏) 여와씨(女媧氏)와 오제인 소호(小昊) 고양(高陽) 고신(高辛) 당요(唐堯) 우순(虞

舜)이 모두 숙신(肅愼)에서 배출된 사람들이다."
[산해경]

"중원역사의 시주를 삼황오제(三皇五帝)라 하는데 복희, 신농, 황제를 삼황 이라하고 소호, 고양, 고신, 당뇨, 우순을 오제라 한다고 되어 있으며, 하(夏)나라 이전의 오제의 시대가 500여년이었다."
[사마천 사기]

"태호복희씨, 여와씨, 소호금천씨가 전부 동이족이다.
소호씨는 동이계야(東夷系也), 동이지인(東夷之人)이다."
[고사변, 古史辯]

"황제는 백민에서 태어났고 그는 동이족에 속한 사람이다'."
[중국초사]

"태호복회의 성은 풍(風)씨이며, 고대 동이족이다."
[역대제왕록, 1989년 중국 상해출판사]

 그러므로 삼황의 태호복희(노아)와 염제신농와 황제헌원, 오제의 소호금천와 전욱고양와 제곡고신과 요와 순은 동이족 사람들인 것입니다. 공자도 말하기를 '나는 요와 순의 사상을 계승해서 서술했을 뿐이지 내가 만든 것이 아니다'(논어 공자)라고 까지 말했습니다. 중국사람들이 이들을 추앙하는 것은 중국 역사속에 동이족이 고대의 중국 건국과 문화와 정신적인 뿌리가 되었다는 것을 입증하고 있는 것입니다. 그래서 고대 중국인들은 동이족의 영웅신을 신화하거나 우상화 한 것입니다. 그 중에 대표적인 인물이 고조선의 시조가 '태호복희씨'로 표현된 것입니다. 태호복희씨는 중국인에게 전설적인 인물로서 '천국의 신'으로 우상화 되기 까지 했고 중국의 문화의 시조로 알려졌습니다. 노아는 모든 민족의 시조가 되고 문화의 시조입니다.다. 이것이 중국에서는 신화속에서 태호복희씨로 표현된 것이라고 봅니다.

3 백의민족과 언약 자손

삼국지 위지동이전(三國志魏志東夷傳)에는 우리민족을 한마디로 '흰옷을 입고 사는 백의민족'이라고 칭하고 있습니다.

"옛날 기자가 옮겨갔던 그 조선 사람들은 인성이 후덕하고 욕심이 적은 사람들로 염치가 있는 사람들이기에 서로 길을 가더라도 먼저 길을 양보하는 미덕을 지닌 백성들로서 모두가 동성은 결혼을 하지 않고 항상 근후(謹厚)한 생활을 하며 흰옷을 입고 사는 백의민족이었다.

三國志魏志卷三十東夷傳 昔箕子去之朝鮮 其人性愿懿少嗜欲有廉恥 皆以濊爲民同姓不婚 謹厚衣尚白 其俗行者讓路"

성경은 이기는 하나님의 백성들이 흰 옷을 입었다고 말씀합니다.

"이기는 자는 이와 같이 흰 옷을 입을 것이요 내가 그 이름을 생명책에서 반드시 흐리지 아니하고 그 이름을 내 아버지 앞과 그 천사들 앞에서 시인하리라"(계3:5)

"이 일 후에 내가 보니 각 나라와 족속과 백성과 방언에서 아무도 능히 셀 수 없는 큰 무리가 나와 흰 옷을 입고 손에 종려 가지를 들고 보좌 앞과 어린 양 앞에 서서"(계7:9)

"하늘에 있는 군대들이 희고 깨끗한 세마포 옷을 입고 백마를 타고 그를 따르더라"(계19:14)

　우연인지 우리민족은 고대로부터 유난히 흰 옷을 사랑했고 고집해 왔습니다. 심지어 13C 후반 고려 충렬왕 이후 조선시대에 이르기까지 백의금비령(白衣禁止令)이 여러 번 내려졌으나, 이미 백의(白衣)는 처음부터 우리민족의 정체성의 표였고, 신앙화 되었고 우리민족의 정신이 되었기 때문에 뜻대로 이루어지지 않았던 것입니다. "우리 민족이 옛날부터 즐겨 입던 흰옷. 부여로부터 신라, 고려, 조선에 이르기까지 백의를 입은 역사는 매우 길었던 것 같다. 백색은 태양을 상징하는데 우리 민족은 예부터 태양숭배사상이 강하여 광명을 표상하는 의미로 흰빛을 신성시하고 백의를 즐겨 입었다. 백색은 순색(純色)이라 하여 청정(淸淨), 순결, 광명 및 도의의 표상이 되어 서색(瑞色)으로서 신성한 의미를 갖기도 한다. 13C 후반 고려 충렬왕 이후 조선시대에 이르기까지 백의금비령(白衣禁止令)이 여러 번 내려졌으나, 잘 시행되지 않았음은 백의의 습속이 우리의 의생활에 지배적이었음을 말해준다. 이와 같이 백의숭상은 민족정신을 표상할 정도로 의생활에 큰 영향을 미쳤다. 조선시대에는 상복(喪服)으로 백의를 주로 착용하였으며 근대이후 시대변천과 의식의 변화에 따라 특수한 경우를 제외하고는 일상에서 차츰 멀어지게 되었다."

[네이버 지식백과, 백의(白衣), 모발학사전, 2003.5.22.광문각]

우리민족은 천손의 자손으로서 처음부터 흰 옷을 입었던 것으로 보입니다. 중국 최초의 나라인 하나의 왕 우왕의 지시로 신하 백의에 의해 기록된 지리서 산해경에는 고조선의 이름인 숙신('고조선', '고려', '조선', 조선의 이두문자는 주신, 주신의 이두문자는 숙신, 신채호)이 흰 옷을 즐겨 입었다는 기록이 나옵니다.

"山海經 海外西經 大荒地中 有山名曰不咸 肅愼氏之白民也 有樹名曰雄常先八代帝於此取之

대황지 가운데 불함산이 있는데 그곳에는 숙신씨가 흰옷을 즐겨 입는 다고하였고, 삼황인 복희씨 신농씨 여와씨와 오제인 소호 고양 고신 당요 우순이 모두 숙신에서 배출된 사람들이다." [산해경]

산해경은 고조선 건국 후 263년 뒤에 건국된 하나라에 의해 기록된 것이고, 고조선인 숙신씨가 흰 옷을 즐겨 입었다고 했는데 한민족은 고조선이 건국되던 고대초기부터 흰 옷을 입었다는 것을 알 수 있습니다. '중국초사'에는 고조선사람들이 흰 옷을 얼마나 좋아했는지 동이족인 고조선 사람들을 '백민'이라고 칭하고 있습니다.

"황제는 백민에서 태어났고 그는 동이족에 속한 사람이다."
[중국초사]

불과 70년 전만 해도 우리 한국인은 거의 대부분 흰옷을 입었습니다. 기록 영상이나 옛 사진을 봐도 대부분 흰옷을 입고 있습니다. 선교사들이 조선 땅에 와서 놀란 것은 모든 사람들이 흰 옷을 입고 있었다는 것에 놀랐다고 합니다. 때도 빨리 타고 빨래도 힘들고 효율적이지 못한데도 왜 그렇게 흰 옷을 좋아하고 모두가 흰 옷을 입는지 놀랍고 이해가 되지 않았다고 합니다.

그러면 왜 생활의 효율성도 떨어지면 흰옷을 고집하며 그렇게도 우리민족을 흰 옷을 사랑했을까?

[출처 https://commons.wikimedia.org/wiki/File:Korean_in_old-style_dress_by_F_A_McKenzie_croplossless.jpg, 2018.04.06]

고대에 백색은 하늘과 태양을 상징하며, 하늘과 태양은 하나님을 상징하는 것으로 여겼습니다. 그러므로 백색의 옷을 입는 것은 하나님의 자손이요 하나님을 섬기는 민족이라는 의미였던 것입니다. 이는 우리민족이 바벨탑 사건에 참여하지 않은 노아와 욕단의 후손들의 의해 건국된 제사장 국가임을 증거하고 있는 것입니다. 그러기에 흰 옷을 그렇게 사랑했고 우리민족의 깊은 심비 속에 제사장 민족이라는 얼이 남아 있었기에 조선시대 때 '백의금비령(白衣禁止令)'이 여러 차례 내려졌으나 굴하지 않고 흰 옷을 입는 풍습이 있었던 것입니다. 흰 옷은 우리민족의 정체성에 대한 표이고 상징이며 신앙의 표이기에 우리민족은 무의식적으로 그렇게도 흰옷을 고집한 것이고, 몽골인들이 '차가훈', 즉 '백의민족'이라고 칭할 정도를 흰 옷을 고집한 것입니다. 그러므로 우리민족은 본시 노아와 그의 언약자손이 시작한 천자요 흰 옷을 입고 유일신 하나님을 섬기는 제사장 민족인 백의민족이었던 것입니다.

4 무궁화

일제 강점기 때 민족성 말살정책으로 무궁화를 뽑아내기 이전만 해도, 실제 한반도는 삼천리 강산 무궁화 강산이었다고 합니다.
옛 고서들에서는 조선을 근역(槿域) 또는 근화향(槿花鄕)이라고 하는데 이 의미는 '무궁화 근(槿)', '지경 역(域)', 즉 '무궁화가 많은 나라'인 우리나라를 일컫는 말입니다.

"근화향(槿花鄕), 같은 말: 근역(槿域), 무궁화가 많은 땅이라는 뜻으로 '우리나라'를 이르는 말" [네이버 국어사전]

"이 꽃이 역사적으로 볼 때 깊은 유래가 있으니,... 조선을 근역(槿

域)이라 일컫고, 조선이 무궁화를 국화로 삼은 것은 유구한 관계가 있다." [문평일 호암선집]

조선이 무궁화 나라라는 말은 참으로 의미심장한 말로서 우리나라와 무궁화를 분리할 수 없습니다. 중국이 신라를 '무궁화 나라(槿域)'라고 불렸고, 신라 화랑들이 무궁화 문양의 머리띠를 매고 다녔다는 기록이 있으며, 신라 시대 당시 쓰인 최치원이 당나라에 보낸 국서 [사불허북국거상표]에서는 신라를 근화향(槿化鄕), 무궁화가 있는 나라로 칭했고, 조선 세조 때 쓰인 원예서 양화소록에서는 우리나라를 무궁화의 나라로 기록하고 있고, 광해군 당시 허균이 쓴 시 [대야통포류]에서도 조선을 근원(槿原), 혹은 근역(槿域)이라 불렸고, 조선시대에 과거 급제자 어사화로 무궁화를 사용하였고, 호암선집에서 기록하고 있듯이 조선도 '무궁화 나라(槿域)'라고 불렸고 무궁화가 국화(國花)이고, 개화기 윤치호 등의 발의로 애국가가 제정될 때 '무궁화 삼천리 화려강산~'이라는 가사가 포함하여 무궁화가 나라꽃으로 위대한 표상이 되었고, 대한민국 수립 1년 뒤인 1949년 대통령 휘장과 행정, 입법, 사법 3부의 휘장을 모두 무궁화로 도안해 사용되었고, 경찰모표, 계급장까지 무궁화를 나타내고 최고훈장도 무궁화 대훈장이고, 1950년 태극기의 깃봉을 무궁화의 꽃봉오리로 제정되었습니다. 이뿐 아니라 군자의 나라인 고조선도 무궁화 지역, 즉 무궁화 나라라고 불렸다는 것입니다.

 동방의 무궁화 나라

"海外東經君子國條
동방(東方)에 군자국이 있어 무궁화가 많다."

[산해경]

"해동(海東)에 군자국(君子國)이 있어, 의관을 갖추고 칼을 차며, 사양하기를 좋아하고 다투지 않는다. 근화초(槿花草, 무궁화)가 있어 아침에 피었다가 저녁에 진다."
[산해경 권9]
해동(海東)은 조상들이 우리 영토를 부를 때 사용하던 명칭이었습니다. 우리 조상들은 우리 영토를 해동(海東), 근역(槿域), 동국(東國), 청구(靑丘), 진단(震檀), 계림(鷄林)이라고 불렸습니다.

무궁화(無窮花)를 근화(槿花)라고 부르기도 하고, 중국에서는 목근(木槿), 순영(舜英), 순화(舜華), 훈화초(薰華草), 조개모락화(朝開暮落花), 번리초(藩籬草), 근화초(槿花草)라고 부릅니다.

산해경은 중국의 최초의 나라인 하(夏, B.C.2,070-B.C.1,600년경) 나라를 세운 우왕(禹王)이 기록한 것입니다. 이는 중국 최초의 나라가 시작되기 이전에 분명 군자의 나라가 존재하고 있었음을 말하고 있고, 그 군자의 나라는 무궁화가 많이 피는 지역이라고 합니다. 무궁화가 많이 피는 군자의 나라는 어떤 나라를 가리키는 것이겠습니까? 당연히 무궁화를 국화로 하고 있는 군자의 나라인 고조선인 것입니다. '하'나라의 건국은 B.C.2,070년이고, 고조선은 B.C.2,333년이니, 이미 중국 최초의 나라인 '하'나라가 시작되기 263년 전에 무궁화와 관련된 군자의 나라가 존재하고 있었던 것입니다. 그런데 그 군자의 나라가 바로 무궁화와 관련이 있는 나라라는 것입니다. 그래서 조선 세종때 강희안(姜希顔)이 저술한 화목(花木)에 관한 책인 양화소록(養花小錄)에서 이렇게 말했는지도 모릅니다.

"우리나라에는 단군이 개국할 때 무궁화(木槿花)가 비로소 나왔기 때문에 중국에서 우리나라를 일컫되 반드시 '무궁화의 나라(槿域)'라 말하였으니 무궁화는 예로부터 우리나라의 봄을 장식하였음이 분명함을 알 수 있다."

그러므로 무궁화와 우리민족은 분리할 수 없고, 무궁화는 우리역사와 맥을 같이 하고 있습니다.

"庚午七年命郤泰 養馬于鞍山 植槿于南崗 名曰槿域 辛酉五十四年 命植槿于國內山川
경오년에 극태(郤泰)에게 명하여 안산에 말을 기르게 하고, 남강(南崗)에 무궁화를 심으니 무궁화동산이라 하며 신유 54년에는 국내 산천에 무궁화를 심게 하였다."
[이고선(李固善)의 심당전서(心堂全書)]

"衆自相環舞 仍以推桓仁 坐於桓花之 下搚石之上 羅拜之山呼聲溢 歸者如市
무리들은 서로 돌면서 춤을 추고 환인(桓仁)을 추대하여 환화(桓花) 즉 무궁화 밑 돌 쌓은 위에 앉게 하고 줄지어 절하고 만세를 부르니 소리가 울려 넘쳤고 돌아와 의지(歸依)하는 자가 많아 저자(市)와 같았다." [조대기, 朝代記]

"十六年 帝行幸古歷山 築祭天壇 多樹周還以槿樹
16년에 임금께서 고력산(古歷山)에 행차하여 제천단(祭天壇)을 쌓고 주변에 근수(槿樹)를 많이 심었다."
[대야발(大野勃)의 단기고사(檀奇古史)]

"丁丑十六年 親幸藏唐京 封築三神壇 多植桓花
16년 정축(丁丑)에 친히 장당경(藏唐京)에 행차하여 삼신단(三神壇)
을 쌓고 환화(桓花)를 많이 심었다."
[단군세기, 檀君世紀]

"君子之國 多木菫之華 人民食之 去瑯邪 三萬里
군자의 나라에는 무궁화가 많은데 백성들이 그것을 먹고 낭야(瑯邪)
로 부터 3만리 떨어진 곳이다."
[당(唐)나라 구양순(歐陽詢, 557-641)이 쓴 예문유취(藝文類聚)]

무궁화는 샤론의 장미, Rose of Sharon

그런데 놀라운 사실은 성경은 예수님을 무궁화로 상징하고 있다는 사실입니다.

'나는 샤론의 수선화요 골짜기의 백합화로다' (아2:1)

샤론은 예수님을 상징하는 꽃입니다. 무궁화는 'Rose of Sharon', 즉 '샤론의 장미'입니다. 이 꽃의 학명은 히비쿠스 시리아쿠스(Hybiscus syriacus) 인데요, 그것은 바로 무궁화 꽃의 학명과 동일합니다. 우연일지는 모른지만 식물분류체계에서의 하비스쿠스(Hibiscus)란 명칭은 무궁화속(屬, Hibiscus)의 속명인데 어원은 고대 이집트의 아름다운 신(神)이라는 라틴어 "Hibis"와 유사하다는 뜻인 "isco"의 합성어로 "아름다운 신을 닮았다"는 뜻으로서 무궁화는 신의 이름이라는 것입니다. 예수님의 별명도 '샤론의 장미'이고, 구 찬송가 89장에서도 '샤론의 꽃 예수'라고 하여 예수님을 샤론이라고 부르고 있습니다.

그런데 군자의 나라인 고조선이 무궁화의 나라라는 것입니다. 이것이 우연일까요? 저는 그렇게 보지 않습니다. 샤론의 꽃은 아라랏산 메소포타미아 지역에 분포하고 있습니다. 그 옛날에 하나님만을 섬기는 새로운 제사장 나라를 세우기 위해 메소포타미아 지역에서 예수님을 상징하는 사랑한 꽃을 가져와 극동에 무궁화를 심고 나라를 세운 것이 아니겠습니까? 필자는 그 사람들이 바로 노아와 그의 언약의 자손들이라고 추측하고 있습니다.

일제에 의해 삼천리 반도 곳곳에서 예수의 꽃인 무궁화가 뿌리 채 뽑혔지만 대한민국이 건국된 지 60년도 안 돼서 하나님의 백성들의 심령에 참 무궁화 꽃인 예수가 심겨져 삼천리 방방곡곡에 하나님의 백성들을 통해 활짝 피기 시작했습니다. 하나님은 우리민족을 통해 온 땅에 있는 사람들안에 무궁화 꽃을 심어 온 땅을 무궁화 나라로 만들 것입니다.

"무궁무궁 무궁화, 무궁화는 우리 꽃
피고지고 또 피어 무궁화라네"

5 한자

 한자는 중국 사람이 만든 것이 아니라 동이족 사람이 만들었다고 합니다. 진실인지 확인해 보겠습니다. 그리고 한자에 나타난 성경 이야기를 중심으로 해서 한자를 노아가 만들었다는 증거를 살펴 볼 것입니다. 그리고 한자의 기원 연대를 통해 노아가 한자를 만든 인물임을 살펴볼 것입니다. 왜냐면 한자의 기원을 B.C.4,000년으로 보는데, 그렇다면 노아홍수 전 아담이 창조된 후 얼마 있지 않아 한자는 시작된 것이고, 그 한자는 전수할 수 있는 유일한 사람이 있다면 아마도 노아홍수에서 살아남은 노아일 수밖에 없기 때문입니다. 이는 노아가 한자를 만들었다는 증거가 되기 때문입니다. 이것을 통해 노아는 동이족 사람, 즉 고조선 사람임을 논하고자 합니다.

1) 한자는 동이족 문자

 과연 한자는 중국 사람이 만든 것이 아니고 동이족 사람이 만들었을까?
 한자의 전신은 갑골문자입니다. 갑골문자는 상(은)나라가 사용하던 문자였습니다.

"갑골문자(甲骨文字)는 중국의 은나라 때 사용했던 귀갑(龜甲)과 수골(獸骨)에서 발견된 고대 문자로, 현재까지 알려진 한자(漢字)의 가장 오래된 형태이다. 지금까지 모두 15만 점 이상의 갑골 조각이 발굴되었으며, 약 4,500자 정도의 갑골문자가 발견되었다. 하지만 3분의 1 정도만이 해독되어 있다.

연구 결과에 따르면 갑골문은 상(은)나라의 17대 임금인 반경(盤庚)부터 마지막 임금인 주왕(紂王)까지 약 250년에 걸쳐 사용된 것으로 보인다. 그 내용은 제사(祭祀)·군사(軍事)·천상(天象)·전렵(田獵)·농경(農耕)·임금의 행행(行幸)과 안부(安否)에 관한 것이 많으며, 상(商)의 정치·사회·경제 연구에 중요한 자료가 되고 있다.."
[네이버 지식백과, 갑골문자(甲骨文字), 두산백과]

그런데 상(은)나라는 동이족 사람이 건국했다는 사실이 중요합니다. 상(은)나라는 동이족 사람이 건국했고, 한자의 전신인 갑골문자는 동이족 사람의 것이었다는 것입니다.

과연 상(은)나라는 동이족 사람이 세운 나라일까? 고기는 상나라는 동이족 나라라고 분명히 기록하고 있습니다.

"상(은)나라의 시조 설(薛)은 동이족이다' [사마천 사기]
'상(은)나라는 동이족의 나라이고 주나라는 화(중국 漢족)의 나라이다." [사마천 사기]
"상(은)나라는 동이족이다." [고사변]
[재 홍콩대학의 임혜상 교수, 대만대학의 서량지 교]

"소호씨(少昊氏)는 동이계야(東夷系也) 동이지인(東夷之人)"
[고사변, 古史辯]

그래서인지 인제대 진태하교수는 한자는 동이족의 유산이고 우리글이라는 주장하고 있습니다. 한자는 오래전부터 동이족이 사용한 문자가 약 3천400년전 은(殷)나라 때 '갑골문(甲骨文)'으로 발전된 문자입니다. 중국의 사학자 왕옥철(王玉哲), 장문(張文), 문자학자 이경재(李敬齋)등의 연구 고증에 따르면 '한자의 연원은 동이족 문화유산으로서 중국의 문자는 모두 동이인(東夷人)이 창조하였으며 공자(孔子)도 동이족 상(은)나라의 후예'라고 밝히고 있습니다. 따라서 한자는 동이족이 자기 언어를 표기한 문자이며 진짜 우리 말 우리 글입니다. 이와같이 한자의 전신인 갑골문자를 사용하던 상(은)나라는 동이족이 건국한 나라이고 한자는 동이족의 것입니다. 그래서 한자의 전신인 갑골문자가 발견 된 지역이 동이족이 다스리는 지역이라는 것이 고고학자들의 주장입니다.

"지금까지 갑골문자는 주로 상(은)나라 때(기원전 14~11세기)의 수도였던 중국 하남성 은허에서 집중적으로 출토되었지만, 초기의 갑골문화는 발해연안을 중심으로 남쪽으로 산동반도, 서쪽으로는 태행산 이동과 황하 이북, 북으로는 대흥안령 이남의 요녕 지방과 요동반도, 그리고 흑룡강 이남의 송화강, 두만강 유역에 분포되어 있습니다. 물론 이들 지역은 두말할 나위 없이 동이족이 활동했던 지역이었습니다. 그리고 한반도 내에서는 1959년 두만강 유역의 함북 무산읍 범의구석(虎谷洞)의 청동기시대와 철기시대 문화층에서 여러 점의 복골이 발견된 적이 있습니다. 이는 우리나라에서 처음으로 발견된 고고학 성과입니다. 1981년에 경남 김해시 부원동 유적에서 삼한시대 내지 가야 시대의 복골이 발견되었고 이어서 김해시 봉황동 유적과 삼천포시 늑도 유적에서도 비슷한 시기의 복골이 출토되어 변한 혹은 가야시대에 복골을 사용한 사실이 실증되었습니다. 또한 내륙지방에서는 경북 경산시 임당 저습지 유적에서 복골이 발견되었습니다. 그리고 1986년부터 수 년 동안 발굴된 전남 해남군 군곡리 조개무지에서 철기시대 또는 삼한시대의 것으로 보이는 다량의 복골이 출토되었는데, 보고자는 이 유적의 연대를 기원전 2세기까지 추정하고 있습니다. 그리고 금강 유역의 하구 전북 군산시 성산면 여방리 남전 조개무지에서도 복골이 출토되었습니다. 이 유적은 백제 초기로 추정되고 있습니다. 마한 사회나 백제 초기사회에서도 강력한 지배층에 의한 정치가 존재했음이 복골의 발견으로 증명되습니다."
[발해연안무자복골의 연구, 국립고궁박물원, 타이페이, 1981~82]

한자는 상(은)나라가 만든 것이라고 고고학적 증거가 확실한데, 상나라의 주인공은 동이족이라는 점에서 한자는 동이족 문자인 것이고, 따라서 한자는 고조선에 뿌리를 두고 있는 것입니다. 그런데 한족들이 마치 자기들이 만든 문자인 것처럼 주인 행세하여 원나라 사람들은 그들의 역사서인 '원사(元史)'에서 '한족지문자야(漢族人之文字也), 한자는 한족의 문자다' 라고 주장하며 한자를 한족의 문자로 둔갑해 놓았습니다.

아래에서 구체적으로 거론하겠지만 한자는 창세기에 이야기와 세상 죄를 지고 가는 어린 양이 되실 메시야에 대한 예언이 고스란히 담겨진 고조선의 시조인 노아가 만든 우리민족의 문자입니다. 이러한 의미에서 한자는 우리민족에게 주신 언약과 신앙과 혼이 담겨져 있는 우리민족의 글자인 것입니다.

조갑제 논객은 뉴데일리(2017.09.19)에 한자에 대해 의미심장한

글을 기고했습니다.

"한글의 우상숭배가 국어를 파괴, 문명을 망친다. 국어가 조국이다. 한자 말살 및 한글전용으로 한국인의 어휘력이 떨어지고, 기억력이 감퇴하여, 집단 치매화 되고 있다. 고급 학문의 쇠퇴, 교양의 붕괴. 부정확한 정보의 유통, 선동과 깽판의 일상화가 여기서 비롯된다. 한민족의 쇠퇴이고 국가적 자살의 길이다... 한자가 외국어라는 것은 오해이다. 한자는 한글과 함께 모국어(母國語)를 표기하는 국자(國字)이다. 영국 사람이 알파벳을 외국어라고 생각하면 영어(英語)도 영국 사람 것이 아닌 게 된다. 한글은 한자(漢字)와 함께 국어를 표기하는 문자이지 언어가 아니다. 한글 전용(專用)이 민족적이고, 한자혼용(漢字混用)은 사대주의란 것은 오해이다. 한글전용은 폐쇄적이고 국어파괴이며, 한자혼용이 개방적이고 국어 살리기이다. 한자전용도 한글 전용도 한국어를 반신 불수로 만든다.

가장 훌륭한 표의(表意)문자인 한자(漢字)와 가장 훌륭한 표의문자인 한글을 같이 쓰면 한국어는 정확하고, 풍성하고, 다양한 표현력을 갖게 된다. 표현력만큼 사고력도 정확, 풍성, 다양해진다. 개인과 나라도, 그리고 행동도 그렇게 된다. 한글전용은 이런 축복을 걷어차는 자해(自害)행위이다."

그는 한자가 노아의 작품이고, 그 안에 우리민족을 향한 언약과 신앙이 담겨져 있는 하나님이 주신 문자라는 사실은 몰랐을지 모르나 대한민국이 한자를 버리고 한글전용을 택함으로 잃어버린 정신적인 것뿐 아니라 개인과 나라와 행동 전반에서 축복을 잃어버린 자해 행위였다는 사실을 지적하고 있습니다.

월간조선 2016년 7월호에 실린 내용에 그러한 결과가 수치로 나와 있습니다.

"PIAAC 조사에 의하면 OECD 가맹 24개국의 16~65세 사이 16만6000명을 상대로 문해력(文解力), 수치력(數値力), 그리고 컴퓨터를 사용한 기술적 문제 해결능력에 있어서 한자를 사용하는 일본이 3관을 차지했고, 한국은 문해력에서 국제평균치보다 낮은 10등, 수치력에선 평균치보다 낮은 15등, 문제해결 능력에선 평균치와 같은 점수로 7등이었다."

이것은 혹 하나님께서 우리민족에게 주신 언약과 신앙과 사상이 심겨진 하나님의 문자인 한자를 버린 저주가 아닐까요? 이제 우리는 잃어버린 우리 문자를 찾는 운동을 시작할 때가 됐다고 봅니다. 잃어버린 문자를 찾아가는 일은 단순히 문자를 되찾는 것이 아니라 우리민족의 정체성과 민족의 혼과 하나님이 주신 신앙을 회복하는 운동이라고 봅니다. 한자에 담겨진 비밀을 깨닫게 된다면 이러는 주장이 지나친 주장이 아니라는 사실을 받아드리게 될 것입니다. 한자의 주인은 동이족이고, 한자의 시작은 동이족의 시조인 노아입니다. 그 유력한 증거 중 하나가 중국 사람들이 자신들의 시조요 문명의 아버지요 문자의 창시자요 한자의 창시자로 여기는 태호복희씨라는 존재가 동이족 사람이라는 것입니다.

"大荒地中 有山名曰不咸 肅愼氏之白民也 有樹名曰雄 常先八代帝於此取之
대황지 가운데 불함산이 있는데 그곳에는 숙신씨(고조선의 이두문자)가 흰옷을 즐겨 입는 다고하였고, 삼황인 복희씨 신농씨 여와씨와 오제인 소호 고양 고신 당요 우순이 모두 숙신(肅愼)에서 배출된 사람들이다."
[산해경]

　태호복희씨(太皞伏羲氏) 라는 인물은 많은 부분에서 신화적인 인물로 각색되어 전해져 오지만, 그 사람은 실존 인물이었고 세월이 흐르면서 신화적인 내용이 많이 더 붙여져서 신화적인 인물이 되었을 것이라고 봅니다. 그래서 저는 개인적으로 문자의 아버지요 문명의 아버지라고 불리는 태호복희씨가 노아일 것이라고 추정하고 있습니다. 태호복희씨에 대한 첨가된 신화적인 요소를 제거하고 나면 태호복희씨가 노아라는 것이 자연스럽게 드러납니다.

2) 한자의 시조요 동이족인 태호복희씨는 노아

　태호복희씨가 노아라는 그 증거가 있습니까? 노아가 동방에 넘어왔다면 거의 천년을 살았고 전 세계적인 노아홍수에서 살아남은 노아에 대한 이야기가 동방에 전설처럼 남아있을 가능성이 매우 높습니다. 그리고 노아는 노아홍수 전에 600년을 살았으니, 그는 노아홍수전에 있었던 고도의 문명과 문자와 수학과 건축공법의 습득한 인물이었을 것이고, 노아홍수 이후 350년을 살아있으니 분명 노아홍수 이전에 습득한 문명을 노아홍수 이후에 350년 동안 퍼뜨린 문명의 시조가 되었을 것입니다. 그리고 노아가 동방에 넘어와 살았다면 동방에 문명의 시조가 된 노아에 대한 이야기가 전설처럼 분명 남아있을 가능성이 다분하다고 볼 수 있습니다. 그러한 이야기가 고스란히 포함하고 있는 인물이 산해경에 나오는 바로 인류의 시조요 문명의 아버지라 일컫는 태호복희씨라고 봅니다. 그래서 저는 태호복희씨가 노아일 것이라고 추정하고 있습니다. 태호복희씨가 노아일 가능성이 있는 이유를 살펴봅니다.

◉ **첫째, 태호복희씨는 홍수에서 살아남은 인물이고 문자와 숫자와 문명의 아버지라고 기록하고 있기 때문입니다.**

산해경에서 '태호복희씨'는 홍수에서 태호복희씨의 부부만 유일하게 살아남고, 그의 한 가족을 통해 인류의 역사가 시작 되었다고 하고, 그는 문자와 숫자와 문명의 창시자라고 기록하고 있습니다. 산해경은 하나라(B.C.2,070년) 우임금과 그의 신하 백익이 저술한 중국에서 가장 오래된 고대 지리서로서 23권 중 18권에 전해 내려오는데 그 중 해외경(海外經) 이하에서는 먼 나라의 주민과 그에 관한 신화나 전설을 많이 기록되어 있습니다.

노아는 홍수에서 살아남은 인물이고 새로운 인류의 시작이고 문자와 숫자와 문명의 창시자일 수밖에 없습니다. 노아홍수 사건은 B.C.2,458년 2월 27일에 있었고, 하나라의 건국은 B.C.2,070년이니, '하'나라의 건국 시점은 노아홍수사건 이후 388년 지난 후입니다. 이렇게 보면 엄청난 노아 홍수 사건과 그 심판에서 살아남은 노아의 이야기는 하나라가 건국된 시점에도 그대로 남아 있었을 것입니다. 또한 노아는 노아 홍수전에 600년 동안 고도의 문명을 경험한 인물이니 문자와 숫자와 문명의 창시자가 될 수밖에 없었을 것입니다. 그러므로 산해경에 나오는 인류의 시작이요 문명의 시작으로 소개된 태호복희씨는 아마도 노아일 가능성이 높은 것입니다.

[열자]라는 책에서 태호복희씨는 글자(書契)을 만들고, 천리(天理: 河圖)를 창제하셨으며, 결승(結繩) 문자를 만들고 어망을 만들어 물

고기를 잡는 기술과 그물로 새를 잡는 법도 가르쳤다고 기록하고 있습니다. 그는 문자를 만들어 문명의 뿌리가 되고 성씨와 결혼제도를 만들어 인륜이 시작이 되었으며 농경과 가축사육과 의학과 시간과 별자리를 정리하는 등 수많은 업적을 남기며 현 인류문화의 근간이 되었고 합니다.

이러한 태호복희씨를 인정한 인물이 서양에도 있는데 디지털의 아버지라 불리우는 라이프니찌입니다. 그는 중국에 선교사로 간 친구로부터 태호복희씨에 관한 소식을 접하게 되었다고 합니다. 놀라운 사실은 그가 이진법을 만들 때 태호복희씨가 만든 팔괘 음(0)양(1)에서 영감이 얻었다는 것입니다. 그래서 그가 파리학술원에 제출한 논문에서 태호복희씨를 '고대의 왕이자 철학자였던 복희, 제국과 과학의 창설자'라고 평가했다는 사실입니다.

전설에 의하면 태호복희씨는 진(陳)에서 도읍다고 전해지는데 지금의 陳(진)은 지금 중국의 하남성 회양현이며, 이곳의 무덤에 태호복희지묘(太昊伏羲之墓)라고 비석이 세워져 있습니다.
 노아는 인류의 문명의 아버지가 될 수밖에 없는데 홍수에서 살아남은 태호복희씨가 문명의 아버지라고 칭함 받은 것은 분명 노아일 가능성이 있다는 것입니다.
 성경으로 보는 한국역사 이야기 까페에서 밤이슬님이 올린 글에서 태호복희씨가 노아라고 주장하는 분이 있어 소개합니다.

"주역을 쉽게 이해하려면, 그 근본이 된 가정백방길흉비결(家庭百方吉凶秘訣)이라는 책을 먼저 읽어야 한다 라는 말을 하는 것이다. 필자는 그래서 그냥 한번 그 책이 무언지 어떠한 내용이 들었는지 알아보려고 찾아서 읽었다. 그리고 충격을 받았다. 왜냐하면, 그 책의 내용은 바로 성경 창세기의 홍수 후 노아와 8명 의 식구들 이야기가 들어 있었고, 당시에 필자가 한 목사님과 노아의 가나안 저주 사건에 대한 내용을 가지고 약간의 논쟁이 있었는데, 그에 대한 해답을 가지고 있었기 때문이었다.

그 책 안에는, 중국의 태호복희씨에 의해 처음 창시되었다는 하도팔괘(河圖八卦)의 의미와, 그 8괘는 〈나아〉라고 하는 사람에 의해 처음 만들어졌고, 홍수로 전 인류가 멸망하였고, 오직 방주에 타서 살아남은 노아와 8명의 식구들만이 살아남았다는 사실과, 그들의 신상이 기록되었는데, 8명 각각의 이름과, 각각의 피부색들이 어떠했는지와, 신체의 특징과 골격이 어떠했는지와, 그리고 결혼 관계 등을 여러가지 내용이 들어있었는데, 필자가 충격을 받은 것은 다음의 사실에 있었다. 나아의 두번째 아들의 피부는 흑(黑)이라고 기록되었고, 그의 자부(아내)는 백(白)이었고 털(머리카락) 이 빛나는 황(黃, 금발)인데, 그녀가 아들 3명을 낳은 후 죽었다는 것이다. 즉, 〈나아〉라고 하는 사람의 둘째 아들은 아들 세명을 두었고, 자기의 아내를 죽음으로 일찍 잃었다는 것이다. 그 당시 필자는 즉시 성경의 기록을 매치시키며 떠올렸다.

(창세기 10장 1,2,6) "노아의 아들 셈과 함과 야벳의 후예는 이러하니라 홍수 후에 그들이 아들들을 낳았으니 야벳의 아들은 고멜과 마곡과 마대와 야완과 두발과 메섹과 디라스요 함의 아들은 구스와 미스라임과 붓과 가나안이요..."

가정백방길흉비결(家庭百方吉凶秘訣)에 기록된, 홍수 후에 8명의 식구를 데리고 살아남은 사람 〈나아〉는 성경 속의 〈노아〉와 동일 인물이었고, 둘째 아들과 그 자부는 성경 속의 〈함〉과 그의 아내와 동일한 것임이 틀림 없었다..”

이것이 사실이라면 참으로 놀라운 사실입니다. 노아로 추정되는 홍수에서 살아남은 팔궤를 만든 태호복희씨에 대한 가정백방길흉비결(家庭百方吉凶秘訣)에 기록된 원본 내용입니다.

"此는 太古에 非有卦라 因洪水沒世하야 那亞- 造方舟하야 生活他의 一家八口하야 爲一窩(위일와) 八代的하니 俗語에 同那- 有血氣的 萬物을 都救了 一公一母하야 後世에 傳留普 天下的人이라 天意成全하고 又變爲 河圖八卦라 하니라. 一坎 二坤 三震 四巽 五中 六乾 七兌 八艮 九離을 九宮이라 한다 ."

'가정백방길흉비결'의 논문 저가인 유영철 목사가 번역한 내용입니다.

"아주 오랜 옛적에는 이 원리인 괘가 없었다
세상이 홍수로 멸망할 때
나아(노아)가 방주를 만들어
나아의 여덟 식구만 생존하여
8대에 이르기까지 집단생활을 했다
전해오는 말에 의하면 이 나아는
혈기 있는 모든 짐승들의

암수를 방주로 구원하였으니
후세에 전하여 지기를 그는 세상의 근본이라
그는 하나님의 뜻에 완전한 의인이었으니
이와 같이 하나님의 뜻에 완전히 합하는 생활의
변화를 하도팔괘라 한다."

이 논문을 인용한 뉴스앤조이 기사는 이렇게 기록하고 있습니다. "주역의 모든 사상적 체계를 이루는 근원은 하도팔괘며, 이 하도팔괘는 주역의 사상을 구성하는 기본원리라고 합니다. 이것이 후대로 내려 오면서 일종의 운세론을 발전했고, 오늘날에는 음양문이라는 독립적 체계를 갖추며 궁합 이론의 지침서로 전해져 오고 있다고 주장합니다. 그런데 놀라운 사실은 이 궁합 이론의 근거가 되고, 주역의 기본 사상을 이루는 하도팔괘가 바로 성경의 노아 홍수설을 토대로 구성되어 있다는 점입니다. 오늘날 남녀의 사주 궁합을 점치는 음향문 이론은 대개가 '가정백방길흉비결'이라는 지침서를 토대로 만들어 졌는데, 이러한 이론은 주역의 기본 원리인 하도팔괘에, 그리고 하도팔괘는 바로 구약성경 창세기에 기록된 노아 여덟 식구의 생활상을 근거로 하고 있다는 사실입니니다."

이러한 태호복희씨에 대한 기록들은 그가 노아일 가능성에 대해 말해주고 있습니다중국의 홍수설화 중 주목할 설화가 있습니다. 중국의 사학자 서량지(徐亮之)가 사전사화(事傳史話)에 기록한 홍수 설화입니다.

"雷神怒發洪水 想淹死他全家 不料除了 一對兄妹 全人類的 共同祖先
뇌신노발홍수 상엄사타전가 불료제료 일대형매 전인류적 공동조선

뇌신이 노하여 홍수가 나다. 생각컨데 한 쌍의 오누이만 남고 모든 것이 죽었도다. 그 남은 형매(兄妹)는 오늘날 인류의 공동 조상이 되었도다'."

여기서 형매(兄妹)의 부부가 인류의 공동 조상이 되었다는 '형매전인류적공동조선(兄妹全人類的共同祖先)'이란 말은 마치 노아홍수 후 그의 가족들이 인류의 조상이 되었다는 성경의 기록(창8:19)과 그 내용 구성이 거의 흡사합니다.

그런데 중요한 것은 이 홍수설화가 동이족(東夷族)의 한 갈래인 묘족의 설화로서 B.C. 2,000-2,400년대의 홍수설화라는 것입니다. 노아의 홍수는 성경 연대로 B.C 2458년에 있었는데 놀랍게도 이 홍수설화가 B.C. 2000-2400년도 설화이고, 동이족의 한 갈래인 묘족의 설화라는 것입니다.'
노아가 동이족과 관련이 있는 것이 분명해지는 대목입니다.

"중국의 조상이라는 누와(Nuwa)와 복희는 노아를 상징한 것으로 보인다. 중국 남부에 사는 묘족은 해마다 조상들에게 제사를 지내는데, 그 제사 축문은 홍수의 내력을 상세하게 담고 있다."
[임범삼, 설문해자에 나타난 창세기. 247p. 크리스챤 서적]

◉ **둘째. 복희라는 이름은 제사에 쓰이는 짐승을 길러 붙어진 이름이기 때문입니다. 복희라는 이름이 제사장 직책의 이름이라는 것과 노아와 동시대에 사람이라는 것 또한 태호복희씨가 노아일 가능성을 더욱 높여주는 대목입니다.**

"복희(중국어 정체: 伏羲, 伏犧) 또는 포희(중국어 정체: 庖犧)는 중국 삼황 중 하나이다. 전설에서 복희는 인류에게 닥친 대홍수 시절에 표주박 속에 들어가 있던 덕분에 되살아날 수 있었다고 하는데, 다시 살아났다는 의미로 복희라고 했다고 전한다. 복희는 태호(太昊/太皞)로 불리기도 한다. '복희'는 희생(제사에 쓰이는 짐승)을 길러 붙여진 이름이다. 성씨는 풍(風)으로 전해진다. 사마천의 《사기》에 따르면 복희는 동이족으로 서술되고 있다."
[위키백과, 태호복희]

태호복희씨가 노아라면 당연히 하나님께서 제사하는 일에 관심했을 것입니다. 그런데 태호복희씨의 이름 자체가 제사장적인 이름이라는 사실입니다. '씨'라는 단어는 고대 임금에 붙어진 단어입니다. 이는 태호복희씨가 왕권을 행사하는 인물일 뿐 아니라 제사장직을 수행했던 인물이었음이 분명해집니다. 그러므로 제사장이요 임금이었던 태호복희씨는 노아일 가능성이 높은 것입니다.

◉ **셋째, 태호복희씨와 노아는 같은 연대의 사람이기 때문입니다.**

태호복희씨가 노아라고 주장이 옳다면 태호복희씨와 노아가 동시대에 사람이어야만 할 것입니다. 창세기5,11장에 기초해서 살펴보면 노아는 B.C. 3,058년~B.C. 2,108년 까지 950살을 살았던 인물입니다. 그런데 놀랍게도 태복복희씨는 노아가 살았던 시대인 B.C. 2,800년대 무렵 사람으로 알려져 있습니다.

"전설에 의하면 태호 복희씨는 기원전 2,800년 무렵에 살았다고 전한다... 복희 상상도가 출토된 신장의 경우 본래 한족 지역이 아니며, 한족 이외에 남방 소수 민족들도 복희 신화를 가지고 있어, 고대 씨족 사회에 널리 사용된 민간 신으로 이해하는 경우도 있다. 당나라 시대 간행된 역경에 따르면 복희가 팔괘(八卦)를 만들었다고 서술하고 있으나... 전설에 의하면 100년 이상 살았다고 전해진다. 무덤은 화이양 현 북쪽 3리 떨어진 곳에 있다."
[위키백과]

"중국의 선조이면서 최초의 왕으로 추앙받는 전설적인 인물이 복희이다. 그의 이름은 대홍수 후에 땅에 엎드려 하나님께 희생 제사들 드렸던 노아를 연상시킨다. 사마천(B.C145-86)은 복희가 기원 전 2,850년에 중국을 통치했으며, 팔괘를 창안해 신령한 지성의 덕을 찬양했고, 모든 살아 있는 생물의 현상을 분류했다고 하였다. 이는 그가 '신령한 지성', 곧 하나님을 믿었던 사람이었음을 암시한다. 그가 여와와 더불어 컴퍼스와 자를 들고 있는 그림은 노아가 거대한 방주를 만들 때 사용한 설계 도구들을 상징적으로 나타낸 것으로 보인다."
[임번삼, 설문해자로 나타난 창세기. 242P. 크리스챤 서적]

  과연 태호복희씨와 노아가 다른 사람인데 공통점이 우연하게 존재한 것일까? 모든 사람이 홍수로 죽었는데 가족과 함께 살아남은 인물이 있는데 누구겠냐고 물으면 당연히 노아라고 대답하지 않겠습니까? 그런데 중국에서는 홍수에서 유일하게 살아남은 사람을 태호복희씨라고 합니다.
  그리고 놀랍게도 그 사람은 노아와 동시대 사람이라는 것입니다. 뿐만 아니라 인류의 시조요 문명의 아버지요 문자의 아버지라는 것입니다. 반복되는 공통점들이 과연 우연이겠습니까? 이러한 증거들은 태호복희씨가 노아임을 가능성을 더욱 진하게 합니다. 그런데 여기서 매우 주목해야 할 점은 태호복희씨가 동이족 사람이라는 것입니다. 왜냐면 노아가 동이족 사람이라는 놀라운 사실을 입증할 중요한 단서가 되기 때문입니다.

"복희는 태호(太昊/太皞)로 불리기도 한다. 복희는 희생(제사에 쓰이는 짐승)을 길러 붙여진 이름이다. 성씨는 풍(風)으로 전해진다. 사마천의 《사기》에 따르면 복희는 동이족으로 서술되고 있다."
[위키백과, 태호복희]

"복희씨가 풍씨이며 고대 동이족이다."
[역대 제왕록, 1,989년 중국 발간]

　전한(前漢) 회남왕(淮南王) 유안(劉安)이 편찬한 일종의 백과사전인 [회남자(淮南子)]에 21권 중 시칙훈(時則訓)에 복희가 동방의 왕이라고 나옵니다. 그 책에서 복희는 갈석산(발해만 서쪽)으로 해서, 군자국, 대인국, 조선 등의 영역을 다스렸다는 말이 나옵니다.

"동방의 극(極)은 갈석산으로부터 해 뜨는 곳, 부모의 땅, 청토수목의 들에까지 이른다. 태호, 구망이 다스리던 곳으로 1만2천 리이다."
[회남자]

　복희씨가 노아라고 전제하다면, 노아가 고조선 건국의 주역이라는 사실을 다시 확인할 수 있는 것은 회남자에 복희씨가 조선을 통치하던 왕으로 분명하게 명시하고 있기 때문입니다.

"갈석산(碣石山) 부근 요서지역으로부터 동쪽으로 조선국을 포함한 12,000리가 동방의 지도자 복희(伏羲)의 통치 구역이었다."
[회남자]

이 기록은 조선국을 통치하던 태호복희씨가 고조선 건국의 주역인 노아라는 논증을 확신있게 합니다. 이뿐만 아니라 고조선의 태동이 한반도가 아니라 갈석산이 있는 하북성에서 태통했다는 사실과 고조선이 한반도에 국한 된 소국이 아니라 요서지역인 하북성을 포함한 1,200리 거대국가였다는 사실을 확인시켜 줍니다. 놀랍게도 고기는 한자를 동이족인 태호복희씨가 만들었다고 기록하고 있습니다.

중국인들이 경전과 같이 여기는 AD100년에 허신이 기록한 '설문해자'에 태호복희씨에 대해 '한자의 기원'라는 부분에서 그 시작이 '옛날 태호복희씨가 세상을 다스릴 때'라고 기술하고 있습니다.

"옛날 복희씨가 세상을 다스릴 때, 우러러 하늘의 모양을 관찰하고 아래로 땅에서 그 이치를 살펴 새와 짐승의 무늬가 지리와 서로 알맞게 어울리는 것을 보았다. 가까이는 사람의 몸에서 그것을 취하고 멀리는 사물에서 법을 취하였는데 이에 팔괘를 짓기 시작하였고, 그것으로써 역법으로 정한 도형으로 나타내었다."
[한자의 기원, 설문해자]

그리고 사마천 [사기]에 의하면, 복희씨가 처음으로 글자(書契)를 만들어서 結繩(결승)으로 하는 政治(정치)를 대신했다고 기록하고 있습니다. 그러므로 이러한 여러 자료들에 의해 추론적인 결론을 얻어 보면, 중국에서 노아가 태호복희씨로 각색되어 인류의 시조요 문명의 아버지요 문자의 아버지로 불리게 되었다고 볼 수 있는 것입니다. 그런데 태호복희씨는 놀랍게도 동이족 사람이라고 고서가 증거하고 있고 문자의 창시자라고 부른다는 사실에 주목할 필요가 있습니다. 왜냐면 태호복희씨가 노아가 맞다면, 노아는 동이족 사람이라는 것이 다시 한번 확증 되는 것일 뿐 아니라 동이족이 최초의 문자를 만들었다는 확증을 얻을 수 있기 때문입니다.

저는 노아가 노아홍수 이전부터 사용되는 문자를 가져와 최초로 퍼뜨린 문자가 동이족이 만들었다고 하는 한자라고 추정하고 있습니다. 왜냐면 여러 문서적 정황뿐 아니라 한자 안에 창세기의 이야기의 흔적이 남아있기 때문입니다.

※ 참조  중동지역과 동방지역의 홍수설화 비교

노아	출처	설명
지우스르다 (Ziusudra)	길가메쉬의 서사시(중동지역)	길가메쉬의 서사시는 구전되어 오던 수많은 고대 시이다. 길가메쉬의 홍수사건과 노아의 홍수사건은 너무나 유사하다. 그러므로 길마메쉬의 서시에서 나오는 지우스르라는 노인은 노아일 가능성이 높다. ‖ 길가메쉬의 홍수사건과 노아홍수사건의 공통점 ① 신(들)은 홍수를 일으켜 세상의 모든 남자들, 여자들, 아기들, 동물들을 멸망시키려 한다. ② 신(들)은 정직한 인물 한 명을 선택한다. ③ 신(들)은 그 인물에게 여러 층으로 된 나무방주를 만들도록 명령. ④ 그 인물은 처음에는 그 명에 대해 불평을 표한다. ⑤ 방주는 피치로 틈이 봉해지고 많은 선실이 있으며 문은 하나이고 최소한 하나의 창이 있어야 한다. ⑥ 그 인물은 방주를 만들고 다른 몇 명의 사람들과 각 종류의 동물들로 방주를 채운다. ⑦ 거대한 홍수가 범람한다. 최초에 산들은 물에 잠긴다. ⑧ 그 인물은 주기적으로 새를 보내 근처에 육지가 있는지 살핀다. ⑨ 처음 보낸 두 마리의 새는 방주로 돌아 오고 세 번째 새는 육지를 찾았는지 방주로 돌아 오지 않는다. ⑩ 그 인물과 그의 가족은 방주를 떠나 동물 한 마리를 살생하는 의식을 치르고 그 동물을 희생양으로 바친다.

태호복희씨	산해경(山海經)	① 산해경은 하나라(B.C2070년)의 우임금과 그의 신하 백익가 저술한 중국에서 가장 오래된 고대 문헌 ② 산해경에 나오는 '태호복희씨'는 홍수에서 그의 부분만 유일하게 살아남았다고, 그의 한 가족을 통해 인류의 역사가 시작 되었다고 하고, 문자와 숫자와 문명의 창시자라고 기록하고 있다. 노아는 홍수에서 살아남은 인물이고, 새로운 인류의 시작이고, 문자와 숫자와 문명의 창시자일 수 밖에 없다. 노아홍수 사건은 B.C.2,458년 2월27일에 있었고, 하나의 건국은 B.C.2,070년이니 노아홍수 사건이 있은 후 388년 경에 시작되었다. 이렇게 보면 엄청난 노아 홍수 사건과 그 심판에서 살아남은 노아의 이야기는 하나가라 건국한 시점에도 그대로 남아있었을 것이다. 또한 노아는 노아 홍수 전에 600년 동안 고도의 문명을 경험한 인물이니 문자와 숫자와 문명의 창시자가 될 수 밖에 없었을 것이다. 그러므로 산해경에 나오는 인류의 시작이요 문명의 시작으로 소개된 태호복희씨는 아마도 노아일 가능성이 높다.

3) 한자에 숨겨진 성경이야기

　한자 안에 있는 창세기 이야기의 흔적은 노아가 동이족 사람임을 입증합니다. 성경에 보면 바벨탑 사건으로 언어가 혼잡해졌습니다. 그런데 만약 노아가 바벨탑 사건에 참여하지 않았다면 노아가 노아 홍수 전에 배웠던 문자는 혼잡 되지 않은 문자로 남았을 것이라 추측됩니다. 만약에 한자가 노아홍수 전부터 시작된 문자이고, 한자에 창세기의 이야기가 고스란히 남아있다면, 한자는 바벨탑 사건에 참여하지 않은 노아가 전수한 문자일 가능성이 높습니다. 그렇다면 한자는 노아가 전수한 문자임이 또 한 번 입증되는 것입니다. 한자는 동이족이 만들었다고 했으니, 결국 한자를 만든 노아는 동이족임을 다시 확증할 수 있는 것입니다.

 문자의 창시자요 동이족인 태호복희씨가 노아일 가능성이 매우 높다는 것을 이미 입증했습니다. 그런데 허신은 설문해자에서 태호복희씨가 한자를 장시했다고 기록하고 있습니다. 그리고 한자가 태호복희씨가 만든 팔괘에서 시작됐다는 설도 있습니다.

"한자의 원류와 관련된 학설로는 팔괘(八卦) 기원설이 있다. 『주역(周易)』의 바탕을 이루는 추상적인 수리 부호인 괘효(卦爻)가 점차 발전하여 구체적인 사물을 표기하는 한자가 만들어졌다는 주장이다. 이러한 주장의 배경에는 팔괘가 나타내고 있는 뚜렷한 기호적 체계가 한자에 대응할 만한 외형적 형태와 사유적 체계에서 충분한 연관관계를 보여주고 있기 때문"
[네이버 지식백과, 한자의 탄생 (쉽게 이해하는 중국문화, 2011. 9. 7., 다락원)]

 이로 보건데 노아가 한자를 만들었다는 추측은 결코 불합리한 가설이 아닌 것입니다. 만약 노아가 한자를 만든 것이라면 한자안에 창세기 이야기가 있을 것이라는 것은 곧 노아가 동이족인 태호복희씨라는 확인할 수 있을 뿐 아니라, 노아가 동이족임을 다시 한번 확증시켜 주는 것입니다.
 그럼 과연 한자 안에 창세기 이야기가 있을까? 여기에 관련한 책이 서점에 여려 권 나와 있습니다. 나름 상당히 신빙성이 있습니다.

그러나 이들의 책은 주관적인 해석이 들어갈 수 있습니다.

 AD100년에 중국 동한(東漢)시대의 허신(許愼)이 무려 1만 여 자에 달하는 한자 하나 하나에 대해 본래의 글자 모양과 뜻 그리고 발음을 각각의 한자가 만들어진 배경을 그 당시의 자료를 수집하여 만들어 놓은 옥편인 설문해자(說文解字)는 상당히 객관성이 있다고 볼 수 있습니다. 그 사람은 성경을 전혀 모르는 AD100년도 사람이고, 다만 각각의 한자가 만들어진 배경을 충실하게 그 당시의 자료를 모아 정리한 것뿐입니다. 그런데 그가 쓴 설문해자에 각각의 한자가 만들어진 배경 설명을 살펴보면 한자 안에서 성경의 창세기 이야기를 보면서 설명하듯이 서술하고 있는 사실에 놀라지 않을 수 없습니다.

 아래 내용은 한자에 나타난 창세기의 이야기를 정리한 것입니다. (김홍석교수 강의 참조)

❶ 동산 원

▎설문해자의 설명: 살아있는 나무와 열매를 맺는 나무가 있는 곳이다. 사람이 숨어 도망자가 되었다.

 허신은 놀랍게도 동산원을 이렇게 설명하고 있습니다. 성경에 있는 에덴 동산의 사건을 알지 못한 사람이 어떻게 이렇게 동산원을 설명할 수 있을까? 살아있는 나무와 열매를 맺는 나무는 에덴 중앙에 있는 생명나무와 선악을 아는 나무를 가리키는 것입니다. (창 19) 그리고 사람이 숨어 도망자가 되었다는 것은 아담과 하와가 범죄하고 하나님의 낯을 피하여 숨었던 사건을 가리키는 것입니다. (창3:8) 이 사건은 바로 에덴동산에 있었던 사건이고, 이것이 동산원이 만들어진 배경이라는 것입니다. 동산원자를 만든 이는 분명 에덴동산의 사건을 알고 있는 사람이었을 것입니다.

"여호와 하나님이 그 땅에서 보기에 아름답고 먹기에 좋은 나무가 나게 하시니 동산 가운데에는 생명 나무와 선악을 알게 하는 나무도 있더라"(창2:9)

"그들이 그 날 바람이 불 때 동산에 거니시는 여호와 하나님의 소리를 듣고 아담과 그의 아내가 여호와 하나님의 낯을 피하여 동산 나무 사이에 숨은지라"(창3:8)

 소전체로 동산원자를 살펴보면 흙(土)으로 지음 받은 사람(口) 두 사람(人人)이 동산(口)에 있다는 의미입니다. 이것이 성경의 에덴의 모습입니다.

❷ 탐할 람

▎설문해자의 설명: 탐함이다. 숲이 막고 거짓말 하는 자가 가로막고 마주보고 간사한 말로 속인 것을 탐이라 하였다.

놀라운 설명입니다. 에덴 동산에서 간교한 뱀이 하와를 속여 하나님께서 먹지말라고 한 선악을 아는 열매를 탐하게 한 성경이야기 사건이 아닙니까? 글자를 자세히 보면 한 여자가 나무를 쳐다보고 있는 모습입니다. 두 나무는 무엇이겠습니까? 당연히 에덴 중앙에 있는 생명나무와 선악을 아는 나무가 아니겠습니까? 그리고 그 두 나무 앞에 여자는 간교한 뱀의 유혹을 받아 탐하고 있는 하와가 아니겠습니까? 어떻게 성경에 대해 전혀 모르고 있는 불신자인 허신이 2,000년 전에 탐할 람에 대해 성경의 창세기 이야기를 보고 설명하듯 이렇게 설명할 수 있겠습니까? 이는 분명 한자를 만든 사람은 에덴동산에 사건에 대한 분명 알고 있는 사람일 수밖에 없는 것입니다.

"그런데 뱀은 여호와 하나님이 지으신 들짐승 중에 가장 간교하니라 뱀이 여자에게 물어 이르되 하나님이 참으로 너희에게 동산 모든 나무의 열매를 먹지 말라 하시더냐 …"
"여자가 그 나무를 본즉 먹음직도 하고 보암직도 하고 지혜롭게 할 만큼 탐스럽기도 한 나무인지라 여자가 그 열매를 따먹고 자기와 함께 있는 남편에게도 주매 그도 먹은지라"(창3:1~6)

❸ 물 수

▎설문해자의 설명: 평평함이다. 석지에 말하기를 동은 대원에 이르고, 서는 빈국에 이르고, 남은 박연에 이르고, 북은 축률에 이르

니 이를 일러 사극이라 한다. 왜 물수가 만들어진 배경이 동서남북에 이르고 사극이라는 하는 것이 배경이라고 하는지 이해가 됩니까? 성경을 모른다면 설문해자가 설명하고 있는 물 수가 만들어진 배경을 이해할 수 없을 것입니다. 그러나 성경에서 창세기를 읽어보았다면 물수가 만들어진 배경이 이렇게 설명하는 것은 당연하다고 생각 하게 될 것입니다.

"강이 에덴에서 흘러 나와 동산을 적시고 거기서부터 갈라져 네 근원이 되었으니 첫째의 이름은 비손이라 금이 있는 하윌라 온 땅을 둘렀으며 그 땅의 금은 순금이요 그 곳에는 베델리엄과 호마노도 있으며 둘째 강의 이름은 기혼이라 구스 온 땅을 둘렀고 셋째 강의 이름은 힛데겔이라 앗수르 동쪽으로 흘렀으며 넷째 강은 유브라데더라"(창2:10~14)

 물수가 처음 만들어 진 글자를 자세히 보면, 한 물줄기를 중심으로 네 물줄기가 있음을 보여주고 있는 것입니다. 이는 에덴 동산 중심에 네 물줄기의 근원인 한 물줄기로부터 발원하여 네 물줄기가 네 방향으로 흘렸다는 것을 보여주고 있는 것입니다. 이것이 물수가 처음 만들어지게 된 배경입니다. 창세기의 이야기를 고스란히 포함하고 있는 한자를 누가 만들었겠습니까?

❹ 사내 남

❙ 설명해자의 설명: 장부이다. 밭과 힘으로 되어 있다. 남자가 밭에서 힘을 써야 함을 말한 것이다.

사내 남을 만들어진 배경에 대한 허신의 설명은 성경이 안다면 더욱 선명해집니다. 성경은 하나님께서 아담을 만들기 전에 '경작할 사람이 없으므로'라고 말씀하시고는 아담을 창조하셨고, 아담을 에덴에 두어 밭을 갈게 하게 하였다고 기록하고 있습니다. 성경은 이것이 남자가 창조된 목적이라는 것입니다.

"여호와 하나님이 땅에 비를 내리지 아니하셨고 땅을 갈 사람도 없었으므로 …
여호와 하나님이 동방의 에덴에 동산을 창설하시고 그 지으신 사람을 거기 두시니라"(창2:5~8)

사내남의 글자를 분석해 보면 밭전과 힘력으로 되어 있습니다. 밭전(田)은 실상 에덴동산을 가리킵니다. 울타리는 에덴을 가리키는 것이고, 열십자는 에덴에서 발원하여 흐르고 있는 네 강을 가리키고 있는 것입니다. (창2:10). 그리고 힘력(力)자는 변천 과정을 자세히 보면 처음 힘력자의 모양이 밭을 가는 도구를 표현하고 있는 것임을 알 수 있습니다. 그러므로 사내남은 실상 에덴동산에서 밭은 가는 사람이라는 의미를 가진 글자였던 것입니다.

❹ 옷 의

▌설명해자의 설명: '두 사람의 형체를 덮은 모양'이다.

옷 의자가 만들어진 배경을 왜 한 사람의 형제를 덮는 모양이라고 하지 않고, 두 사람의 형체를 덮는 모양이라고 했을까? 두 사람과 옷 의자와 무슨 상관관계가 있단 말인가? 당신은 옷 의자와 두 사람의 상관 관계를 설명할 수 있겠습니까? 그러나 성경이 안다면 즉시 설명할 수 있을 것입니다.

"여호와 하나님이 아담과 그의 아내를 위하여 가죽옷을 지어 입히시니라" (창3:21)

이 성경 말씀은 하나님께서 인류의 최초로 옷을 지어 옷을 입힌 사건입니다. 하나님께서 최초로 옷을 만들어 두 사람을 입히셨다는 기록입니다. 그리고 옷의자의 변천 과정을 자세히 살펴 보면 아담과 하와 두 사람은 두개의 산 모양으로 표현하고 있음을 알 수 있습니다. 그런데 이 모양이 에덴동산을 표현하는 동산원에도 그대로 나타납니다.

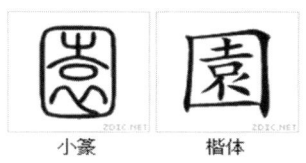

에덴동산에 두 사람이 살고 있었다는 것을 말하고 있는 것입니다. 동산원자를 살펴보면 위쪽에는 흙토(土)가 있고 중앙에는 사람 또는 사람의 입을 나타내는 입구(口)가 있고 아래에는 두 사람을 나타나는 글자가 있고 에덴동산을 나타내는 듯 한 네모가 두루고

있는 모양입니다. 이것은 하나님께서 사람을 흙으로 만들고 입으로 생기를 불어 넣어 사람을 만들어 에덴동산에 두었다는 창세기 이야기를 보는 듯합니다.

"여호와 하나님이 땅의 흙으로 사람을 지으시고 생기를 그 코에 불어넣으시니 사람이 생령이 되니라
여호와 하나님이 동방의 에덴에 동산을 창설하시고 그 지으신 사람을 거기 두시니라"(창2:7,8)

갑옷 구자에도 두 사람이 존재합니다.

왜 갑옷 구자에도 한 사람이 아니고 두 사람이 있는 것일까요? 그리고 갑옷 구의 중앙에 있는 모양을 자세히 보면 네 발 가진 짐승이 혀를 내밀고 죽어있는 모습입니다. 이는 가죽 옷이 시작된 배경이 짐승을 잡아 두 사람을 덮은 사건으로부터 시작되었다는 것을 설명하고 있는 것이 아닐까요?

"여호와 하나님이 아담과 그의 아내를 위하여 가죽옷을 지어 입히시니라"(창3:21)

이런 성경의 기록들을 고스란히 담고 있는 한자를 만든 사람은 도대체 누구일까? 창세기의 이야기에 대해 모르는 사람이 과연 이런 글자를 만들었다고 생각할 수 있을까?

❺ 처음 초

| 설명해자의 설명: 처음이다. 옷을 마름질한 것이 처음이다.
즉, 짐승을 잡아 가죽 옷으로 두 사람을 덮은 것이 옷의 시작이다.

허신의 설명은 창세기의 사건을 그대로 설명하고 있습니다.
"'여호와 하나님이 아담과 그의 아내를 위하여 가죽옷을 지어 입히시니라"(창3:21)

처음 초자를 살펴보변 두 사람을 덮는 모양을 하고 있는 옷의 자와 칼도자가 합쳐진 모양입니다. 이는 옷을 시작된 배경이 짐승을 잡아 두 사람을 덮는 것이 그 시작이라는 것입니다. 이는 성경의 사건을 그대로 설명하고 있는 것입니다.

❻ 양 양

| 설명해자의 설명: 상서로움(복되고 길한 일이 날 조짐)이다. 좋은 글자는 모든 양(羊)자가 들어있다.

이것이 허신이 2,000전 년 중국에서 양 양자가 만들어진 배경에 대해 기록한 내용입니다. 좋은 글자는 양(羊)자가 다 들어가 있다는 것입니다.

- 祥 : 상서로울 상(복되고 길한 일이 날 조짐)
- 羑 : 착한 말할 유
- 善 : 착할 선
- 義 : 옳은 의
- 美 : 아름다울 미

그리고 양(羊)자는 복되고 길한 일이 일어날 징조(조짐)이라는 것입니다. 왜 많은 짐승들 중에 하필 양이 복되고 상서로운 조짐을 나타내는 동물이라고 하는지 설명할 수 있습니까? 성경은 놀랍게도 양에 대해서 그렇게 말씀하고 있습니다. 성경에서 양은 장차 세상 죄를 대신 지고 죽으실 그리스도를 예표하고 있고, 죄인들을 위해 대속물이 되신 그리스도를 상징하고 있습니다.

"이튿날 요한이 예수께서 자기에게 나아오심을 보고 이르되 보라 세상 죄를 지고 가는 하나님의 어린 양이로다'"(요1:29)

"우리의 유월절 양 곧 그리스도께서 희생되셨느니라"(고전5:7)

세상 죄를 지고 죽으실 그리스도를 예표 하는 양에 대한 처음 예언은 창세기 3장서부터 시작합니다. 아담과 하와가 죄를 범하자 하나님은 그들이 보는 앞에서 짐승을 잡아 그 가죽옷으로 덮어 주십니다. (창3:21) 선악을 아는 나무의 열매를 따 먹는 날에는 반드시 죽으리라는 말씀을 거역하고 아담과 하와는 마귀의 유혹을 받아 선악의 나무의 열매를 따 먹습니다. 그런데 하나님은 말씀을 여긴 아담과 하와를 죽이지 않고 대신 죄가 없는 짐승을 죽이고 그 가죽옷을 입히십니다. 바로 아담과 하와가 죄 때문에 대신 죽임 당한 이 짐승이 바로 장차 세상 사람들의 죄를 대신 해서 죽으실 어린 양이신 그리스도를 예표하고 있고 예언하고 있는 것입니다.

왜 아담과 하와의 죄를 대신 해서 죽임 당한 짐승을 어린 양이라고 하는가? 소도 될 수도 있고 염소도 될 수 있는데 말입니다. 아담의 둘째 아들인 아벨이 드린 제물을 보면 아담과 하와의 죄를 대신해서 죽은 짐승이 어린 양이라는 사실을 짐작해 합니다.

아벨은 하나님께 양식으로 먹지도 못하는 양을 치는 자라고 기록하고 있습니다.(창4:1-2) 그런데 성경은 하나님께서 사람에게 양식으로 처음에 채소와 과일만을 허락하셨고 (창1:29,30), 짐승을 먹을 양식으로 허락한 시점은 노아홍수 이후라고 기록하고 있습니다. (창9:3~5) 그러면 왜 아벨은 먹지도 못하는 양을 키웠는지 의문이 생깁니다. 성경은 아벨이 양의 첫 새끼, 즉 어린 양과 기름을 드렸고, 여호와는 아벨과 그의 제물을 받으셨다는 기록하고 있습니다.

"아벨은 자기도 양의 첫 새끼와 그 기름으로 드렸더니 여호와께서 아벨과 그의 제물은 받으셨으나"(창4:3)

양의 첫 새끼와 기름을 드렸다는 것은 어린 양을 잡아서 드렸다는 의미입니다.

이 말씀에서 아벨이 양을 쳤던 것은 하나님께 제사의 예물을 삼기 위함이었다는 것을 알 수 있습니다. 아벨은 죄인이 하나님께 나아가려면 자신의 죄를 대신 해서 죽는 양이 필요하고, 그 양의 죽음으로 자신의 죄를 가려야 거룩하신 하나님께 나아갈 수 있다는 제사법을 알고 있었다는 것입니다. 그러면 아벨은 죄인이 하나님께서 나아갈 때 죄인을 대신 해서 죽임당한 어린 양이 필요하다는 제사법을 누구로부터 전수 받았을 까? 당연히 부모인 아담과 하와가 아니겠습니까?

아담과 하와는 자신들이 죄를 범했을 때 여호와께서 자신의 죄를 위해 대신 죽으신 어린 양에 대한 사건을 결코 있지 못하는 충격적인 사건으로서 결코 지워질 수 있는 사건으로 기록 되었을 것입니다. 왜냐하면 아담이 모든 동물의 이름을 지어주었고, 그 당시는 동물과 대화하는 때이었는데 (창2:19, 3:1) 자신이 이름 지어준 짐승이 자기 죄 때문에 대신 죽임 당한 사건은 충격이었을 것입니다. 그리고 단 한 번도 죽음의 사건을 목도하지 못했고 피를 보지 못했던 그들이 자기 앞에서 자기 죄 때문에 죄 없는 짐승이 죽음을 당할 뿐 아니라 그 가죽 옷이 자신들을 보호하는 덮개가 된 사건은 결코 잊을 수 없는 충격적인 사건이 되었을 것이 분명합니다. 아담과 하와는 이 사건을 통해 죄인이 하나님으로부터 살아남고 거룩하신 하나님께 나아가려면 반드시 죄인을 대신 해서 죽임 당하는 어린 양이 필요하다는 제사법이 생각 났을 것이고, 이를 가인과 아벨에게 분명하게 전수했을 것입니다. 그러하기에 부모의 권위에 순응

했던 아벨은 부모의 가르침에 따라 제사하기 위한 양들을 쳤던 것이고 그 중에 어린 양을 잡아 하나님께 피의 제사를 드렸을 것입니다. 그런데 가인은 부모의 가르침을 무시하고 자신의 임의대로 어린 양의 피 없이 곡식으로만 하나님께 드림으로 하나님께서 그 제사를 받지 않았던 것입니다.

세상 죄를 지고 대신 죽을 어린 양이 되실 그리스도에 대한 예언은 창세기 3장 15절에 나타납니다.

"내가 너로 여자와 원수가 되게 하고 네 후손도 여자의 후손과 원수가 되게 하리니 여자의 후손은 네 머리를 상하게 할 것이요 너는 그의 발꿈치를 상하게 할 것이니라 하시고" (창3:15)

'여자의 후손'은 처녀의 몸을 통해 성령으로 잉태될 하나님의 아들 그리스도를 가리키는 것으로서, '뱀이 장차 여자의 후손의 발꿈치를 상하게 할 것'이라는 예언은 곧 처녀의 몸을 통해 오실 하나님의 아들 그리스도께서 뱀으로 상징된 사탄에 의해 장차 세상 죄를 대신해서 십자가에서 죽는 어린 양이 되실 그리스도에 대한 예언인 것입니다.(이 예언은 요한복음13:2절을 통해 성취되었음이 확인된다.) 아마도 아담과 하와는 자신들의 죄를 대신 해서 죽은 그 어린 양이 장차 처녀의 몸을 통해 오실 하나님의 아들이라는 것을 알았을 것입니다.

이 예언은 구약시대에 하나님께 드려지는 피의 제사를 통해 끊임없이 예언 되었습니다. 특별히 여호와의 절기를 통해서는 하나님의 재앙이 넘어가는 유월절 어린 양의 피로 예언 되었고 (출12:1-14), 이사야를 통해서는 '우리는 다 양 같아서 그릇 행하여 각기 제 길로 갔거늘 여호와께서는 우리 모두의 죄악을 그에게 담당시키셨도다. 그가 곤욕을 당하여 괴로울 때에도 그의 입을 열지 아니하였음이여 마치 도수장으로 끌려가는 어린 양과 털 깎는 자 앞에 잠잠한 양 같이 그의 입을 열지 아니하였도다' (사53:6,7) 라고 어린 양이 세상 모두의 죄악을 담당 할 그리스도(메시아)라는 놀라운 비밀을 예언하고 있습니다. 그러므로 구약에 나타난 어린 양은 죄인들에게 복되고 길한 일이 일어날 상서로운 징조일 수밖에 없는 것입니다.

예수님이 오셨을 때 구약에 나타난 수많은 어린 양에 대한 예언이 곧 그리스도이신 예수를 가리키는 것이라는 비밀을 처음 깨닫고 선포한 사람이 세례 요한입니다.

"이튿날 요한이 예수께서 자기에게 나아오심을 보고 이르되 보라 세상 죄를 지고 가는 하나님의 어린 양이로다"(요1:29)

세례 요한은 구약에서 사람들의 죄를 대신 해서 죽이심 당한 어린 양은 창자 세상 죄를 지고 가는 그리스도라는 비밀을 깨닫는 동시에 그 그리스도가 처녀의 몸을 통해 오실 하나님의 아들이라는 비밀을 알고서 사람들에게 증거 했습니다. (요1:29, 30, 34) 즉 구약의 어린 양은 세상 죄를 지고 가는 하나님의 아들 그리스도를 가리키고 있다는 놀라운 비밀을 깨달은 것입니다.

이 비밀이 너무나 중요하기에 성경의 결론인 요한계시록에서는 예수를 가리켜 '어린 양'이라고 칭하는 표현이 가장 많이 나타나는

데 무려 23번이나 거론 됩니다. 요한복음과 계시록은 마지막 사도인 사도요한이 기록한 성경인데, 요한복음이 '예수가 하나님이라는 사실'을 강조한 것이라고 한다면, 요한계시록은 '예수가 어린 양이라는 사실'을 강조한 것입니다. 사도요한이 깨달은 비밀 중에서 핵심 진리가 바로 예수가 하나님이신데 세상 죄를 대신 해서 죽으신 어린 양이 되셨다는 사실입니다. 사도요한은 하나님께서 처녀의 몸을 통해 사람으로 오셔서 세상 죄를 지고 십자가에서 어린 양이 되심으로, 이 진리를 믿는 성도에게 그 하나님의 피의 댓가로 영원한 속죄 뿐 아니라 영생이신 하나님 자신을 선물로 주셨고, 하나님 자신이 성도 안에 처소 삼고 삼단계의 과정 통해 오심으로 영원한 의식주가 되어주시고, 그 결과 성도는 천국의 최종 완성인 새 하늘과 새 땅과 새 예루살렘을 유업으로 상속받게 될 것을 예언하고 있습니다. [양성민저. '신약의 복음인 천국복음', '천국복음을 예언한 요한계시록' 참조]

그러므로 성경에서 어린 양에 대한 비밀은 진리 중의 진리요 복되고 복된 소식과 길한 일이 일어날 징조에 대한 예표일 수밖에 없는 것입니다. 이러한 성경의 진리를 안다면 양양(祥)자가 복되고 길한 일이 날 징조라는 의미로 상용 되었는지 즉시 이해할 수 있는 것입니다.

▍상서로울 상자에도 보면 양 양자가 있습니다.

상서로울 상자는 계시 시(示)와 양양(羊) 자로 이루어졌습니다. 상서로운 일은 양을 계시한 것이라는 의미인 것입니다. 양에 대한 하나님의 계시가 바로 길하고 복된 일이라는 것입니다. 양에 대한 하나님의 계시가 바로 복음인 것입니다. 그 양에 대한 계시가 바로 어린 양 되신 예수인 것입니다.

▌옳을 의자에도 양양자가 있습니다.

옳을 의(義)자를 보면 위쪽은 양 양자이고, 아래에는 나 아(我)자 입니다. 옳은 것과 양과 무슨 관계가 있기에 양과 나 아(我)자가 함께 있는 것이 옳을 의가 되는 것일까요? 성경을 모른다면 옳은 것과 양과 무슨 관계가 있는지 아무리 상관 관계를 연결하려 해도 안 될 것입니다. 그러나 어린 양 되신 예수님께서 나를 대신 해서 죽으심으로 의롭다 하셨다는 복음을 들었다면 단번에 무릎을 칠 것입니다. 성경은 예수님이 죄인을 대신 해서 죽으신 사건으로 믿을 때 의롭다 함, 즉 하나님 앞에서 옳다함을 받는 다는 '이신칭의(justification by faith)' 또는 '이신득의(Justification by faith, 以信得義)'에 대한 진리를 가리치고 있습니다.

"모든 사람이 죄를 범하였으매 하나님의 영광에 이르지 못하더니 그리스도 예수 안에 있는 구속으로 말미암아 하나님의 은혜로 값 없이 의롭다 하심을 얻은 자 되었느니라
이 예수를 하나님이 그의 피로 인하여 믿음으로 말미암는 화목 제

물로 세우셨으니 이는 하나님께서 길이 참으시는 중에 전에 지은 죄를 간과하심으로 자기의 의로우심을 나타내려 하심이니
곧 이 때에 자기의 의로우심을 나타내사 자기도 의로우시며 또한 예수 믿는 자를 의롭다 하려 하심이니라"(롬3:23-26)

아름다울 미(美)자에도 양이 있습니다. 이는 양이신 예수님이 있어야 하나님보시기에 마귀의 자식이 아닌 아름다움 하나님의 자녀가 된다는 의미는 아닐까요? (요1:12,13, 8:44)

착할 선(善) 자에도 양양자가 있습니다. 착할 선자는 양 양자와 입 구자로 이루어졌으니 양을 믿고 양에 대해 말하는 자가 진정 착한 사람이라는 의미는 아닐까요?

❼ 배 주

▎설문해자의 설명: 옛날에 말하던 방주는 지금의 배(船)라 이르는데 네모였다.
잣나무로 된 주(舟)는 전하지 않지만, 이에 전하는 것은 뗏목으로 만든 사각으로(方) 보이지만 배(船)는 아니다.

만약 노아의 방주의 이야기에 대해 모른 다면 배주에 대한 설문해자의 설명은 도저히 이해되지 않을 것입니다. 그러나 노아의 방주에 대한 이야기를 들었다면 즉시 이 설명이 배가 시작된 배경을 정

확히 설명한 것이라는 것을 알게 됩니다.

"너는 잣나무로 너를 위하여 방주(테바: 상자, 궤)를 짓되 그 안에 간들을 막고 역청으로 그 안팎에 칠하라
그 방주의 제도는 이러하니 장이 삼백 규빗, 광이 오십 규빗, 고가 삼십 규빗이며"(창6:14,15)

　노아의 방주는 잣나무로 만든 배인데 배가 아닌 사각으로 보이는 방주입니다. 분명 방주는 물에 뜨는 배인데 키와 돛이 없기 때문에, 방주는 배인 것 같으나 사각 모양을 하고 있는 방주인 것입니다. 그래서 원문에 방주는 히브리어로 '테바'로서 배라는 의미가 아닌 상자, 궤라는 의미를 가지고 있는 것입니다. 그런데 허신은 배 주(舟)자가 만들어진 유래를 잣나무 된 '주'가 사각인데 배인 것 같은데 실상은 배가 아니라고 정확히 기록하고 있는 것입니다.
　그런데 배 주(舟)자의 변천 과정을 자세히 살펴보면 세로 두 선에 가로 세 선을 그어 놓은 것을 볼 수 있습니다. 왜 해필 한 선도 아니고 두 선도 아니고 세 선일까요? 이는 아마도 노아의 방주가 삼층이었다는 것을 표현했을 것입니다. 노아의 방주의 가장 큰 특징이 삼층으로 지어진 방주이기 때문입니다. (창6:16)
　이 모든 것들이 우연일까요? 아니면 한자를 만든 장본이니 노아 홍수의 사건을 알고 있었던 인물이었을까요?

❽ 배 선

▎설문해자의 설명: 주(舟)이다. 옛날에는 배 주(舟)라고 말하였고, 지금은 선(船)이라 말한다. 주(舟)는 두루 돈다는 말이며, 선(船)은 해안으로 흘려감을 말한다. 여덟 사람이 타고 있다.

이것이 방주에 대한 설명입니다. 노아의 8명 식구는 배가 아닌 방주에 올라탔고, 방주는 마치 배처럼 물위를 떠 다녔고, 목적지가 없었으니 풍랑이 몰아치는대로 두로 돌아다녔지만 흘려흘려 마침내 아라랏산에 머물게 되었습니다.

배 선(船)자에 보면 여덟 팔(八)자가 있습니다. 왜 배선에 여덟 팔자가 있어야만 되는지 설명할 수 있습니까? 만약 성경에 나타난 여덟 명이 탄 방주에 대한 이야기를 알고 있지 않다면 설명하기 난감할 것입니다. 물과 관련 된 한자를 보면 여덟 팔(八)자가 있는 것을 볼 수 있습니다.
洪 (홍수 홍), 沿 (물 따라 내려갈 연)

'동굴 혈(穴)'자에도 보면 팔(八) 자가 있습니다. 왜 동굴 혈 자에 하필 팔(八)자가 있습니다. 노아의 여덟 식구가 처음 동굴에 거한 내용을 배경으로 만들어졌을 것입니다. '나눌 분(分)' 자도 보면 팔(八) 자가 있는데 노아의 여덟 식구가 수확물을 여덟 조각으로 균등하게 칼(刀)로 나눈 것을 설명하고 있는 듯합니다.

❾ 신 신

天神, 引出萬物者也(천신인출만물자야)

┃ 설문해자의 설명: 하늘의 신이 만물을 이끌어 내신 분이시다.
天神, 引出萬物者也 천신, 인출만물자야
　성경에서는 하나님은 창조주라고 소개하며 시작합니다.

"태초에 하나님이 천지를 창조하시니라"(창1:1)

　천지창조는 하나님을 하나님 되게 하는 가장 큰 특징인 것입니다. 그런데 신이란 글자는 하늘의 신이 만물을 이끌어 내신 분이라는 의미에서 만들어졌다고 허신은 기록하고 있는 것입니다.

　허신이가 설명한 한자를 좀 더 살펴보겠습니다.

◉ 일(一) : 한 일

┃ 설문해자 설명 :
惟初太極 道立於一 造分天地 化成萬物
유초태극 도립어일 조화천지 화성만물

'오직(惟) 태초(初)가 혼돈(太極)하였을 때 말씀(道)이 일(一)에서 시작(於) 되었다. 이후에 만물(萬物)이 이루어(成)지게 되었고(化), 하늘(天)과 땅(地)이 나뉘어(分) 만들어(造)졌다.'

놀라운 해석입니다. 성경의 첫 장을 그대로 설명하는 듯합니다.
'태초에 하나님이 천지를 창조하시니라' (창1:1)

허신은 설문해자에서 9,353자의 문자를 다루면서 맨 처음 한 일(一)을 다루고, 한 일(一)에 대해 설명하기를 창세기 1장 1절의 말씀을 그대로 옮긴 듯 한 해석을 해 놓았습니다.

◉ 조(造) : 지을 조

 설문해자는 '조(造)는 마무리하는 것이다'라고 설명합니다. 지을 조(造)를 분해해 보면 하나님께서 사람의 창조한 과정이 그대로 나타나 있습니다. 흙(土)으로 사람(口)을 만들고(古), 코에 생기(丿)를 불어넣으니 움직이는(辶) 생령이 됐다는 것입니다. 그러므로 지을 조(造)는 사람을 창조하는 과정을 나타낸 것인데, 왜 설문해자는 지을 조(造)를 '마무리 하는 것'이라고 설명했을까? 성경에 하나님의 창조사역은 제일 마지막에 사람을 창조하시고 마무리 했다는 말씀을 알지 못한다면 이해하기 어려웠을 것입니다.

◉ 완(完) : 완전할 완

 완전할 완(完)자를 분석해 보면 지붕을 뜻하는 지붕(宀)과 두 사람(二人)으로서 완전하다는 것은 두 사람이 한 지붕 안에 있는 것이라는 의미로 해석할 수 있습니다.
 설문해자는 완(完)은 완전함이다. 온전히 함께 함이다. 즉 두 사람이 함께 있는 자체가 완전함이다라는 의미인 것입니다. 성경의 말씀을 모른다면 두 사람이 함께 있는 것이 온전함이라는 의미를 이해하기 힘들 것입니다. 성경은 하나님께서 남자와 여자를 창조하심으로 창조사역을 마칠 뿐 아니라 남자가 부모를 떠나 한 몸을 이루라고 하십니다. 이는 완전하다는 것이 남자와 여자가 함께 하여 부부를 이루는 것이 완전하다는 의미인 것입니다.

◉ 전(田) : 밭 전

설문해자는 '전(田)이란 늘어놓음이다. 나무와 곡식을 심으면 밭이다. 口를 十자로 나눈 형태이다.' 이러한 표현은 에덴 중앙으로부터 네 강이 흐르는 모습을 보는 듯합니다. 아담을 경작할 사람이 없다고 말씀하시고 아담을 창조하셨으니, 에덴은 한편으로는 경작할 밭인 것이다. 아담이 거하는 에덴은 아담이 경작한 최초의 밭이었고, 그 밭의 모습은 그 중심으로 네 강이 흐르고 있는 곳이었습니다.

'여호와 하나님이 땅에 비를 내리지 아니하셨고 경작할 사람도 없었으므로 들에는 초목이 아직 없었고 밭에는 채소가 나지 아니 하였으며' (창2:5)

◉ 금(禁) : 금할 금

금(禁)을 분석해 보면 두 나무(林)와 하나님(示)이 함께 하는 모습입니다. 이는 하나님께서 에덴 중앙에 있는 생명나무와 선악을 나무를 연상시키고 하나님께서 선악을 아는 나무에 대해 금한 사건을 떠올게 합니다. 설문해자는 금(禁)을 이렇게 설명합니다. "금(禁)이란 길한 것과 악한 것을 주의시키는 것이다."

◉ 망(妄) : 망령될 망

망(妄)자의 설문해자 해설 '망(妄)이란 어지럼인데, 여자로 말미암았다.' 망령 된 사건이 여자로 말미암았다는 것입니다. 그리고 망자(妄)는 계집 녀(女)자와 피할 망(亡)자로 구성 되어 있는데, 이것은 먼저 하와가 마귀의 유혹을 받아 아담으로 하여금 하나님께서 금한 선악을 아는 열매를 따 먹고 나무에 숨었던 사건을 생각나게 합니다.

◉ 래(來) : 올 래

올 래(來)자를 보면 나무에 두 사람이 숨어있는 모습을 하고 있습니다. 설문해자는 올 래(來)자에 대해 이렇게 설명합니다. '두 보릿가지가 한 봉우리를 이룬 모습이다. 그 모양은 턱수염 다발의 보습이다. 하늘이 내려온 것인데, 살피려 내려온 것이다.'
하늘에서 내려와 나무에 두 사람이 숨여 있는 것을 살피는 내용이 올 래(來)자가 만들어진 배경이라는 것이다. 이 글자 또한 성경을 모르면 올래 자가 만들어진 배경설명을 이해하기 어려운 것입니다.

'이에 그들의 눈이 밝아 자기들의 몸이 벗은 줄을 알고 무화과 나무 잎을 엮어 치마를 하였더라
그들이 날이 서늘할 때에 동산에 거니시는 여호와 하나님의 음성을 듣고 아담과 그 아내가 여호와 하나님의 낯을 피하여 동산 나무 사이에 숨은지라' (창3:7,8)

◉ 희(犧) : 희생 희

희생 희(犧)자를 분석해 보면 양(羊)과 소(牛)로 빼어난 것을(秀, 빼어날 수) 골라서 칼(戈, 창과)로 죽였다는 의미입니다.

설문해자는 해석하기를 '희(犧)는 종묘의 희생제물이다.'라고 기록하고 있습니다. 희생 희(犧)가 만들어진 배경이 제사하기 위해 빼어난 양이나 소를 잡는데서 유래했다는 것입니다. 이것은 성경과 일치하는 말씀으로서 희생의 시작이 양이나 소가 잡히는 것이었고 하나님께 빼어난 양이나 소를 잡아 제사하라는 말씀과 일치합니다.

최초의 희생은 사람이 아니고 짐승이었습니다.

'여호와 하나님이 아담과 그 아내를 위하여 가죽옷을 지어 입히시니라' (창3:21)

하나님께서 소나 양으로 제사하라고 말씀하셨습니다.
'이스라엘 자손에게 고하여 이르라 너희 중에 누구든지 여호와께 예물을 드리려거든 생축 중에서 소나 양으로 예물을 드릴지니라 그 예물이 소의 번제이면 흠 없는 수컷으로 회막 문에서 여호와 앞에 열납하시도록 드릴지니라' (레1:2,3)

그러므로 짐승을 잡아 하나님께 제사하는 제사 방법은 하나님께서 정하신 원칙이었습니다. 그런데 사탄은 종교를 만들어 짐승의 잡아 제사하는 것을 금하였습니다. 예컨대 사탄은 인도의 힌두교를 만들어 소를 신들이 타고 다니는 거룩한 동물로 숭배하게 함으로써 소를 제물로 사용하지 못하도록 교리로 엄금하였고, 불교를 통해서는 사람이 죽으면 업보에 따라 여러 동물로 환생한다는 윤회론을 통해, 아담이후로 전해내려 왔던 장차 인류의 죄를 대신 해서 대속물이 되신 그리스도에 대한 하나님의 예언적 제사의식을 폐하려 했습니다.

지금까지 거론 된 창세기 이야기가 담겨진 한자만으로도 한자를 만든 사람은 하나님을 섬기던 사람이었고 창세기 이야기를 알고 있는 인물일 것이라는 충분한 근거가 된다고 봅니다.

그러면 과연 그는 누구였을까? 필자는 바로 그가 노아라고 생각합니다. 한자는 노아가 노아홍수 전에 600년 동안 사용하던 문자로서 노아홍수 후, 더 전진해서 350년 동안 '파미르고원 - 텐산산맥 - 알타이 산맥을 거쳐 만주 시베리아까지' 이동하면서 전해준 문자라고 봅니다.

한자는 노아의 직계 혈통인 동이족으로부터 시작 된 것입니다. 동이족의 시조인 노아로부터 한자를 배운 동이족은 상(은)나라를 세웠습니다. 상(은)나라가 사용했던 통일되지 않은 다양한 형태의 갑골문자를 AD100년에 해석해서 540자의 부수를 정하고, 이 540자를 기준으로 한자를 체계적으로 통일해 놓은 설문해자(說文解字·오늘날 옥편)를 기록했고, 이것을 다시 18세기 청나라 '강희자전(康熙字典)'에서 540자 부수를 214자로 축소했고, 이를 기준으로 오늘날 사용하고 있는 한자를 214자의 부수체계를 갖춘 한자가 된 것입니다.

다시 말하지만 한자는 결코 중국 사람이 만든 것이 아니라 상(은)나라를 세운 동이족 사람이 만든 것이었고, 동이족은 동이족의 시조인 노아로부터 배운 것입니다. 그래서 오늘 날의 한자 속에 한자의 원형인 옛 모습은 많이 사라졌지만 여러 부분에서 창세기의 이야기가 남아 있는 것입니다.

세계 65억 인구가 사용하는 언어가 수 천가지 종류가 있지만 문자로 표기하는 언어는 30여종입니다. 그 중 한자는 완전한 체계를 갖춘 문자로서 현재 세계 인구의 4분의 1에 해당하는 16억 명 정도가 사용하고 있습니다. 이는 우연이 아니라 노아가 만든 특별한 하나님의 섭리가 있는 문자이고, 마지막 시대에 한자에 담겨진 비밀을 통해 하나님이 무엇인가 일하고자 하시는 특별한 계획이 있는 것입니다.

 동방박사 세 사람은 동이족

예수님 탄생에 거론 되는 동방박사가 동이족이라고 주장하는 사람들이 있습니다. 터무니없는 주장이라고만 할 수 없는 근거가 있습니다.

박필립 목사는 '신비한 한자의 비밀'이라는 책에서 동방박사들이 한자를 만든 동이족이고, 그 동방박사들이 기록한 예수님을 방문한 사건과 복음에 대한 기록을 보고 설문해자를 만들었다고 주장하기도 합니다.

"그들은 당대 최고의 지성인들로서 진 제국이 멸망하고 전한이 들어선 2천 년 전 천문학이 가장 발달하고 또 많은 문제를 깊이 통찰하는 사람들이 많은 동방, 즉 동이족 중에서 대표로 예루살렘에

도착했다. 더 놀라운 것은 그 때에 동방 박사들은 하나님의 구체적인 '계획' 가운데 복음을 들고 멀고 먼 예루살렘까지 갔다는 사실이다. 물론 걸어서 그들의 조상 욕단이 이동해 왔을 노정을 반대로 거슬러서 우랄산맥을 넘어, 천산산맥을 넘어 동방의 산악지대인 파미르고원을 넘어서 예루살렘으로 갔을 것이다.

당연히 보고서를 작정하였을 것이다. 종이가 발명되기 전이니 당연히 죽간에 보고서를 작성했을 것이고, 죽간 수백 개 아닌 수천 개에다 아니 예수를 알현하기 위하여... 정작 그 동방 박사들은 엄청난 분량의 죽간에다 아주 상세하게 기록했을 것이다...

그렇다면 그들 세 명의 동방박사들이 작성한 보고서 죽간은 어디에 있을까? 아마도 왕립 도서관 같은 곳에 소중하게 보관하였을 것이라고 짐작할 있다.

허신이 설문해자를 완성한 때가 주후 100년이니, 동방 박사들의 보고서 기록과 허신의 설문해자 완성까지의 시차는 경우 1세기도 안 되는 95년 정도 밖에 되지 않는다... 따라서 설문해자가 성경 말씀의 의미를 바탕으로 한 내용이 기록되어 있다는 것에 대해 전혀 놀라운 일이 아니다.

그러므로 1세기에 동방의 현자들이 예루살렘으로 찾아가 '큰 기쁨의 좋은 소식'을 전한 사건은 하나님의 계획을 동이족이 만든 문자에다가 축약하여 기록으로 남길 수 있도록 예비한 것이다.'
[출처 박필립, 신비한 성경한자의 비밀, 가나북스, 34-38P]

　박필립목사는 한자에 성경이야기의 비밀을 담아 놓은 허신이 동이족 사람이고, 동방박사들이 남긴 비서들을 보았다는 것이다.

'허신은 주후 58년 여남(汝南) 소릉(지금의 허난성에 있음)에서 태어났다. 그가 태어난 허난성은 동이족의 거주지로 바로 이곳에서 5,000여 점의 갑골문자가 출토된 상나라의 도읍지였던 은허라는 사실에서 허신이 동이족의 후손이라는 것은 의심의 여지가 없는 사실이다... 그는 동한의 명제부터 화제 때까지 경문학자로서 관직에 있었기 때문에 진황실에 숨겨져 있었던 제자백가서는 물론이고, 창세기의 기록이 남긴 죽간의 비서 등을 보면서 연구할 수 있었을 것이라고 추정할 수 있으며, 박학다식한 실력으로 〈설문해자〉 속에 하나님의 천지창조와 구약의 내용들을 담아 후손들에게 전했으나 불행하게도 그 원본은 전해지지 않고 있다."
[박필립, 신비한 성경한자의 비밀, 101,102P, 가나북스]

AD100년경에 기록된 설문해자에 성경 속 수많은 내용이 포함되어 있는 것을 보면 이 주장이 무리한 주장이라고 보지 않습니다. 동방박사들이 예수님이 진정한 우주의 왕이라는 계시를 받고 예수님 탄생을 축하하는 몇 안 되는 사람들 중에 속했다는 것은, 그들이 동방에서 특별히 구별된 백성들 가운데 속한 인물들이라고 볼 수밖에 없습니다. 그렇다면 동방에 하나님의 의해 특별히 구분된 민족은 바벨탑 사건에 참여하지 않는 노아와 믿음의 언약자손들인 동이족이 가장 유력한 민족일 수밖에 없고, 동방박사들이 수만리나 되는 먼 곳에 여행하고 우주적인 사건이요 인류역사의 최고의 사건인 예수의 탄생을 목도하고 왔다면 학자요 박사로서 당연히 기록을 남겼을 것이고, 동이족이었던 동방박사들은 동이족 문자인 한자로 모든 기록을 남겼을 것이며, 동방박사들이 기록한 후 100년도 안 되어 허신이 당대의 모든 자료와 한자의 각 자가 만들어진 배경에 대한 이야기들을 모아 만든 것이니, 허신이 연구한 모든 자료 중에는 동방박사들이 기록한 성경 이야기를 접했을 가능성이 충분이 있는 것입니다.

동방박사들이 어느 나라 사람인지에 대한 합리성이 있는 주장 중 하나가 한동대 김명현교수의 주장입니다. 그는 예수님 탄생을 B.C. 6년 5월14일(양력)로 보고 있고, 그 당시 천체에 다양한 현상과 일식현상들이 일어났는데 이게 근거하여 동방박사들이 관측했던 장소와 메시아 별을 추측했는데, 최초의 관측 장소를 페르시아 지역으로 보고 있습니다. 그래서 동방박사들은 바벨론 포로에서 귀환하지 않고 바벨론을 멸망시킨 페르시아에 살았던 메시아를 기다리던 유대인이었다고 보기도 합니다.

그러나 성경의 예수의 탄생 사건을 살펴보면 동방박사들은 약 2년 동안 여행할 수 있는 거리에 있는 먼 나라사람입니다. 왜냐하면 헤롯이 동방박사들로부터 왕의 탄생에 대한 소식을 들은 날로부터 2살 아래의 아이를 모두 죽이라고 명령했기 때문입니다.

"이에 헤롯이 박사들에게 속은 줄을 알고 심히 노하여 사람을 보내어 베들레헴과 그 모든 지경 안에 있는 사내아이를 박사들에게 자세히 알아본 그때를 표준하여 두 살부터 그 아래로 다 죽이니"(마 2:12)

왜 헤롯은 6개월 이하의 아이를 죽이라고 해도 충분했을 것을 2년 이하의 아이를 모두 죽이라고 했을까? 동방박사들은 이미 유대인의 왕이 태어난 것을 전제로 별을 보고 경배하려 왔다고 헤롯에게 이야기 했고, '헤롯이 가만히 박사들을 불러 별을 나타난 때를 자세히 물었다'고 했으니 (마2:1-6, 7), 헤롯은 유대인의 탄생을 알리기 위한 별이 나타난 시점부터 아이를 모둔 죽인 것입니다. 따라서 메시야의 별은 아이를 죽이라는 시점부터 약 2년 전에 출현한 것이되고, 동방박사들은 별이 출현한 시점으로부터 그 별을 쫓아 2년 정도의 먼 여행을 해서 예루살렘에 온 것입니다. 그렇다면 동방박사들이 살았던 장소는 약 2년 동안을 여행할 수 있는 아주 먼 곳에 위치한 나라였을 것입니다.

물론 소설이지만 이병천씨도 동방박사들이 동이족일 것이라고 글을 기록하였습니다. 그는 나라를 되찾기 위해 신을 찾아 떠난 동이족의 구만리 대서사시 '90000리'라는 책에서 단단한 논리성을 바탕으로 동방박사가 동이족이고, 고조선이 패망 후 천손의 자손이라는 동이족의 후예로서 절망 속에 있었던 그들에게 메시아 탄생이라는 계시와 함께 다시 잃었던 천손의 나라를 되찾을 수 있다는 희망을 가지고 동이족인 동방박사들이 이 땅에 탄생한 만왕의 왕을 만나려고 구만리 대 장정을 했다는 것입니다. 그 책에 대한 편론을 들어봅니다.

'동방박사' 동이족 12명의 90000리 대장정
'동방박사는 고조선의 유민'

  중견작가 이병천은 동방박사가 나라 잃은 동이족이었다는 파격적인 상상력을 바탕으로 소설 '90000리'(다산책방)를 써냈다. 예수의 탄생을 경배하러 가는 동방박사의 여정을 담은 이 장편소설은 탄탄한 구성과 수려한 문장으로 독자들을 실재했던 하나의 역사 속으로 초대한다. 동방박사 이야기는 크리스마스 시즌이 오면 더욱 매력적인 사건이 되고, 각색되어 무대에 오르곤 했다. 과연 그들을 베들레헴으로 이끈 건 어떤 힘이었을까? 또 왜 사람들은 동방박사를 조명하고 싶어 안달할까.

  작가는 시비의 빌미를 제공한 것은 동방박사 그들 자신이었다고 말한다. '동방에서 온 박사들이라고? 그게 도대체 어디?'냐고 물음을 던지게 된다. 그들 스스로 기껏해야 동방에서 온 사람들이라고 대답했기 때문에 설왕설래 궁금증만 커져버리고 말았다는 것이다.
  결국 작가는 동방박사가 동이족이었을지도 모른다는 가설을 세운다. 지도를 펼치고 손가락으로 중국과 인도 그리고 페르시아를 따라갔다. 그는 더 동쪽을 봤다. 유대의 땅에서 동쪽으로 90000리 떨어진 곳에서 그의 눈길은 멈췄다. 그곳은 고조선이 자리 잡았던 땅이었다.

소설 '90000리'에서 고대 우리 선조 한 무리는 중국 하북성 동쪽 소재 갈석산 인근에서 베들레헴까지 두 발로 걸어갔다. 직선거리로 대략 7,200Km라고 하니, 산 넘고 물 건너 길을 열고 찾아 만들면서 가야한다면 적어도 그 다섯 배 거리, 36,000km 이상을 걸어야 했을 거라는 예측이 가능하다. 다시 리(里) 단위로 환산해보면 90,000리 길이다.

'구만리.'
꿈에서도 그려낼 수 없을 것만 같은 아득한 거리. 이병천 작가는 까마득한 그 거리를 고조선 유민이 나라를 되찾기 위해 신을 찾아 떠난 머나먼 대장정 '구만리 대서사'로 형상화해냈다.

 이병천이 이 소설을 쓴다고 했을 때, 그의 주변 사람들은 조선 건국과 예수라니 소가 하품을 하겠다고 일축했다. 구만리라는 아득한 거리에 지레 겁을 먹었고, 신성 모독을 언급하는 이도 있었다. 하지만 이병천은 고조선이라는 구슬, 홍익인간 구슬, 묵가 구슬, 스스로를 천손이라 믿었던 우리 선조들의 신앙 구슬, 이성계가 세운 조선이라는 구슬, 몽금척 구슬, 요셉이 목수였다는 구슬, 동방이라는 모호한 지명 구슬까지 이것들을 꿰고 묶어냈을 뿐이라고 말한다. 자신은 단지 단순 일용직 기술자나 수공예업자에 지나지 않았다고.

 '90000리' 여정은 B.C. 1년 한 제국의 수도 장안에서 시작한다. 이 시기는 고조선이 한 제국에 의해 멸망한 지 100년이라는 시간이 흐른 후로, 고조선 유민이 남하하여 고구려, 백제, 신라의 형성에 영향을 주었을 때다. 한 제국의 영토는 나날이 확장되어갔다.
작가는 '90000리'에 등장하는 인물들을 고조선이 멸망할 무렵에 부흥운동을 펼쳤던 이들의 후손으로 설정했다. 이들이 사는 곳의 지명은 '여우난골'이다. 이는 작가가 평소에 좋아하는 백석의 시에서 지명을 따온 것이다. 소설에 등장하는 동이족들은 온갖 핍박을 견디며 나라를 되찾기 위해 긴 시간 노력한다. 한 제국에게는 눈엣가시 같은 존재이기에 언제나 특별한 감시를 받고 살아간다.

아사달, 아침의 땅 조선은 하늘이 내린 나라이자 하늘의 자손들이 다스리는 나라라고 했다. 하지만 이미 백년 전에 싱겁게 망해버리고 말았다. 이런 게 하늘의 뜻인가? 만약 그렇다면 새 별의 탄생 역시 하늘의 뜻이어야 하리라. 다만 하늘이 그 빛을 풀어 어느 곳을 비추는가가 중요했다. 유감스럽게도 그게 조선 옛 땅은 아니었다. 그런데 하필 자신들의 땅에서 별의 탄생이 훤히 바라보인 건 도대체 무슨 조화란 말인가? -소설 '90,000리' 중에서

   소설 곳곳에는 천손임을 의심치 않았던 고조선 유민의 절망과 슬픔이 묻어난다. 그들이 믿었던 하늘의 나라가 멸망당하는 일을 겪으며 이들은 나라를 되찾으리라는 열망을 품는다. 그리고 열망은 새 별의 탄생으로 이어졌으며 그들은 망설임 없이 별을 쫓아가기로 결심한다. 작가는 이들의 열망을 가슴에 품어 동방박사로 탄생시켰을 뿐이다. 그의 파격적인 상상력이 역사를 왜곡하고 신을 모독했다고 비난할 것인지. 고조선 유민 12명의 바람을 담은 '90,000리' 가 그래도 정말 불손한 것인지.
"쇠불 박사, 저 별빛의 머리가 가리키는 곳은 예서 얼마나 멀까요?"
"가보시렵니까?"
"예서부터 제까지 삼만 리, 제서 저기까지도 삼만 리, 저기서 거기까지 또한 삼만 리, 도합 구만 리는 되지 않을까 합니다."
"살 길은 하나뿐이다"

- 소설 90,000리'중에서

쫓는 자와 쫓기는 자들의 구만 리 여정. 그들은 길 위에서 서로를 향해 칼날을 벼리기도 동행을 선택하기도 한다. 서로의 목숨을 빼앗는가 하면 어느 순간 적을 위해 눈물을 흘리기도 한다.

작가 이병천은 인간의 존재는 길 위에서 나약할 뿐이며 목적을 향해 걷는 인간의 고행을 90,000리라는 길을 통해 보여주고 있다. 작가는 별이 가리키는 그곳으로 가는 길과 과정이 중요한 것임을 나라를 잃은 동이족을 통하여 보여주고 있다. 90,000리 대장정을 떠나 예수를 만난 고조선 유민들은 끝내 자신들의 나라를 되찾지 못했다. 그들은 목숨을 잃었고, 사랑을 잃었다. 그러나 그들은 구만 리를 걷는 동안 구원을 얻었다.

이병천은 역사 속으로 사라진 동이족을 보여주면서, 버겁고 버거워 인생이 구만리라고 생각하는 우리에게 그 버거움이 바로 구원이라고 이야기하고 있다. 신을 만나러 가는 길, 인간은 신을 닮아간다."
[좋은 책의 발견 북스커버리 cB.Ci 서하나
jindalae@cB.Cnews.co.kr]

한자 속에 메시아 사상이 담겨져 있다는 사실을 볼 때 한자를 만든 동이족 사람들에게 혹 메시야에 대한 일말의 신앙이 있었지 않았을까? 노아가 동이족의 직접적인 시조가 사실이고 고조선 건국을 노아가 주도적으로 개입한 것이라면 그런 추론은 힘을 얻습니다.

메시아 사상을 이어받은 동이족이었던 동방박사들은 메시아를 고대하며 별을 연구하다가 어느 날 메시아가 곧 태어날 것이라는 별의 징조를 발견하게 됐을 것입니다. 하나님께서 무지개 언약을 기억하시고 무지개 민족인 동이족 동방박사들에게 하나님은 메시아가 오신다는 것을 별을 통해 먼저 알려 주셨을 것입니다. 그들은 별의 인도를 따라 2,000여 년 전 자신들의 시조인 노아가 떠나왔던 시조의 고향 땅을 향해 다시 구만리 대 장정의 긴 여정을 떠납니다.
 자신의 시조인 노아의 고향에 드디어 도착해서 무지개 민족이 수천 년 동안 고대하던 무지개 언약을 성취 할 메시아를 뵙고 감격에 벅찬 경배와 예물을 아기 예수께 드립니다.

 또한 중동에서 메시아 되신 예수로 시작 된 복음이 2천 년이 흘러 구만리 먼 여정을 지나 동이족의 후손인 대한민국에 어느 날 도착했습니다. 그리고 오늘날 무지개 민족의 후손인 대한민국에 하나님의 아들이 증거 한 신약의 복음이요 무지개 언약인 천국복음의 비밀이 열리고 다시 온 세상을 향해 증거 되기 시작했습니다. 동이족의 후대는 또다시 무지개 언약인 천국복음을 들고 동이족의 마지막 여행이 될 구만리 대장정의 길을 떠날 때가 도래한 것입니다. 이 여행이 끝나면 모든 피조물의 희망이요 동이족이 그렇게 고대하던 예수님이 이 땅에 오실 것입니다.(마24:14) 그리고 동이족의 대장성의 길고도 긴 여행은 끝을 맺고, 동이족 민족에게 전달 되었던 무지개 언약의 실체가 이 땅에 도래할 것입니다.

 한자에 숨겨진 성경 이야기, 한자는 동이족이 만들었다는 역사적 사실들은 이러한 감동적인 스펙터클한 이야기를 공허한 픽션

[Fiction]이 아니라 역사적 논픽션[Nonfiction]으로 다시 태어나게 합니다.

◉ 참 조

┃王 (임금 왕): 三 [성부, 성자, 성령하나님] + - (한 분) = 삼위일체 하나님은 왕 중 왕

┃造 (지을 조): 흙(土)에 생기를 불어넣으니 사람(口)이 되어 걸어 다님(造) (창 2:7)

┃田 (밭 전): 네 개의 강(+)이 흐르는 동산(口). 에덴동산 (창 2:10~14)

┃男 (사내 남): 에덴동산(田)에서 경작하는 사람(力)

┃女 (계집 여): 첫번째(一) 사람(人)의 갈비뼈 하나를 빼내서 만든 사람 (창2:21~22)

┃鬼 (귀신 귀): 에덴동산(田)에서 사람(人)에게 은밀히 활동하는 것

┃魔 (마귀 마): 생명나무와 선악과나무(林) 사이에서 뱀으로 위장되어 있는 귀신(鬼)

┃禁 (금할 금): 하나님(示)께서 두 나무(林)에 대해 명하신 것

┃婪 (탐할 람): 두 나무(林)를 바라보는 여자(女)의 마음

┃神 (하나님 신): 示(하나님, 계시하다) + 申(펴다, 말하다). 말씀으로 세계를 창조 하신 분

┃祥 (상서로울 상, 복 상): 하나님(示)이 양(羊)이 되심, 또는 하나님이 양에 대한 계시

┃福 (복 복): 하나님(示)과 첫(一) 사람(口)이 에덴동산(田)에서 사는 상태

┃西 (서녘 서 : 최초의(一) 사람(人)이 살던 동산(口)있던 방향. 동

방에서 에덴이 있던 방향은 서쪽

| 元 (시작 원): 아담과 하와 두(二) 사람(人)으로부터 인류는 시작됨

| 初 (처음 초): 아담과 하와에게 가죽옷(衣)을 입히기 위해 양에게 칼(刀)을 댐, 이는 우리의 죄를 위해 피를 흘려야하는 예수님을 예표하는 첫 사건

| 來 (올 래): 선악과를 따먹은 후 나무(木)사이에 숨어있던 두 사람(人人)이 나옴

| 犧 (희생 희) : 흠 없는(秀) 소(牛)와 양(羊)을 찌르는(戈) 것, 인류의 죄를 위해 희생제물이 되실 흠 없으신 예수를 예표

| 洪 (홍수 홍): 노아의 8식구(八)가 함께 손잡고(共) 치뤄낸 물난리

| 沿 (물따라 내려갈 연): 여덟(八) 사람(人)이 물(沿)위에 떠있는 것

| 舌 (혀 설): 바벨탑 사건후 천(千)가지 소리(口)를 내게 됨

| 合 (합할 합): 모든 사람(人)들이 한(一) 언어(口)를 사용

| 塔 (탑 탑): 사람들(人)의 언어(口)가 하나(一)일때 흙(土)으로 쌓은 것으로 후에 잡초 (草)만 남게 됨. 바벨탑의 건설과 저주를 의미

4) 한자의 기원

한자의 기원 연대는 한자를 만든 이가 노라라는 것을 간접적으로 증거합니다. 한자의 기원이 노아홍수 전이라면 노아 홍수 후에 한자를 전수한 사람은 노아홍수에서 살아남은 노아일 수밖에 없을 것입니다. 그렇다면 한자는 동이족 사람 것이라는 사실을 고서가 증거하고 있으니, 한자를 만든 이가 노아라면 노아는 동이족 사람일 수밖에 없는 것입니다. 그러면 학자들은 한자의 기원을 언제로 보고 있을까요?

"현재 발견된 한자의 가장 오래된 자형(字形)인 갑골문(甲骨文)은 3,000여 년의 역사를 지니고 있다. 그러나 갑골문 이전에도 한자에 해당하는 문자가 이미 존재하고 있었던 것으로 추정되는데, 이와 관련한 많은 유적들이 속속 발굴되고 있다. 한자의 역사적 기원에 대해서는 통상적으로 중국 문명사의 궤적과 동일한 5,000년으로 잡고 있다. 지금까지 밝혀진 고고학적 자료와 문헌에 근거하여 볼 때, 가장 오래된 한자의 유적으로는 양사오(仰韶) 문화(기원전 5000~기원전 3000)에 속하는 시안(西安) 반포(半坡)유적지에서 발견된 도문(陶文, 도기에 새겨진 문자)을 들 수 있다.

원시적 부호 형태를 보이고 있는 이들 유적은 대부분 토기가 구워지기 이전에 새겨진 것이어서 형태와 필획이 불규칙적이다. 아마도 개인물품의 소장을 표시하는 표지이거나 제작 때 어떤 필요에 의해 제 멋대로 새긴 것으로, 확정적 의미를 담고 있지는 않은 것으로 보인다. 따라서 원시 단계 그림문자의 추형(雛形)에 속하는 것으로 여겨진다. 이 유적 중 빠른 것은 대략 기원전 4,000년 전에 출현한 것으로 통상적인 학설과 일치한다고 할 수 있다."
[네이버지식백과, 한자의 탄생 (쉽게 이해하는 중국문화), 2011. 9. 7. 다락원)

"많은 학자들은 이 문양을 한자의 상형자로 보고 갑골문과 금문(金文)의 글자들과 일맥상통하는 것으로 파악하고 있다. 예를 들어, 은 '旦(아침 단)' 자의 상형으로 갑골문과 금문에서는 아래의 산 모양이 생략된 것으로 보았다. 이런 관점에서 보면 다원커우의 도문은 최초의 상형문자가 되는 것으로, 다원커우 문화가 지금으로부터 4,000여 년 전의 유적에 해당하므로 한자의 역사 또한 4,000년 이상 된다는 설명이 가능하다."
[네이버지식백과, 한자의 탄생 (쉽게 이해하는 중국문화), 2011. 9. 7. 다락원)

학자들은 한자의 기원을 기원전 5,000-3,500년 전으로 보고 있습니다. 성경적으로 노아홍수가 기원 전 기원 전 2,458년이고, 아담 창조가 기원 전 4,114년이니 아담 때부터 한자가 존재했다는 것입니다. 이는 노아가 노아홍수 이전부터 한자를 알고 있었고, 노아홍수 이후 노아가 한자를 전수했다고 볼 때, 한자는 노아가 전달한 문자일 수밖에 없는 것입니다.

갑자기 참조가 될 만한 문자가 없는 상태에서 문자를 창조한다는 것은 어렵습니다. 그러나 노아는 이미 홍수 전에 사용하던 문자를 알고 있었기 때문에 노아홍수 사건을 포함한 수정되고 전진된 갑골문자를 만들었을 것입니다.

노아는 언어가 깨지게 된 바벨탑 사건에 참여하지 않았으니, 노아가 전달한 한자는 상형문자로서 창세기의 사건(창1~10)이 문자 속에 남아 있었던 것입니다. 이러한 많은 근거들은 노아가 한자를 만들었고, 한자는 동이족의 시조인 노아로부터 동이족이 한자를 전수 받아 상(은)나라를 세우면서 상(은)나라에 한자의 전신인 갑골문자를 전수하게 되었고, 중국인들이 이 갑골문자를 발전시켜 한자가 오늘날에 이르게 되었다는 사실을 확인시켜 줍니다.

결론적으로 위에서 논술한 여러 정황들과 논리적인 근거들을 보면 노아가 한자의 창시자이고, 이는 노아가 동이족 사람이라는 것을 증명하는 것이고, 결국 노아는 동이족의 시조로서 고조선을 건국한 인물임을 증명하고 있는 것입니다. 노아의 신앙과 성경의 사건을 담고 있는 한자는 오늘날도 노아가 동이족 사람으로서 고조선 건국의 주역일 가능성의 문을 열어줍니다.

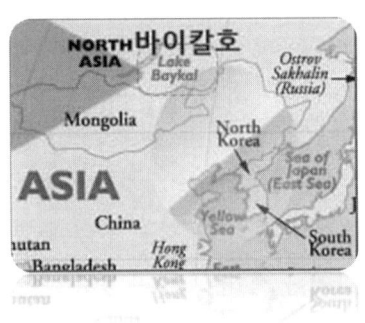

6 고조선의 신앙

고조선의 신앙관은 노아와 그의 언약 자손들이 고조선 건국의 주역임을 증거하고 있습니다. 고조선의 신관을 보면 놀랍게도 고조선이 기독교가 믿고 있는 삼위일체 하나님에 대한 신관과 창조주 하나님에 대한 신관을 가지고 있음을 볼 수 있습니다.

1) 고조선의 신관은 삼위일체 하나님 신관

고조선의 신관을 기록한 [태백일사]에 기록된 고조선의 신관입니다.

"표훈천사는 이렇게 말한다.
오랜 옛날(大始)에 위, 아래, 사방은 일찍이 암흑을 볼 수 없었고, 옛 것은 가고(古往), 새로움이 오니(今來) 오직 스스로 있는 한 광명뿐이었다(只一光明矣 自)
가장 높은 하늘에(上天界) 삼신(三神)이 계시는데
곧 가장 높으신 하나님(上帝)은 한 분이라(三神即一上帝)
주체(主體, 주된 본질)는 하나의 신이며(一神) 삼신이 각각 따로 있는 것이 아니라
각각 상호작용하니 삼신이라한다

삼신이 1)만물을 낳고, 온 세계를 통치할 능력이 있으시며, 2)감히 그 지혜와 권능은 헤아릴 수가 없다. 3)그 형체는 볼 수 없지만 4)최상의 꼭대기의 하늘에 앉아 계시고(坐於最上 上之天) 천만억토(千萬億土)을 굽어보신다. 5) 항상 크게 광명을 발하시고 6) 크게 신묘

(神妙: 신통하고 오묘함)함을 크게 나타내시며(大放), 7) 상서로운 기운으로 모든 일(大)을 다스린다(降)

8)내뿜는 기(氣)로써 만물을 포용하고, 열(熱)을 발사하여 만물의 종자를 번성하게 하고, 신적인 원리로 세상의 일을 다스린다.

……(중략)

깊이 생각해 보건대(稽夫) 삼신(三神)은 천일(天一), 지일(地一), 태일(太一)을 말하는 것으로 천일(天一)은 음양의 조화, 천지창조를 주관하고, 지일(地一)은 지구상에 존재하는 삼라만상을 가르치는 교화(教化)를 주관하며, 태일(太一)은 그들이 서로 화합하며 살아갈 수 있도록 다스리는 치화(治化)를 주관한다."

태백일사는 하나님을 이렇게 정의합니다.

 첫째, 스스로 있는 분이시다 (只一光明矣 自)

이것은 하나님 자신을 정의한 성경에 기록된 말씀이 아닌가?
"하나님이 모세에게 이르시되 나는 스스로 있는 자이니라"(출3:14)

신관	성경	표준천사
스스로 계신 하나님 창3:14	'하나님이 모세에게 이르시되 나는 스스로 있는 자이니라 또 이르시되 너는 이스라엘 자손에게 이같이 이르기를 스스로 있는 자가 나를 너희에게 보내셨다 하라' (출3:14)	오직 스스로 있는 한 광명뿐이었다 (只一光明矣 自)
삼위일체 하나님 요17:22 요일5:7	'내게 주신 영광을 내가 그들에게 주었사오니 이는 우리가 하나가 된 것 같이 그들도 하나가 되게 하려 함이니이다' (요17:22) '하늘에 증언하는 세 분이 계시니 곧 아버지와 말씀과 성령님이시라. 또 이 세 분은 하나이시니라.' (요일5:7) 킹제임스 흠정역	가장 높은 하늘에(上天界) 삼신(三神)이 계시는데, 곧 가장 높으신 하나님(上帝) 한 분이라(三神即一上帝), 주체(主體, 주된 본질)는 하나의 신이며(一神), 삼신이 각각 따로 있는 것이 아니라, 각각 상호작용하니 삼신이라한다.
창조주 하나님 창1:1 요1:2,3	'그가 태초에 하나님과 함께 계셨고 만물이 그로 말미암아 지은 바 되었으니 지은 것이 하나도 그가 없이는 된 것이 없느니라' (요1:2,3)	삼신이 1)만물을 낳고, 온 세계를 통치할 능력이 있으시며, 2)감히 그 그 지혜와 권능은 헤아릴 수가 없다.
형체를 볼 수 없는 하나님 요1:18, 6:46	'본래 하나님을 본 사람이 없으되 아버지 품 속에 있는 독생하신 하나님이 나타내셨느니라' (요1:18)	3) 그 형체는 볼 수 없지만

| 가장 높은 하늘에 앉아 계신 하나님
마6:9, 엡4:10 | '내리셨던 그가 곧 모든 하늘 위에 오르신 자니 이는 만물을 충만케 하려 하심이니라' (엡4:10) | 최상의 꼭대기의 하늘에 앉아 계시고
(坐於最上 上之天) |

 둘째, 가장 높은 하늘에 계신 하나님은 삼신이신데 하나이신 분이시다

"가장 높은 하늘에(上天界) 삼신(三神)이 계시는데
곧 가장 높으신 하나님(上帝)은 한 분이라(三神卽一上帝)"

성경에서 하나님은 가장 높은 하늘에 계시고(엡4:10), 하나님은 삼신이신 성부, 성자, 성령 하나님이시나 '하나'라고 계시하고 있다. (창1:26, 요17:22, 요일5:7,8)

그리고 태백일사는 삼신이 하나 되었다는 삼위일체 원리를 이렇게 설명합니다

"주체(主體, 주된 본질)는 하나의 신이며(一神) 삼신이 각각 따로 있는 것이 아니라 각각 상호작용하니 삼신이라 한다"

어떻게 성경에 계시된 참 신이신 '우리가 하나'(요17:22)이신 하나님이 4,000년 전에 존재했던 고조선의 신관에 고스란히 들어있단 말인가?

 셋째, 하나님은 만물을 낳으신 창조주 하나님이시다.

"삼신이 1)만물을 낳고, 온 세계를 통치할 능력이 있으시며, 2)감히 그 지혜와 권능은 헤아릴 수가 없다."

넷째, 하나님은 볼 수 없는 분이시다.

"그 형체는 볼 수 없지만 4) 최상의 꼭대기의 하늘에 앉아 계시고 (坐於最上 上之天) 천만억토(千萬億土)를 굽어보신다."

성경에서 하나님은 무한히 크신 분이시니 본 자가 없고 볼 수 도 없다고 정의하고 있습니다. (요1:18, 6:46, 딤6:16)

4000년 전에 과연 누가 이런 신앙관을 가진 민족을 세웠단 말인가? 태백일사의 진위여부에 대해 논란이 많은 것도 사실이지만 만약 이 책의 내용대로 이 것이 고조선의 신앙관이라면, 고조선을 건국한 사람은 성경에 계시된 하나님을 알고 섬기는 최고의 믿음의 사람들이 분명한 것입니다.

고조선의 신앙관이 삼신(三神) 신앙관이라는 사실을 확인할 수 있는 것이 국가경영원리로 현실에 제도화 된 삼한(三韓)이라는 삼한관경제도라는 것입니다. 삼신의 원리에 따라 나라를 연 단군왕검은 강토를 진한, 번한, 마한의 삼한으로 나누어 다스렸습니다. 중앙부에 해당하는 요동과 만주지역이 진한으로 대단군이 이를 통치하고, 요서지역인 번한과 한반도의 마한은 각각 부단군이 맡았습니다. 진한의 수도는 아사달(지금의 하얼빈으로 추정), 번한의 수도는 안덕향(지금의 하북성 당산시 인근으로 추정), 마한의 수도는 백아강(지금의 평양)이었습니다. 고조선은 철저히 삼신을 섬겼고 삼신의 정신으로 나라를 건국하였고 삼신사상인 삼한관경제도로 통치하였습니다. 우리 민족은 옛날부터 만물의 근원이 되는 절대자를 놀랍게도 삼신이라고 믿었던 것입니다. 하늘의 삼신께서 신정국가를 단군을 통해 세우셨으니 삼한으로 구성된 신정국가인 고조선이었던 것입니다.

 삼위일체 하나님의 나라 대한민국

단채 신해호(1880-1936)선생은 '전후삼한고'라는 글에서 대륙에 있던 전삼한(북삼한)이 고조선이 멸망 후, 한반도의 후삼한(남산한)이 되었다고 했습니다. [조선왕조실록]에 따르면 1,897년 고종황제는 '우리나라가 본래 삼한의 땅이니 그 '한'을 되살려 국호를 대한으로 정할 것'을 명했다고 합니다. 삼한에서 대한민국의 '대한'이 유래했고, 삼한은 삼신신상에서 유래했으니, '한국', '대한민국'의 국호는 삼신사상으로서 '삼위일체 하나님의 나라'를 의미하는 것입니다.

2) 고조선의 팔조법은 성경의 십계명

고조선의 헌법과 같은 팔조법은 이스라엘의 헌법과 같은 모세의 십계명과 너무나 흡사합니다. 아래 내용은 미주한국일보에 실린 내용입니다.

"17세기에 저술된 규원사화(揆園史話)라는 책에 소개가 되어 있는데 이 책은 단군조선의 역사를 기록한 것으로 숙종 1년인 1675년에 북애노인(北崖老人)이 저술한 것이다. 저자가 당시의 고기(古記)

를 자료로 삼아 쓴 것인데 고조선과 고구려, 발해 그리고 삼국시대의 왕들의 관한 이야기와 종교행사에 대한 설화가 수록되어 있다. 특히 조선조의 세조가 동국통감을 편찬하면서 근 20여종의 고서를 어명으로 수집해서 궁중에 보관한 일이 있었는데 이 규원사화도 여기에 포함되었다. 이는 이 책의 권위를 인정한다는 말이다. 이 규원사회에 8조 금법(禁法)의 여덟 가지가 모두 기록되어 있는데 이는 고조선의 종교와 신앙이 무엇인지 알려 주는 것이다. 그것은 놀랍게도 고대 한국인들이 유일신(唯一神) 하느님을 섬겼던 것이다. 그런데 그 하느님이 바로 기독교가 말하는 유일하신 하나님 여호와이신 것이다."
[미주한국일보, 규원사화]

 규원사화의 8개 법

"규원사화에 기록된 여덟 개의 법은 다음과 같다.

1 너희는 한 분이신 하느님을 정성을 다해 순수하게 섬겨라
2 너희 부모를 공경하라 너희 아버지는 하늘에서 온 것이니 너희의 어버이를 공경하면 이는 능히 하늘을 공경하는 것이니라
3 너희 남녀들은 화합할 뿐 미워하지 말고 투기하지 말며 음탕하지 말라
4 너희는 서로 사랑하고 도와라 서로 헐뜯거나 죽이지 말라
5 너희는 서로 양보하며 같이 경작하라 너희끼리 서로 빼앗거나 훔치지 말라
6 너희는 사납고 교만해져서 사물을 상하게 하거나 다른 사람을 다치게 하지 말라 서로 항상 존중하며 너희 하늘 본보기를 따라 사

물을 사랑하라

7 너희는 위태로움을 돕고 어려움을 구제하라 약함을 업신여기거나 천하다고 업신여기지 말라

8 간사함을 품지 말고 악함을 숨기지 말며 재앙을 감추지 말라 마음으로 능히 하늘을 공경하고 백성을 가까이 하면 너희는 이에 복록이 한없을 것이니라.

이상의 8가지 법조문을 단군팔조(檀君八條)의 교령(敎令)이라고 부른다. 그런데 놀라운 것은 이 법조문들이 구약성경 출애굽기 20장 17절에 있는 십계명의 내용과 거의 같은 것이다. 다만 단군 8조에 없는 것은 십계명 세 번째와 네 번째 것인데 그 내용은 하느님의 이름을 망녕되이 일컫지 말라와 안식일을 기억하여 거룩히 지키라는 것인데 어찌된 셈인지 이 조문들만 누락된 것이다. 제 1조문과 제 2조문인데 그 내용은 나 외에 다른 신들을 섬기지 말라는 것과 너희는 오직 한 분이신 하느님을 정성을 다해 순수하게 섬기라는 것이다. 이는 두 법조문의 핵심이 완벽하게 일치하는 것이다."
[미주한국일보, 2009년 10월30일]

고조선의 8조법에 대해 '후한서'와 '삼국지'보다 앞서 편찬 된 역사서인 '한서'에 고조선에 8조법에 대해 이렇게 기록하고 있습니다. "상(은)나라의 도가 쇠퇴하니 기자는 조선으로 갔는데, 그곳의 주민들을 예의로써 가르치면서 농사짓고 누에 치고 길쌈하였다. 낙랑조선 주민의 범금8조는, 사람을 죽이면 바로 죽음으로써 배상하고, 남에게 상해를 입히면 곡물로써 배상하며, 남의 것을 도적질하면 남자는 몸을 몰수하여 그의 가노로 삼고 여자는 비로 삼았다. 속전

을 내고 벌을 면하고자 하는 사람은 한 사람에 50만을 내야 했다. 비록 벌을 면하여 일반 백성을 되었더라도 그 풍속이 그것을 더욱 수치스럽게 여겨 혼인을 하는 데 더불어 대상으로 여겨주지 않았다. 이러함으로써 그 백성들은 끝내 서로 도적질하지 않았고, 집의 문을 잠그는 사람이 없었으며, 부인들은 정신하여 음란하거나 간사하지 않았다. 그 지역 농민들은 변과 두로써 마시고 먹었는데 도읍에서는 관리 및 내군의 장사치를 모방하여 자주 배기로써 마시고 먹었다. 군(낙랑군)에서는 초기에 관리를 요동에서 데려왔는데, 관리가 보기에 주민들은 재화를 숨겨서 보관하지 않았다. 상인 가운데 왕래하는 자가 밤에 도적질을 하기에 일러서는 풍속이 점차 각박해져서 지금은 범금이 점차 늘어나 60조에 이른다."
[한서 권28, 지리지 하, (윤내현, 사료로 보는 우리고대사, 만권당. 151P)]

이런 법을 만들었다는 단군이라는 존재는 과연 누구라는 말입니까? 이런 신앙관을 가진 고조선을 세운 사람들은 누구란 말입니까? 만약 고조선을 건국한 이들이 노아와 그 언약의 자손들이었다고 하다면, 위의 내용들은 당연한 것이 될 것입니다. 그러나 다른 이들이라고 한다면 고기들이 말하고 있는 고조선과 동이족에 대한 수많은 이야기들은 결코 설명되지 않을 것입니다.

3) 선교사들이 증언 한 한민족의 신관

한국의 초기 선교사들은 우리민족의 고유 신관에 대해 이렇게 설명하고 있습니다. 캘리포니아주립대학교(UCLA) 교수인 옥성득 교수가 한국기독교가 '하느님'이 아닌 '하나님'라고 칭하게 된 배경

설명을 살펴보면, 초기 선교사들이 한국고유의 신관을 무엇으로 보고 있는지를 알 수 있습니다.

"중국어에서는 상제(上帝)로, 일본어에서는 가미[かみ/神]로, 한국어에서는 하나님으로 불리며, 그 번역에 만족하지 않는 이들은 다른 용어로 번역하기도 한다…

번역에서 기존의 신 이름(상제, 신, 가미, 하느님 등)을 사용하면 본토인들이 이해하기는 쉬우나 종교 혼합(syncretism)의 위험이 있다. 새 용어(천주, 상주, 참 신, 하나님 등)를 만들어 쓰면, 낯선 새로운 신이 되어 소통에 불리하지만 기독교 정체성은 유지할 수 있다. 중국에서 가톨릭교회는 후자의 방법으로 천주를 채택한 데 반해, 오히려 개신교는 19세기에 전통 신명인 상제나 신을 채택하는 토착화 방법을 선택했다. 다만 영국계 개신교 선교사들은 '상제'를 선호하고, 미국계는 '신'을 채택하면서 논쟁이 재연되었다. 1880~90년대 중국 개신교에서 대세는 상제로 기울었으나, 성공회는 천주교의 '천주'를 지지했다. 일부 중도파에서도 상제와 신 대신 교회 연합에 유리한 천주를 지지하는 선교사도 있었다. 일본에서는 미국 선교사들이 선교를 개척하면서 가미가 채택되었으나, 일본의 가미는 중국의 신과 달리 더 다신론적 개념이었으므로 선교에 실패하는 한 요인이 되었다. 한국에서도 이런 동아시아 개신교 선교사들의 토착 신명 채택 전통에 따라 하느님/하나님을 채택하는 것이 주류가 되었다.

 로스의 하느님, 하나님 채택, 1882년

1870년대 후반 만주에서 한글 성경을 번역한 로스는 스코틀랜드 장로회 소속이었다. 그는 중국선교사 출신으로 옥스퍼드대학교 종교학 교수가 된 제임스 레그(James Legge)와 같이, 불교에 의해 타락한 신유교 이전의 원시 유교의 상제를 성경의 엘로힘과 동일한 유일신으로 수용했다. 그가 상제를 수용한 종교학적 근거는 초기 유교에 유일신인 상제를 섬기는 전통이 경서에 남아 있다고 본 '원시 유일신론'이었다. 그 선교신학적 이론은 1910년 전후에 유행한 '성취론'이었다. 현지의 종교와 역사 배경은 만주 도교였다. 도교의 상제(옥황상제)에 대한 관념과 믿음에 최고신 개념과 유일신 흔적이 있었다. 로스는 한 도교 사원의 주지와 요한복음 1장에 대해 대화하면서, 그가 요한복음의 상제와 도교의 조화옹인 상제가 동일한 창조주라고 보고 있음을 알게 되었다.

로스는 1877년에 발간한 한국어 입문서 〈Corean Primer〉에서는 하느님을 사용하지 않았으나, 1878년 재판에서 God에 상응하는 용어로 하느님을 채택했다. 1882년에 발간한 첫 한글 복음서인 누가, 요한복음에서도 하느님을 사용했다.

그러나 1882년의 〈The Korean Speech with Grammar and Vocabulary〉에서 하나님을 채택한 후, 성경 번역에서 1883년부터 하나님으로 표기를 바꾸었다. 그 의미는 여전히 하늘+님이었다. '아래아'의 철자법만 'ㅡ'에서 'ㅏ'로 바꾼 결과였다. 로스는 하나님이 상제와 동일한 유일신이지만, 당대 한국인들이 믿고 기도하는 대상인 점에서, 유교 경서 안에 문자로 죽어 있는 상제보다 더 낫다고 믿었다.

서울 선교사들의 하느님 사용

서울에 온 북미 선교사들은 이수정이 일본에서 채택한 신(神)을 포기했다. 한국에서는 귀신으로 오해했기 때문이다. 대신 로스의 하나님을 수용하되, 서울 표기인 '하느님'을 사용했다.

그 배후에는 1882년에 발간한, 한국에 대한 선교사들의 교과서와 같았던 그리피스의 〈Corea, the Hermit Nation〉가 있었다. 이 책에는 레그의 상제설이 소개되고 한국에서도 비슷한 유일신명이 존재한다는 언급이 있었다. 그러나 언더우드는 '하느님'이 다신교인 무교의 최고신이므로 배격하고 천주를 선호하면서 상주나 천부 등의 용어를 실험적으로 사용했다.

그는 가톨릭, 성공회, 개신교가 함께 천주를 쓰면 교회 연합에 유리하다고 보았다. 반면 다른 선교사들은 점차 '하느님'으로 의견 일치를 보았다. 1895~1904년 10년 간의 "텬쥬(천주)냐 '하느님'이냐" 논쟁은 게일이 하늘의 어원에서 하늘(天)과 한(大)과 한(一)을 찾아내고, 헐버트가 단군신화에서 환인은 성부, 성령 환웅과 웅녀 사이에 태어난 단군은 신인으로 성육신한 성자에 유비된다는 삼위일체론적 해석을 제시하면서 전환이 이루어졌다. 언더우드도 한국의 건국신화들을 연구한 결과 고대 한국에 계시로 주어진 '하느님'에 대한 원시 유일신 신앙이 있었고, 현재 그 흔적이 남아 실천되고 있다는 주장을 수용하게 되었다. 천주를 주장하던 유일한 선교사였던 언더우드가 1904년경 '하느님'을 수용하자, 한국 개신교 안에서는 더 이상 용어 문제가 일어나지 않았다.

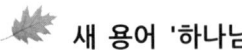 새 용어 '하나님'

결국 1905년 전후에 만들어진 용어 '하ᄂ님'은 (1)일제의 보호국으로 전락하던 국가 위기에 등장한 단군 민족주의를 촉매로 하여 (2)단군신화에 녹아 있던 원시 유일신 신앙이라는 신화적 요소와 (3)'하늘'의 초월성+'한'의 위대성+'하나'의 유일성의 의미를 지닌 새로운 어원에 대한 해석학적 요소가 합금된 새 용어였다. 이 '하ᄂ님' 신앙으로 다신론인 일본 국가 신도와 투쟁하면서 독립국가를 수립하려던 노력이 일제강점기에 있었던 기독교 민족운동이었다.

이후 '하ᄂ님'이 철자법 개정으로 '아래아'를 없앨 때 하나님으로 표기되었다. 그러나 이 하나님은 단순히 하나+님이 아니라, 하늘의 초월성과 위대성이라는 토착성, 개신교의 유일성이라는 정체성, 민족운동이라는 역사성이 결합한 한국 기독교 특유의 용어였다. 이런 새 용어를 토대로 기독교가 급성장했다.

재정리하면 현재 사용하는 하나님은 고유명사(이름)가 아닌 일반명사(새 용어)이다. 고유명사 하느님은 개신교가 세례를 주어 새로운 용어로 중생했다. 토착 신명인 '하느님'에게 준 세례의 물에는 한국 고대인의 원시 유일신론(로스, 그리피스, 언더우드 등), 단군신화의 삼위일체론적 해석(헐버트), 유일신론적 어원 해석(게일), 단군 민족주의(주로 평양의 개신교인들)가 용해되어 있었다. 그 결과 하나님은 1905~1910년 어간에 5중성을 가진 용어로 거듭 태어났다. 곧 △ 토착성: 하늘에 계시는 거룩하신 창조주요 만인에게

해를 비추시고 비를 내리시는 자비의 하나님이다. △ 원시 유일성: 한국인들이 태고 때부터 섬기고 기도해 온 고유의 최고신이시다. △ 삼위일체성: 하나님과 그의 영과 한국인의 시조인 단군의 관계 속에 계신 하나님이시다. △ 어원적 유일신: 한없이 크신 하느님으로 天/大/一의 속성을 가지신 하나님이시다. △ 역사성: 위대하신 하나님은 1905년부터 일제 식민주의와 신도의 다신주의와 대항한 단군 민족주의의 하나님이시다."
[옥성득, 뉴스앤조이, 2015.09.15]

위 내용을 정리해보면 초기 선교사들은 우리 민족의 신관을 이렇게 본 것입니다.

❋ 첫째, 한국인들이 태고부터 섬기며 기도해 오던 고유의 최고의 신은 성경의 하나님과 동일하다.
(로스, 그리피스, 언더우드 선교사 등)
❋ 둘째, 한국의 건군신화에 나타난 성부하나님을 상징하는 환인과 성령을 상징하는 환웅과 성 자하나님을 상징하는 단군은 삼위일체 하나님을 나타낸다. 즉 우리민족의 신관은 삼위 일체 신관이다. (헐버트 선교사)
❋ 셋째, 한민족의 고유 신관은 하늘에 계신 크신 유일한 한 분 하나님이시다.
(게일선교사)

"한국인의 신이란 '하나님'으로서, 즉 유일하게 위대하신 분이다."
[게일, 전환기의 조선]

"이상한 이야기가 되겠지만 오늘날 한국인들이 생각하고 있는 순수한 개념으로써의 종교관은 외래적인 의식과는 아무런 관련이 없고 원시적인 자연숭배와도 거리가 먼 '하나님'에 대한 믿음이다. 하나님이라는 어휘는 '하늘'이라는 단어와 '주인'이라는 단어의 합성어로서 한자의 '천주'(天主)에 해당하는 것이다.
모든 한국인들은 이 하나님이 우주의 '최고 지배자'라고 믿고 있다."
[헐버트 H. E. Hullbert, 대한제국 멸망사]

"옛 한국의 일부였던 고구려 왕국(the Kingdom of Kokurei)에서는 하나님이라 불리우는 유일한 신만을 섬겼다. 그리고 유일한 신 하나님은 크고 유일한 하나(only one)를 가리키는 것이었다."
[H. G. Underwood의 부인인 L. H. Underwood Underwood of Korea]

   이러한 증거들은 우리민족이 일찍부터 성경에 계시된 하늘에 계신 유일한 삼신 하나님을 섬기던 민족이었던 것을 증명해 주고 있습니다.

"우리 조상들은 일찍부터 삼신 하나님을 섬겼다. 환웅은 신시(神市: 신의 도시, 거룩한 도시) 개설과 고조선의 유역에서 고인돌이 발견된 사실이 이를 뒷받침한다. 고조선의 뒤를 이은 부여의 영고, 고구려의 동맹, 동예의 무천 등도 하늘의 상제에게 드리던 추수감사제이다. 이처럼 우리 민족은 위로는 상제를 섬기고, 사람들 사이에는 홍익인간의 정신으로 서로를 위하던 동방예의지국이었다. 그러나 유교와 도교에 뒤이은 불교의 유입으로, 눈에 보이지 않는 인격

신 대신에 눈에 보이는 상을 만들어 섬기는 다신론과 범신론으로 바뀌게 되었다."
[임번삼, 설문해자에 나타난 창세기, 126P. 크리스챤서적]

4) 묘족의 고대 창세기 이야기

묘족은 우리 민족과 뿌리를 같이 하는 동이족이라고 알려져 있습니다. 그들은 중국 귀주성 낭덕현과 해남도, 광서성, 운남성등 108곳에 흩어져 사는데, 놀랍게도 묘족(苗族)의 기도문에 창세기를 보는듯한 내용들이 포함 되어 있습니다. 이는 고대 동이족의 신앙의 실체에 접근할 수 있는 중요한 단서가 됩니다.

묘족은 우리 민족의 조상으로 여겨지는 치우가 황제(黃帝)와 맞붙어 천하를 다투는 전쟁에서 패하자 그 후손들은 쫓겨나 북방에서 2천 킬로미터 떨어진 귀족까지 도망쳐 왔지만 그 곳 토착민들의 등쌀에 못 이겨 산 위로 내 몰려 '산정족'이라고도 불리게 된 것이 묘족의 역사라고 합니다. 이들은 한족문화에서 볼 수 없는 우리 막걸리 같은 미주(米酒)로 불리는 누룩으로 발효시킨 쌀로 마시는 먹거리 술이 있으며, 김치와 돼지고기를 숭숭 설어 넣은 우리 돼지고기 김치찌개, 베틀과 바느질, 다듬이 방망이가 있습니다. 1970년 이전까지 우리민족이 사용했던 숯불 인두도 사용했다고 합니다.

호주의 트록스 선교사는 중국 남부의 묘족을 대상으로 전도하던 선교사였는데, 그는 묘족의 기도문에서 천지창조로부터 인간창조, 대홍수, 바벨탑과 인류 분산의 내용이 들어 있는 있음은 물론, 그 조상들이 이름이 창세기의 족장들과 유사하는 사실을 발견했다고 합니다.

 **묘족의 기도문에 있는 '창조'에 관한 내용**

'하나님이 천지를 창조하신 날
그 하나님이 빛의 문을 여셨도다
그리고 하나님은 지구상에 흙과 돌로 산을 만드셨도다
하늘의 하나님은 천체와 해와 달을 만드셨도다
땅에는 하나님이 게와 솔개를 창조하셨도다
물속에 가재와 물고기를 창조하셨도다
들판에 하나님은 호랑이와 곰을 창조하셨도다
산들을 뒤덮어 줄 초목을 만드셨도다
산과 산의 끝까지 나무를 가득 채우셨도다
연두빛의 등나무를 만드셨도다.
대나무 숲을 만드셨도다'

묘족의 창조순서는 창세기의 창조순수와 대체로 일치하고 있음을 알 수 있습니다. 또한 묘족의 기도문에는 놀랍게도 성경에 나타난 사람의 창조과정과 아담의 후손들의 이름과 거의 일치하고 있습니다.

'지상에 하나님은 티끌로 사람을 만드셨도다
창조된 남자에게서 하나님은 여자를 만드셨도다
그 후에 흙의 첫 조상 다아트는 돌 저울을 만들었도다
지구의 눈금을 그 기초까지 측정하였도다
천체의 크기를 계산하였도다

그리고서 하나님의 도를 깊이 생각하였도다
흙의 첫 조상 다아트는 첫 조상 셋을 낳았도다
첫 조상 셋은 아들 루스를 낳았도다
루스는 게이로를 얻었고 게이로는 라마를 낳았도다
첫 조상 라마는 남자 누라를 낳았도다
누아의 처는 여족장 가우, 보루엔이었도다
그들의 아들은 로, 한, 로, 시엔 그리고 야아후였도다
그리하여 땅은 민족과 가족으로 채워져 갔도다
피조물은 민족과 사람들에 의하여 공유 되었도다'
[출처 임번삼, 설문해자에 나타난 창세기. 146, 147P. 크리스챤 서적]

성경은 사람을 흙으로 만드셨다고 했는데(창2:7, 21-22), 묘족은 사람을 티끌로 만들었다고 합니다.
성경은 여자를 남자의 갈비뼈로 만들었고 했는데(창2:20-25), 묘족은 창조된 남자에게서 여자를 만들어졌다고 합니다.
성경은 아담이 셋을 낳았다고 했고(창4:25,5,3) 묘족은 다아트(아담)은 셋을 낳았다고 했고,
성경은 셋은 에노스를 낳았다고 했고(창4:26, 5:6), 묘족은 셋은 루스(에노스)를 낳았다고 했고,
성경은 에노스는 게난(게이난Gainnan)을 낳았다고 했고(창5:9), 묘족은 루스(에노스)는 게이로(게이난, 게난)을 낳았다고 했고,
성경은 라멕은 노아를 낳았다고 했고(창5:28-30), 묘족은 라마(라멕)은 누아(노아)를 낳았다고 했고,
성경은 노아는 함과 셈과 야벳을 낳아 세 아들이 있다고 했고(창5:32), 묘족은 누아(노아)는 로, 한(함)과 로, 시엔(셈)과 야아후(야벳) 세 아들이 있었다고 했고,

성경은 노아의 세 아들로부터 땅의 열국백성이 나누웠다. 즉 '홍수 후에 이들에게서 땅의 열국백성이 나뉘었더라'라고 했고(창10:32), 묘족은 누아(노아)의 세 아들부터 '땅은 민족과 가족으로 채워져 갔도다'라고 기록하고 있습니다.

과연 이것이 우연의 일치이겠습니까? 아니면 묘족은 성경에 기록된 하나님을 섬기던 노아의 언약 자손들이었겠습니까? 우리민족의 뿌리를 두고 있던 묘족은 노아와 그 언약자손이 세운 고조선의 혈통을 가진 족속으로서 성경에 계시된 유일한 창조주 하나님을 섬겼던 민족이었던 것입니다. 고조선 혈통인 묘족의 신앙을 통해 확인할 수 있는 것은 고조선은 성경에 계시된 하나님을 신앙했던 민족이라는 것입니다.

사람

지상에 하나님은 티끌로 사람을 만드셨도다
창조된 남자에게서 하나님은 여자를 만드셨도다
그 후에 흙의 첫조상 다아트는 돌저울을 만들었도다.
지구의 눈금을 그 기초까지 측정하였도다
천체의 크기를 계산하였도다
그리고서 하나님의 도(道)를 깊이 생각하였도다
흙의 첫조상 다아트는 첫조상 셋을 낳았도다
첫조상 셋은 아들 루스를 낳았도다
루스는 게이로를 얻었고 게이로는 라마를 낳았도다
첫조상 라마는 남자 누아를 낳았도다
누아의 처는 여족장(女族長) 가우・보루엔이었도다

그들의 아들은 로, 한, 로, 시엔 그리고 야아후였도다
그리하여 땅은 민족과 가족으로 채워져 갔도다
피조물은 민족과 국민들에 의하여 공유(共有)되었도다

🌿 사악한 세계

이들 인간은 하나님의 뜻을 따라 행하지 안했으며
하나님의 사랑으로 되돌아가지 아니하였도다
오히려 하나님께 대항하며 서로 다투었도다
지도자들은 전능하신 주님을 향하여 반항하였도다
그러자 지구는 제삼층(第三層)의 깊은 곳까지 뒤흔들렸도다
공기를 하늘끝까지 찢으셨도다
하나님의 진노가 타올라 그 자신을 채우셨도다
하나님이 오셔서 인류를 파멸시키지 않으면 안될 정도로
오셔서 사람으로 가득찬 온 땅을 멸망시키셨도다.

🌿 대홍수

그래서 흙모래 섞인 비가 40일간 쏟아져 내렸도다
그 후로 안개와 이슬비가 55일간 계속 내렸도다
물은 산들과 산맥을 넘쳐흘렀도다
산채같은 홍수가 계곡과 웅덩이에 뛰어들어갔도다
지구에는 피할 곳이 아무데도 없었도다
세계에는 살아 갈만한 발붙일 데도 없었도다
사람마다 좌절하고 무기력하게 되고 멸망케 되었도다
절망하고 공포에 떨며 감소되고 종말을 고하였도다

그러나 족장 누아는 올바른 사람이었도다
여족장 가우·보루엔은 고결한 사람이었도다
매우 폭이 넓은 방주(方舟)를 만들었도다
매우 커다란 방주를 만들었도다
가족 모두가 방주에 오르자 방주는 떠올랐도다
가족 모두가 무사히 대홍수를 피하였도다
그와 함께 승선한 동물들은 암컷과 수컷이었도다
날짐승들도 같이 들어갔는데 그것들은 쌍쌍(雙雙)이었도다
때가 이르자 하나님은 물에게 명하셨도다
그 날이 이르자 홍수의 물은 저 멀리로 물러갔도다
그래서 누아는 피신처에서 한 마리 비둘기를
돌아와 소식을 전해준 까마귀를 다시 날려 보냈도다
큰 홍수물은 호수로 물러가서 바다를 만들었도다
진흙은 웅덩이와 움푹 패인 곳을 메웠도다
다시 한번 사람 살만한 땅이 나타났도다
이어서 땅에 주거를 만들만한 장소가 나타났도다
그때에 물소가 이끌려 나와서 하나님께 제물로 바쳐졌도다
살찐 소가 창조자에게 제물이 되었도다
그러자 하나님은 그들을 축복하셨도다
그리고 하나님은 그들에게 크신 은총을 베푸셨도다

바벨탑

그 후로 로·한은 쿠사와 메사이를 낳았고
로·산은 에란과 누가슈율을 낳았으며
그들의 자손은 민족과 여러 백성이 되었도다

그들의 자손은 진영(陣營)을 넓혀 도시를 건설하였도다

그들의 노래는 모두 같은 운률(韻律)이며 같은 음악이었도다

그들은 모두가 같은 말과 언어로 말하였도다

그런데 어랍쇼 거대한 도시를 만들자고 하였다

자 하늘까지 닿는 매우 높은 탑을 쌓자고

이는 잘못된 일이었으나 그들은 강행하였도다

그러자 하나님은 그들을 벌하사 언어와 액센트를 바꾸셨도다

분노가 임하사 하나님은 말과 소리의 장단을 혼란케 하셨도다

누가 말을 하드래도 옆사람은 그가 무슨 말을 하고 있는지 알 수 없었도다

말(單語)을 가지고 얘기하여도 사람들은 그 사람의 뜻을 알아들을 수 없었도다

그래서 그들이 건설하고 있었던 도시는 마무리되지 못하였도다

그들이 힘들여서 만들고 있었던 탑은 이처럼 미완성인 채 남아 있을 수밖에 없었도다

그러자 그들은 절망하였고 온 세계에 흩어져 나갔으며 그들은 서로가 이리저리 헤어져서 지구를 빙돌게 되었노라

그들은 여섯 지역에 이르렀고 여섯 나라 말을 하게 되었노라

묘족의 계보

족장 야후우는 여러 국가의 중심지에 살았노라

그의 아들은 족장 고오멘이라 불리웠노라

그가 처로 삼은 여인은 여족장 고오용이라고 불리웠노라

손자와 손자의 처는 두 사람 모두 이름을 튜우탄이라 하였노라

후손들은 차례대로 다음과 같았노라

족장 가운단・메우 = 완
여족장 카운단・메우 = 쥬우
족장 간겐・네왕(처는 없었다)
족장 세아게엑과 여족장 마우・구에
자녀들은 모두 11인으로서 각 가족의 우두머리였도다
이중 5인의 분가(分家)는 묘족(苗族)이 되었으며
6인의 분가는 한민족(漢民族)으로 동화(同和)되었도다.

  묘족은 장례나 결혼식 자리에서 가장 중요한 선조(先祖)와, 사실은 아담까지 거슬러 올라가는 중요한 사람들의 이름을 소리 내어 낭독한다. 끊이지 않고서 이렇게 하여온 것이 이러한 전승들이 정확하게 된 이유인지도 모른다.
[창조과학회, 묘족(苗族)에게 전승되어온 창조 이야기]
  고조선의 혈통으로 여겨지는 묘족의 신앙관은 성경의 그것과 너무나 흡사한 사실이, 고조선은 믿음의 언약자손으로서 성경에 계신 된 하나님을 섬기는 천손의 자손이요 선민임을 증거 하고 있는 것이 아닐까?

  위와 같은 여러 논리적인 증거들을 통해 볼 때, 우리 고조선은 무지개 언약을 받은 노아와 그 언약 자손들이 세운 나라이고, 우리 민족의 원래 신앙은 고구려 AD372년 소수림왕 2년에 불교가 공인 되고, 신라 AD528년 법흥왕 때 불교가 공인 되고, 조선시대 유교의 외래 종교가 들어오기 전에는 2,705년 긴 세월 동안 본시 하늘에 계신 창조주 하나님이신 삼위일체를 섬기던 민족이었다는 사실을 깨닫게 됩니다. 그래서 우리민족은 옛적부터 가장 높은 하늘에 계신 하나님을 섬겼고, 삼신(삼위일체 하나님)의 신앙이 있었으며, 제사장의 옷인 흰 옷을 사랑하고 입었으며 무지개 민족이라 불리게 된 것입니다. 이 무지개 민족은 수 천년동안 제사장이 흰 옷을 입고 하늘에 계신 삼위일체 하나님께 제사하며 그분의 법을 따르던 동방의 히브리민족이요 제사장 민족이었던 것입니다.

5) 고인돌은 하나님께 제사하던 제단

우리민족이 하나님을 섬긴 민족인 것을 확인시켜 주는 고고학적 증거는, 단군이 하나님께 제사하기 위해 건립했다는 강화도의 마니산에 있는 첨성단과 고조선인들이 하나님께 제사하기 위해 축조한 제단인 고인돌입니다.

강화도에 있는 첨성단은 단군이 하나님께 제사하기 만들었다는 것은 이미 다 알려진 사실입니다. 그러나 고인돌이 무덤이라고 알고 있지만 하나님께 제사하기 위해 목적으로 축조 되었다는 사실에 대해서는 잘 모르는 사람들이 많습니다.

"제단의 기능을 주장하는 것은, 탁자식 고인돌은 어디서나 사람들이 쉽게 바라볼 수 있도록 주변보다 높은 곳에 위치하며, 받침돌 위에 큰 덮개돌을 얹어 외형적으로 웅장함을 나타낸다는 점과 무덤방을 형성하기 어려운 받침돌의 구조 등을 들어 무덤보다는 제단의 기능을 했을 것이라는 주장이다."
[위키백과, 고인돌]

고인돌의 첫째 목적은 하나님께 드려지는 체천행사를 위한 것이고, 둘째는 선사시대 사람들이 집단적으로 공공활동을 하는 집회장

소이고, 셋째는 무덤으로 사용되었습니다.

사람들은 몇 몇 고인돌에서 무덤방과 함께 사람의 뼈가 나왔다고 해서 고인돌을 무덤이라고 주장합니다. 만약 고인돌이 전부 무덤의 용도로 축조 된 것이라면 한반도에서 발견된 3,4만기에 대부분에서 사람의 뼈나 부장품이나 시체를 묻는 틀 정도는 발견되어야 맞는 것입니다. 그러나 그렇지 못하다는 것입니다.

이제까지 우리나라에서 제일 큰 것으로 알려져 있는 고창 운곡리에 있는 고인돌이 있는데 이 지역 발굴을 담당했던 전 원광대 교수였던 전영래 박사는 이 고인돌에서 유골을 발견할 수 없었다고 합니다. 전북 고창 매산마을 산기슭에는 수 백기의 크고 작은 고인돌이 널려 있는데 이 고인돌들 역시 1992년 전영래 박사가 발굴 조사했는데 유골은 물론 권력을 상징할 만한 부장품이 전혀 나오지 않았다고 합니다. 왜냐하면 실상 고인돌은 무덤이 아니라 제단이었기 때문입니다.

필자의 견해는 고인돌의 처음 목적이 체천행사를 위해 축조 되었으나 후대에 오면서 하나님 신앙이 서서히 희미해지면서 이미 수많은 축조된 제단을 매장용도로 사용하기 시작했거나 축조한 것으로 보입니다. 그래서 고조선의 땅이었던 요녕과 북한지역에서는 제단 용도로 사용된 고인돌의 특징인 탁자식과 독립식이 1만기 이상 발견 된 것입니다.

탁자식 고인돌의 형태를 보면 결코 무덤으로 보이지 않고 제물을 잡아 하나님께 제물을 올려놓은 제단의 모습을 가지고 있는 두 돌기둥에 단이 올려놓은 형태입니다.

[출처 http://www.doopedia.co.kr/photobox/comm/community.do?_method=vivi&GAL_IDX=170408001052336#hedaer,2018.04.08]

이 고인돌은 아산 민속박물관에 야외에 있는 고인돌입니다. 대부분은 고인돌의 모습은 무덤의 형태가 아닌 제단의 형태를 띠고 있습니다. 고인돌은 무덤의 용도로 사용하기 위한 목적보다는 고조선인들이 하나님께 제사하기 위해 축조한 제단이 주목적이었다고 봅니다. 그래서 고인돌을 연구하는 학자들 중에 고인돌이 제단의 용도로 사용했을 것이라는 주장이 많이 나타나고 있습니다.

　한국정신문화 연구원 한국학 대학원 교수이었던 박성수교수는 몇 군데 고인돌 밑에서 유골이 나왔다고 해서 고인돌을 묘라고 단정해 버리는 선입견에는 문제가 있다면서 지석묘가 아니라 지석단이라고 부르자고 제안하기도 했습니다.
[박성수,「단군문화기행」, 서원, 2000, p.136]

　그리고 목포대학교 고고학 교수인 이영문교수도 강화도 부근리 고인돌을 연구하고는 고인돌은 무덤의 기능이 아니라 제단의 기능을 한 것이라 했습니다.
"이 고인돌은 대지상에 거대한 덮개돌이 받침돌에 의해 웅장한 모습을 띤 것이라든지 주위에서 쉽게 관망할 수 있는 위치에 있는 점에서 무덤으로서의 기능보다는 제단으로서의 기능이 강한 것이다."
[이영문,「고인돌 이야기」, 다지리, 2001, p.196]

　그리고 세종대 하문식 교수는 제천시 백운면 평동리 평동마을에서 고인돌 발굴조사를 실시했는데 그 결과를 최근 [고인돌의 성격에 대한 한 예, 고조선단군학 제 32호] 논문에서 평동마을 고인돌이 불탄 돌로서 제단의 용도로 사용된 것이라고 하였습니다.
　우리나라에서 발견되는 고인돌은 다른 지역과 달리 도구들이 함께 발견 되는데 주로 화살촉과 돌검이 중심을 이루고 돌도끼 등의 석기와 토기류, 동검 및 청동기 등도 발굴됩니다. 이것은 제물로 바칠 짐승을 잡아서 하나님께 희생 제사를 드리는 데에 사용한 도구였을 것입니다.

우리나라에서 고인돌(支石墓)이란 용어는 고려시대 이규보의 [동국이상국집]에서 처음으로 나오는데 그는 고려 신종(神宗) 3년 (1,200년) 11월 말에 전라도를 여행하던 준 금마군에 이르러 지석묘를 관찰하였고 지석(고인돌)은 성인이 축조했다고 기록하고 있습니다.

"다음날 금마군으로 향하려 할 때, 이른바 '지석(支石)'을 구경했다. 지석이란 것은 세속에서 전해지기를 옛날 성인(聖人)이 고여 놓은 것이라 하는데 과연 기이했다."

고인돌을 축조한 이들이 '성인(聖人)'이라고 칭하고 있습니다. 성인이라면 자신을 위해서 고인돌을 축조했을 것은 아닐 것이고 누구나 존경하기에 합당한 성인이 누군가를 위해 축조했다는 의미일 것입니다. 이는 고인돌이 고조선 시대에 존경받는 제사장격인 지도자의 주도하에 하나님께 제사하는 거룩한 제단으로 축조되었다는 의미가 아닐까요?

이러한 제단 기능을 하는 고인돌인 고조선의 주 무대였던 만주에 300여기, 한반도에는 3,4만기가 발견 되었다는 것입니다. 고인돌의 왕국이라고 할 수 있을 만큼 고조선의 방방곡곡에 가득 했다는 것은 무엇을 의미하는 것입니까? 실로 고조선은 제사장인 노아와 그 언약자손에 의해 시작된 천손이요, 온 백성이 하나님을 섬겼던 제단의 국가요 제사장 나라가 아니었을까요?

오늘날 한국 온 지역에 어느 때든지 누구나 쉽게 예배할 수 있는 영적인 제단인 교회가 가득히 세워져 있듯이 고조선 온 땅에 어느 때든지 누구나 하나님께 제사할 수 있는 제단이 세워졌던 것은 아니었을까요? 우리민족의 시작의 중심에는 노아가 받은 무지개 언약이 있었던 것이고, 그 언약의 기억하고 기념하며 하나님께 제사하는 제단인 고인돌이 그 중심에 있었던 것을 깨닫게 됩니다.

그런데 외래 종교인 불교와 유교로 인해 불행히도 수천 년 동안 섬겨왔던 우리 민족의 참된 신앙이 사라지게 되었고, 일제 38년의 말세정책에 인해 이 민족의 참된 신앙이 잊어버렸던 것입니다. 그래서 불교와 유교가 우리 종교인 것처럼 착각하고 살아왔으며, 이제는 자신들이 노아를 시조로 무지개 언약을 간직한 천손으로서 하나님을 섬기던 제사장 민족이라는 신령한 정체성을 잃어버렸고 우리민족을 향한 하나님께서 주신 참된 사명을 잃어버리고 말았습니다.

7 노아의 나이와 경험

지금까지 살펴본 역사적 자료들은 노아가 동이족이고, 노아의 경험과 고조선 건국할 당시 노아 나이를 볼 때, 노아가 고조선 건국의 적임자 였음을 알 수 있습니다.

1) 노아는 동이족으로서 고조선 건국의 아버지

어떤 사람들은 동이(東夷)라는 할 때 꼭 우리민족만을 가리킨 것이 아니라고 합니다. 동이(東夷)라는 의미가 시대가 변화면서 한민족만을 가리키는 것이 아니라 말갈과 선비와 오환뿐 아니라 일본도 포함되고 있음도 사실입니다. 그러나 분명한 것은 상(은)나라

(B.C1600) 이전에는 동이족은 우리민족의 모체가 되는 특정하게 구별된 민족으로서 '구이'(九夷)를 가리키고 있다는 사실입니다.
"시라(신라, 尸羅), 고례(고구려, 高禮), 남옥저, 북옥저, 북부여, 동부여, 예와 맥이 모두 단군의 자손이다."
[이승휴, 제왕운기]

"단군이 나라를 세웠으니, 그 이름은 조선이다. 조선, 시라(신라), 고례(고구려), 남옥저, 북옥저, 동북여, 북부여, 예, 맥 모두 단군이 통치하던 나라이다."[조선왕조실록, 세종실록, 단군고기]

시 대	지칭하는 동이족
상(은)나라 이전 BC1,600~BC1046	한민족의 전신인 구이(九夷) 발해만 지역
한나라 이전 BC221~BC206	발해만 일대, 산둥성, 자쑤성, 허베이성 일대 이민족 총칭
한나라 이후	① 한민족 원류인 부여, 고구려, 백제, 예맥, 삼한 ② 말갈, 선비, 오환 왜 등도 포함

　명나라 때 오명제가 기록한 '조선세기'에는 구이(九夷)가 고조선이고, 단군이 구이의 나라 고조선의 왕이라고 분명하게 기록하고 있습니다.

"단군은 동방 구이의 나라 고조선의 지도자였다
國號朝鮮....九夷君之"

　명태조 주원장이 사신으로 온(1,397년) 권근에게 '시고개벽동이주, 始古開闢東夷主, 상고시대를 개벽한 동이의 왕은 누구냐'라는 시제를 주었는데, 그 시제를 보면 명나라 왕은 단군이 동이족의 왕 이라는 사실과 고조선이 동이라는 것을 보여주고 있습니다.

명태조는 권근에게 3편을 시를 지어 주었는데 그 시에서 '단군' 을 거론하고 있습니다.

"고려(高麗) 고경(古京)
우물과 동네 옮겨 가서 저자가 황량하여
우거진 풀 눈에 가득 길손이 상심한다
비원(園苑)에는 꽃이 있어 벌이 꿀 모아가고,
궁전과 누대(樓臺)에는 주인 없어 토끼의 고장 되었네
행상(行商)은 길을 돌아서 새 성으로 가고
앉은 장사 옮겨 살며 옛 동네 그리워한다
이것이 옛날 왕씨의 기업(基業)
단군(檀君)이 가신 지 오래이니 몇 번이나 경장(更張)하였노"
[조선왕조실록]

그러므로 구이와 동이와 고조선은 하나라는 것입니다.

아주 오랜 옛날부터 이웃나라들이 우리민족의 이름을 다양하게 기록하였는데 조선(朝鮮), 동이(東夷), 예(濊), 맥(貊), 숙신(肅愼), 흉노(匈奴, 훈 丸), 돌궐, 말갈(靺鞨), 읍루(挹婁), 거란(契丹), 여진(女眞) 등으로 살고 있던 지역을 기준으로 다양하게 불렸습니다.

'구이'(九夷)는 구한(九韓), 구황(九皇), 구맥(九貊), 구려(九黎)등의 종족들이고, 조선(朝鮮), 동이(東夷), 예(濊), 맥(貊), 숙신(肅愼), 흉

노(匈奴, 훈 丸), 돌궐, 말갈(靺鞨), 읍루(挹婁), 거란(契丹), 여진(女眞) 등으로 다양하게 불려 지기도 한 것입니다.

우리민족의 정체성과 사명

한 가지 문제를 제기할 수도 있습니다. 우리 민족이 시대가 변천하면서 많은 민족과 피가 섞였을 것이고, 오늘날 세계화된 세계에서 한민족이라는 고유성에 대해 강조하는 것은 시대에 뒷 떨어지는 발상인 것이 아니냐, 그리고 신약시대에 예수 안에 있으면 모두 아브라함의 언약자손이니 육적 선민이 무엇이 중요하느냐고 말할 수 있습니다.

이러한 질문에 대한 답은, 하나님께서 사용하신 이스라엘의 역사를 살펴보면 해답을 얻게 됩니다. 하나님께서 이스라엘을 사용하실 때 이스라엘 전체를 사용하신 것은 아닙니다. 이스라엘은 수많은 세월 동안 애굽과 앗시리아와 바벨론과 로마 등 많은 강대국의 속국이 되면서 이스라엘은 많은 민족과 피가 섞이게 됩니다. 특별히 열두 지파 중 열 지파는 이민족과 피가 완전 섞이게 되어 혈통의 정통성을 상실해 버렸습니다. 그리고 예수님께서 오실 시점에는 남은 두 지파, 즉 유대인들 마저도 민족 정체성을 상실할 상황이었습니다. 유대인 지도자라고 하는 제사장들과 서기관들은 로마와 결탁하여 종교를 가지고 성전을 이용해 돈을 버는 도둑으로 전락했고, 백성은 메시아에 대한 대망도 잃고 민족의 정체성을 상실할 상황이었습니다. 그럼에도 불구하고 남은 자손인 유다의 혈통을 통해 결국 예수께서 오심으로 서방의 이스라엘 민족을 하나님의 경륜을 위한 선민으로서 하나님께서는 특별히 사용하신 것입니다.

이와 같이 대한민국은 수많은 세월동안 이스라엘 민족처럼 피가 섞였을 뿐 아니라 자신들이 언약 자손인 무지개민족이라는 사실과 하나님께서 선택한 동방의 히브리 민족이요 제사장 민족이라는 정체성과 언약도 잃어 버렸습니다. 하지만 마지막 시대에 하나님께서는 남은 자들을 통해 무지개 언약과 셈의 언약의 계승자라는 우리민족의 정체성과 사명을 다시 일깨우고, 우리민족이 무지개 언약을 받은 무지개 민족으로서 마지막 시대에 무지개 언약인 천국복음을 온 세상에 증거 할 시대적 사명을 위해 역사하고 계시는 것입니다.

구이족인 조선의 한 부족인 부여에서 훈족이 생겨나 흉노가 되고 훈족의 일부가 유럽으로 넘어가서 헝가리와 불가리아를 만들고, 게르만 민족을 압박하여 게르만 민족의 대이동을 일으켜 결국 로마가 멸망하게 되었고, 다른 한 부족인 돌궐이 몽골 쪽에서 남하하여 오늘날 형제 국 터키를 만들게 되고, 동쪽으로 흘러가서는 일본(日本)을 만들게 된 것입니다. 구이(九夷)는 동북아시아의 중심 국가요 모체요 시원인 것입니다. 왜 구이가 이런 시원의 민족이 될 수 있었을까요? 실상 동이족인 구이는 노아와 언약자손들(셈, 아르박삿, 셀라, 에벨)과 욕단의 후손들로 구성된 믿음의 언약의 민족이었기 때문일 것입니다.

2) 노아는 고조선 건국 적임자

노아의 나이와 경험을 볼 때 노아가 고조선을 건국할 수밖에 없는 적임자라는 결론을 얻게 됩니다. 고조선이 건국된 B.C.2,333년 해는 노아 나이가 725세라고 보면, 고조선 건국 당시 노아는 700여 년의 인생 경험이 쌓인 완숙한 나이입니다. 고조선은 B.C.2,548

년 노아 홍수 사건이 있었던 해로부터 215년이 흐른 후 B.C.2,333년에 건국되었습니다. 그렇다면 노아 홍수 후 215년이 흐른 시점에 동방에 나라를 건국할 수 있는 능력을 갖춘 최고의 적임자가 있다면 노아일 수밖에 없다는 결론을 얻게 됩니다. 노아는 이미 노아 홍수전에 600년 동안이나 고도의 문명을 경험한 사람입니다.

B.C.3,500년경 즉, 아담이 창조된 B.C.4114년으로부터 약 500년이 흐른 후 메소포타미아 지역에서 시작된 인류 최초의 문명이라 일컫는 수메르 문명을 살펴보면 이미 문자, 수학, 건축학, 천문학, 의학 등 고도의 문명이 노아 홍수 이전에 이미 존재 했음을 알 수 있습니다. 또한 이집트의 피라밋 중에서 홍수 이전에 건축된 피라밋이 많이 있다는 것은 노아 홍수 이전에 고도의 문명이 이미 존재 했음을 입증하는 것입니다. 노아의 방주를 보면 얼마나 그 당시 기하학과 건축 기술이 발전되고 고도의 문명이 있었는지 알 수 있습니다. 어떻게 보면 노아의 방주는 아담으로부터 노아 홍수 때까지 축적된 문명의 결정판이라고 볼 수 있습니다.

왜냐하면 방주는 현재의 구축함 정도의 크기로 길이 135m(450feet), 너비23m(75feet), 높이13m(45feet)로 만들어 졌는데, 이 치수는 배의 건조 공학적으로 배의 안정성에 최고의 이상적인 비율로 확인 되었고, 이 엄청난 작업에는 목공 기술은 물론 고도로 발달된 공학적 지식이 필요했을 것이기 때문입니다. 더군다나 금속도 아닌 잣나무로 삼층의 배를 만들어 움직이는 동물들을 한 쌍씩 가득 태우고 인류역사상 전무후무한 홍수로부터 균형을 잡고 전복되지 않는 완벽한 배를 만들었기 때문입니다. 그래서 저자는 노아 홍수 이전에 수 천 년동안 고도의 문명이 발전하여 존재했었고, 하나님께서는 노아가 600년 동안 문명을 습득하고 건축과 조선 공학기술을 사용하여 방주를 만들게 했던 것입니다.

 고조선은 새로운 문명의 발생지

노아홍수 이후에는 오직 노아의 가족 8명 밖에 남지 않았습니다. 그 중에서도 노아는 홍수 이전에 600년 동안을 살았으니, 노아 홍수 이전의 문명을 가장 많이 습득하고 알고 있는 인물일 것입니다. 70~80년에 배운 지식도 엄청난데 600년 동안 문명을 습득하고 기술을 습득한 사람이 있다면 그 축척된 기술과 능력은 엄청날 것이며 홍수 사건 이후 살아남은 유일한 8명 중에서 최고의 연장자가 노아였습니다. 그러므로 이 세상에서 나라를 건국할 적임자가 있다면 노아 일 것이고 새로운 문명의 아버지가 있다면 당연히 노아일 수밖에 없는 것입니다.

노아홍수 이전에 600년의 고도의 문명과 기술을 습득한 노아는 노아홍수 이후 350년을 더 살았다고 했으니, 노아는 새로운 문명국가 하나쯤은 건국할 능력이 충분했다고 보고 그 나라가 바로 고조선일 것이라는 필자의 가설에 많은 역사적인 증거가 이를 증명해 주고 있습니다.

"東海之內 北海之隅 有國名曰朝鮮 偎人愛之 貴道德 有文書 孚屠出 此國中也

조선에는 높은 도덕과 귀한 문물의 문서가 있고 경천애민 하는 외인애지(偎人愛之)의 홍익인간 정신이 조선에서 나왔다."
[산해경 해내북경]

8 단군(檀君) 칭호와 노아

고조선을 건국한 인물은 단군입니다. 단군은 사람의 이름의 아니고, 하나님께 드리는 제사를 주관하는 제사장 직책을 가리키는 것이라는 사실을 알고 있습니까? 우리 역사에서 단군이 처음 등장하는 자료는 삼국유사입니다. 그런데 삼국유사 원문 내용에 나오는 단군의 단(壇)자는 현재 사용하고 있는 박달나무 단(檀)자가 아니고 제터 단(壇)자로 기록되어 있습니다. '단군왕검(壇君王儉)'
그러므로 단군(壇君)은 사람의 이름이라기보다는 하나님께 제사를 드리는 책임자인 제사장 직책명이라는 것을 할 수 있습니다. 1,396년 권근은 새로 건국한 이씨 조선의 표전(表箋) 문제로 명나라에 갔을 때 황제에게 시를 지어 올리는데 시의 주석에 단군신화를 언급하면서 단군이라는 이름이 지어진 유래를 이렇게 설명합니다.

"옛날 신인(神人)이 박달나무 아래 내려오자 나라 사람들이 왕으로 세웠다. 박달나무 아래 내려왔으므로 이름을 단군이라고 했다. 이때가 당요(唐堯) 원년 무진일(戊辰日)이다."

'박달나무 아래 내려왔음으로 이름을 단군이라고 했다'라고 합니다. 박달나무와 단군 칭호는 무슨 연관이 있을까요? 박달나무는 실상 '신단수'를 가리키는 것입니다. 삼국유사에 보면 환웅이 태백산 꼭대기 신단수(神壇樹) 아래로 내려와 이곳을 신시(神市)라고 칭하였다고 합니다. 그리고 단군은 신단수 밑에서 태어났음을 암시하고 있습니다. 신단수(神壇樹)의 '단'을 박달나무 단(檀)자로서 나무의 종류를 말하기도 하지만 [삼국유사]에는 신단(神壇), 곧 제단을 강조하고 있습니다.

그러므로 제단을 상징하는 신단수인 박달나무 아래 내려왔으므로 단군이라고 했다는 것은 단군 이름은 하나님께 제사하는 제단과 관련된 이름으로서 제사장 직책이라는 것을 알 수 있는 것입니다. 이는 고조선을 건국한 이가 분명 하나님께 드리는 제사를 주관하는 제사장이었음을 뜻하고 있는 것입니다. 그가 누구였겠습니까?

신단수는 에덴동산 중앙에 있었던 하나님과 사람을 잇는 생명나무를 생각나게 합니다. 그리고 신의 도시(神市)라는 뜻은 하나님이 사람과 함께 거하시고 사는 에덴동산을 떠오르게 합니다. 신의 도시인 에덴동산은 신약에서 교회를 가리키고, 그 교회는 결국 신의 도시의 최종 완성인 새 예루살렘이 될 것입니다.(계21,22장) 우리 민족의 시작이 생명나무인 신단수가 있는 신의 도시라고 불리 우는 곳에서부터 출발했다는 것은 우리민족을 통해 새 예루살렘을 완성하겠다는 하나님의 작정된 계획이 있었던 것은 아닐까요? 우리 민족을 하늘과 땅을 잇는 제사장 국가로 만물 가운데 신의 도시를 건설하는 마지막 시대에 선교 국가로 사용하기 위한 작정된 하나님의 계획이 있으셨던 것은 아닐까요? 그래서 우리민족의 초대 왕의 이름을 하늘과 땅을 잇는 제단이라는 의미의 신단수에서 받은 제사장 직책인 '단군'이라는 이름을 주신 것이 아니었겠습니까?

9 고인돌 축조 연대

2,000년 12월2일, 고조선의 대표 유물인 고인돌이 강화도 고인돌 70기, 전북 고창 고인돌 447기 그리고 전남 화순지역 306기가 유네스코 세계유산으로 공식 등재 되었습니다. 세계 역사학자들 가운데서 고조선이라는 나라가 신화적인 나라로 여겨지며 관심을 전

혀 끌지 못했습니다. 그러나 동방의 끝에 있는 작은 나라의 많은 고인돌이 세계의 이목이 받게 되면서 고인돌 때문에 고조선의 역사가 신화가 아니라 한반도에 실제했던 나라로 공식 인정 받게 되었습니다. 고인돌은 세계 6만기 중에 절반이 넘는 4만기가 동방의 작은 땅인 한반도에 집중되어 있다는 사실에 세계학자들은 놀라워합니다. 한반도 고인돌의 축조 연대를 계산해보면 놀랍게도 고조선 건국시기인 B.C.2,333 전후가 된다는 점입니다. 미국의 고고학자 사라넬슨(Sarah Nelson)의 연구결과 경기도 양수리에서 발견된 고인돌의 축조시기를 B.C.2,665~B.C.2,140년로 측정하여 발표했습니다. 한국의 역사학자이 경기도 양평군 양수리에서 발견된 다섯 기의 고인돌에서 채집된 숯에 대한 방사성탄소연대측정 결과 기원전 2,325년 것으로 산정되었습니다.

"한반도에서도 서기전 25세기로 올라가는 청동기 유적이 두 곳이나 발굴되었다는 사실이다. 하나는 문화재관리국 발굴단에 의해 발굴된 경기도 양평균 양수리의 고인돌 유적이다. 다섯기 의 고인돌이 발굴된 이 유적에서 채취한 숯에 대한 방사성탄소연대측정 결과는 서기전 1,950 ± 200년으로 나왔는데 교정 연대는 서기전 2,325년경이 된다. 이 유적에서 청동 유물은 출토되지 않았으나 고인돌은 청동기 시대 유물이라는 것이 학계의 정설이므로 이 연대를 청동기 시대 연대로 볼 수 있는 것이다.

다른 하나는 목표대학 박물관에 의해서 발굴된 전남 영암군 장천리 주거지유적이다. 이 청동기 시대 유적은 수집된 숯에 대한 방사성탄소측정 결과 그 연대는 서기전 2,190 ± 120년, 1,982 ± 120년으로 나왔는데 교정연대는 서기전 2,630~2,365년경이 된다. 그러나 발굴자들은 이 연대가 지나치게 높게 나왔기 때문에 이용할 수가 없다고 말하고 있다.

 이와 같이 과학적 연대가 얻어졌음에도 불구하고 일부 학자들은 종래에 그들이 생각했던 청동기 시대 연대보다 너무 올라간다는 이유 때문에 그 연대를 사용하기를 꺼리고 있다. 과학적인 연구결과를 얻어 놓고도 계속해서 비과학적인 관념에 사로잡혀 있어야 할 것인지 반성해 볼 일이다. 필자는 당연히 과학적인 측정방법에 의해서 얻어진 연대를 사용해야 한다고 생각한다. 이상과 같은 자료와 연구결과를 종합해볼 때 한국 청동기 시대의 개시 연대는 서기전 25세기경으로 올려 볼 수 있는 것이다."
[김상태, 고조선 연구,104쪽 ~ 107쪽]

"남한 지역에서도 1974년 발굴 보고된 경기도 양평군 양수리의 고인돌 유적에서 서기전 2,325년인 유물이 나왔고, 1,986년 목포대 박물관이 발굴 보고한 전남 영암군 장천리 주거지 유적에서는 서기전 2,630, 2,365년인 유물이 나왔다. 윤내현, 신용하 이를 근거로 우리나라 청동기 시대의 시작을 서기전 30~25세기라는 견해를 보였다."
[세계일보, 종교.학술, 2015-05-17 21:14:13]

고조선 땅이었던 중국 요녕성에서 발견된 고인돌의 축조 연도는 측정 결과 기원 전 20세기부터라고 합니다. 이는 무엇을 의미하고 있습니까?

고인돌은 B.C.2,457년 노아가 그 가족들과 방주에서 나온 후 그 자손들이 100~142년에 걸쳐 만주 요녕성을 거쳐 한반도까지 왔다는 증거이며, 노아가 B.C.2,333년에 고조선 건국에 관여했다고 볼 수 증거입니다. 특별히 B.C.2,325년 경에 축조된 양수리 고인돌은 바벨탑 사건에 있었던 시기쯤에 동방에서 바벨탑 사건에 참여하지 않는 믿음의 언약자손들이 고조선을 건국했다는 과학적이며 고고학적인 확실한 증거인 것입니다.

노아는 950세까지 살았는데 노아홍수 사건이 있던 때인 B.C.2,458년 노아 나이 600세, 바벨탑 사건과 관련된 벨렉이 태어난 B.C.2,357년 노아나이 701세, 고조선 건국 B.C.2,333년 당시 노아나이 725세, 양수리 고인돌 축조 B.C.2325년 당시 노아 나이 733세입니다. 노아는 시날 땅에서 바벨탑 사건이 있었을 B.C.2,357년(대략) 당시 생존해 있었고, 그쯤에 동방에서 고조선이 B.C.2,333 년에 건국됐고 그 사실에 대한 고고학적 증거가 B.C.2,325년에 축조된 양수리 고인돌이라면, 고조선은 바벨탑 사건에 참여하지 않은 노아이거나 최소한 바벨탑 사건에 참여하지 않는 언약자손이 건국했을 것으로 추측할 수 있습니다.

바벨탑 사건이 있었던 시기에 그 사건과는 무관한 동방의 사람들이 누구였겠습니까? 성경적으로 살펴보면 그 당시에 존재했던 믿음의 언약자손들은 노아와 믿음의 언약자손들입니다. (창10장)

고인돌은 고조선이 믿음의 언약자손들이 건축했다는 고고학적 증거인 것입니다. 그래서 이규보가 기록한 것처럼 고인돌은 '옛날 성인(聖人)이 고여 놓은 것'이라 전해진다고 기록한 것은 아닐까요?

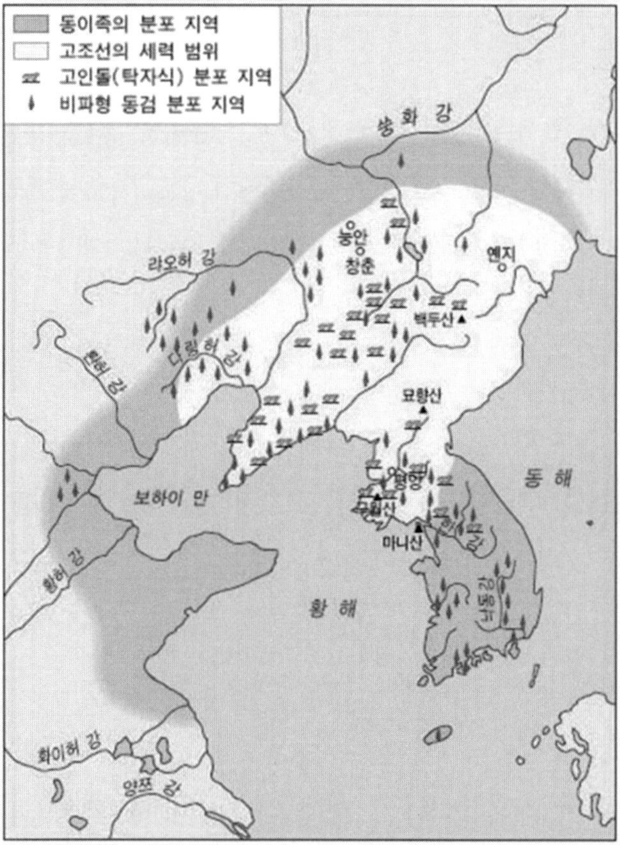

[출처 http://www.koreansentry.com/forum/viewtopic.php?f= 4&t=3131, 2018.04.06]

창세기 11장 언약 자손의 족보(10대)							시대
이름	뜻	자녀 출생 (세)	출생연대 아담 역 BC		수명 (세)	사망 연대 출생-수명 BC	
셈 (10,11절)	이름, 명예, 명성	100	1558	2556	600	1956 원2158	
아르박삿 (12,13절)	영역	35	1658	2456	438	2018 원2096년	
셀라 (14,15절)	보냄을 받은자 확장	30	1693	2421	433	1988 원2126년	
에벨 (16,17절)	건너온 자	34	1723	2391	464	1927 원2187년	
벨렉 (18,19절)	나뉨, 분리, 분열 (바벨탑 사건)	30	1757	2357	239 단명	2118 원1996년	고조선건국 BC2333 노아 725세
르우 (20,21절)	친구, 이웃	32	1787	2327	239	2088 원2026년	
스룩 (22,23절)	매우 단단한 힘, 활	30	1819	2295	230	2065 원2049년	
나홀 (24~25절)	콧김을 뿜다	29	1849	2265	148	2117 원1997년	
데라 (26~32절)	체류하다. 지체하다	70	1878	2236	205	2031 원2083년	
아브라함 (17:1, 21:5절)	열국의 아버지 많은 무리의 아버지	100 (25: 7,8)	1948	2166	175	1991 원2123년	노아 사망 BC2108 아브라함 50세때 고조선건국 225년후

"다음날 금마군으로 향하려 할 때, 이른바 '지석(支石)'을 구경했다. 지석이란 것은 세속에서 전해지기를 옛날 성인(聖人)이 고여 놓은 것이라 하는데 과연 기이했다."[동국이상국집]

바로 고인돌을 축조한 옛날 성인을 칭하는 이가 바로 노아를 가리키는 것은 아닐까요?

10 개천절(開天節)과 노아

노아홍수 사건이 있은 후, 노아가 방주에서 나와 새 시대를 열었던 해와 우리민족의 시작인 개천절이 놀랍게도 동일한 해입니다. 노아홍수가 있는 후 방주로부터 나왔던 해가 B.C.2,457년이고, 우리민족의 개천절의 시작도 노아가 방주에서 나와 새 시대를 열었던 동일한 해인 B.C.2,457년입니다. 신채호 선생과 함께 『대한매일신보』의 필진으로 활약한 장도빈(張道斌, 1888~1963, 단국대 설립 초대학장)은 『동광』 제7호(1926년 11월 1일)에 쓴 「단군사료」라는 논문에서 '개천(開天) 125년, 무진(戊辰) 10월 3일에 국인(國人)이 단군을 추대해서 임검(壬儉, 임금)으로 삼았고, 단군은 하백의 딸인 비서갑을 왕후로 취하고, 태자 부루를 낳았다'고 기록하고 있습니다. 단군이 추대된 해인 무진년(戊辰年 B.C.2,333년) 10월 3일은 개천(開天)한지 125년이라 했느니, 우리민족의 시작인 개천절(開天節)은 B.C.2,457년이 되는 것입니다. 환웅(桓雄)이 처음으로 하늘을 열고 태백산(백두산) 신단수 아래에 내려와 신시(神市)를 열어 홍익인간(弘益人間), 이화세계(理化世界)의 대업을 시작한 날을 상원 갑자년(上元甲子年) 음력 3월 30일, 즉 우리민족의 시작 연도를 서기전 2,457년 음력 10월 3일으로 잡은 근거는 환웅(桓雄)이 우리민족을 시작하면서 백성들을 교화하기 위해 만들었다는 우리민족 최초의 경전으로 추정되는 조선 초기 대학자 이맥이 쓴 [태백일사(太白逸史) 소도경전본훈(蘇塗經典本訓)]에 원문에 남아 있다는 [삼일신고(三一神誥)]에 근거한 것입니다.

"《삼일신고(三一神誥)》에 따르면 한배님(환웅)이 갑자년 10월 3일 태백산에 강림하여 125년간 교화시대를 지내고 무진년(戊辰年:B.C.2,333) 10월 3일부터 치화(治化)를 시작하였다."
[두산백과 개천절]

그러므로 우리민족의 시작은 갑자년(上元甲子年) 10월 3일, 즉 서기전 2,457년 10월 3일에 시작된 것입니다.

개천절은 B.C. 2457년

우리민족은 예로부터 국경일인 '개천절'을 거국적으로 기념해 왔습니다. 개천절의 시작은 실상 고조선 건국한 년도인 B.C.2,333년이 아니고 125년 앞선 B.C.2,457년으로 보는 것이 타당합니다.

"10월 3일. 1949년 10월 1일 '국경일에 관한 법률'을 제정·공포하여 이 날을 개천절로 정하고 국경일로 하였다. '개천'의 본래의 뜻은 단군조선의 건국일을 뜻한다기보다는 처음으로 하늘문을 열고 태백산 신단수(神壇樹) 아래에 내려와 홍익인간(弘益人間)·이화세계(理化世界)의 대업을 시작한 B.C.2,457년(上元 甲子年) 음력 10월 3일을 뜻한다고 보는 것이 타당하다."
[네이버 지식백과, 개천절 [開天節] (두산백과)]

사 건	요 절	계 산 법	사건 연도
솔로몬왕 즉위연도	왕상6:1	기준 연도	BC 970 (절대 연도)
솔로몬성전건축연도	왕상 6:1	-4	BC 966
출애굽연도	왕상 6:1	+480	BC 1446
야곱애굽입국연도	출12:40,41	+430	BC 1876
야곱출생연도	창47:9	+130	BC 2006
이삭출생연도	창25:26	+60	BC 2066
아브라함출생연도	창21:5	+100	BC 2166
데라출생연도	창11:26~32	+70	BC 2236
나홀출생연도	창11:24~25	+29	BC 2265
스룩출생연도	창11:22~23	+30	BC 2295
르우출생연도	창11:21~22	+32	BC 2327
벨렉출생연도	창11:18~19	+30	BC 2357
에벨출생연도	창11:16~17	+34	BC 2391
셀라출생연도	창11:14~15	+30	BC 2421
아르박삿출생연도	창11:12~13	+35	BC 2456
셈출생연도	창11:10~11	+100	BC 2558
노아출생연도	창5:32	+500	BC 1056
노아홍수연도	창9:28~29	-600	BC 2458 2월27일
방주에서나온연도	창9장	-365	BC 2457 2월27일

그러므로 개천절은 고조선이 건국된 B.C.2,333년을 기념하는 것이라기보다는 우리민족의 시작인 B.C.2,457년 10월 3일을 기념한다고 할 수 있습니다. 그래서 건국일이라고 하지 않고 하늘이 열렸다는 의미의 개천절이라고 하는 것입니다. 그러면 개천절과 노아와 무슨 관계가 있습니까? 놀랍게도 성경연도를 계산해보면 노아홍수는 B.C.2,458년에 있었고, 물이 말라 노아가 방주의 문을 열고 가족과 동물들과 다시 새 땅을 밟은 해가 다음해인 한민족의 시작한 해와 동일한 B.C.2,457년(上元甲子年)입니다. 과연 이것이 우연의 일치라고 할 수 있습니까? 아니면 새 시대를 다시 열었던 노아가 한민족의 시작이요 배달민족을 시작인 단군이었을까요?

일본총독부에 의한 민족말살정책

물론 삼국유사에 나온 우리민족의 시작과 건국의 이야기는 신화적 요소가 많이 가미된 내용입니다. 일본 강점기 때 일본이 우리민족이 5천년 역사를 가지고 있는 천손의 자손이요 고조선의 후예라는 한민족의 정체성과 자긍심이 너무 강한 것을 보고 민족의 정기를 말살하기 위해 단군과 단군조선에 관한 실존적인 내용이 담긴 모든 서적을 강탈하여 불사르거나 가져가고 단군을 신화라고 말하는 삼국사기와 삼국유사만 남겨 두었습니다. 그래서 실존했던 우리민족의 뿌리인 단군과 단군조선을 일개 신화로 만들었습니다. 당시에 우리나라 사람들은 단군과 단군조선을 신화로 믿는 사람은 거의 없었습니다. 단군과 단군조선의 실제를 신화로 믿게 했던 것이 바로 일본총독부에 의한 민족말살정책입니다. 실제로 일본 총독부 조선민족통치사를 보면 창씨개명을 통해서 먼저 '조상 단군'을 부정하게 하라는 명령이 기록되어 있습니다.

"조선인들은 역사적 자부심과 문화에 대한 긍지가 높아 통치하기가 어렵다. 그들을 대 일본제국의 식민으로 만드는 방법은 그들의 가장 큰 자긍심인 역사를 각색하여 피해의식을 심는 것이다.
조선인을 뿌리 없는 민족으로 교육하여 그들의 민족을 부끄럽게 하라. 문화역시 일본의 아류임을 강조하는 교육을 해야 한다. 그렇게 될 때 그들은 자신의 정체성을 잃고 스스로 대 일본제국의 시민으로 거듭나려 하고 싶어할 것이다. 창씨개명을 통해 먼저 조상 단군을 부정하게 하라. 그것이 식민국민을 식민국민답게 만드는 가장 좋은 방법이다."

5천년 역사를 가진 우리 민족의 시작인 단군과 단군조선을 완전하게 신화로 만든 일본 총독부는 1,916년에 조선역사편수회를 설립, 35권 2만 4천여쪽에 달하는 [조선사]를 새로 발행하여 기원 전 2,457년 동안(B.C2457~0년) 존재해 왔던 우리민족의 기원전 역사를 완전히 지워버리고, 뿌리 없는 외곡된 역사관을 심었습니다. 여기서부터 수천년 동안 실제 했던 단군조선이 [단군신화]가 되어버린 것입니다.

그러나 우리 민족은 수천년 동안 이어져 왔던 국가 경축일인 개천절을 통해 기원 전 2,457년에 시작된 우리민족의 기원과 기원전의 역사인 단군과 단군조선의 역사의 실체성을 계속해서 부활시켜 왔습니다. 우리민족의 시작을 기념 하는 하나님께 감사 제사하는 제천행사인 개천절은 고조선 시대부터 대대로 우리민족의 기원을 기념하던 국가적인 경축일인 동시에 민족적인 정통 명절이었습니다.

　고조선 시대에는 음력 3월 16일에 강화도 마니산에서, 10월에는 백두산에서 하나님께 제사하는 제천행사인 대영절(大迎節)이 있었습니다. 그리고 이런 행사는 부여의 영고(迎鼓), 고구려의 동맹(東盟), 예맥의 무천(舞天), 백제의 교천(郊天), 마한과 변한의 계음(契飮), 신라와 고려의 팔관회(八關會) 등에서 찾아 볼 수 있습니다. 이런 우리민족의 시작을 기념하며 하나님께 감사 제사하는 체전 행사의 중심에는 제단이 있었습니다. 그것이 고조선 때 단군이 하나님께 제사하기 위해 세워다는 강화도 마니산(거룩한 산: 마리산)의 첨성단이고, 고려사에 기록되어 있는 환단구입니다.

"꼭대기에 참성단이 있는데 돌로 쌓아서 단의 높이가 10척이며...
조선 단군이 하늘에 제사 지내던 석단이라 한다
산기슭에 재궁이 있는데 예로부터 매년 봄, 가을에 대언을 보내어 초제를 재냈었다."
[세종실록지리지, 강화 도호부]

"부의 남쪽 산정에는 참성단이 있는데 세상에 전해지기로 단군제천단이라 한다."
[고려사 권제56, 16장 뒤쪽, 지10 지리1 강화현]

"환구단(圜丘壇)은 천자가 하늘에 제사를 드리는 곳으로, 일명 환단(圜壇)이라고도 한다. 1967년 7월 15일에 사적 제157호로 지정되었고, 서울특별시 중구청에서 관리해오고 있다.

환구단은 천자(天子)가 하늘에 제를 드리는 둥근 단으로 된 제천단(祭天壇)인데, 예로부터 '천원지방(天圓地方)'이라 하여 하늘에 제를 지내는 단은 둥글게, 땅에 제사 지내는 단은 모나게 쌓았다.

국왕이 정결한 곳에 제천단을 쌓고 기원과 감사의 제를 드리는 것은 농경문화의 형성과 더불어 일찍부터 있었다. 우리나라에서도 983년(고려, 성종2) 정월에 왕이 환구단에 풍년기원제(豊年祈願祭)를 드렸다는 『고려사(高麗史)』의 기록으로 보아, 이미 이전부터 이러한 의식이 행하였다고 추측된다.

이러한 제천의례는 조선시대에도 계승되었다. '1398년(태조 7) 4월, 가뭄이 심할 때 종묘(宗廟)·사직(社稷)·원단(圓壇)과 여러 용추(龍湫, 폭포수 아래의 깊은 웅덩이)에 비를 빌었다.'는 실록의 기록은 이를 잘 말해준다.

...그 뒤 1899년(광무 3)환구의 북쪽에 황궁우(皇穹宇)를 건립하고 신위판(神位板)을 봉안하면서 태조를 추존하여 태조고황제(太祖高皇帝)로 삼고, 환구 황지기 위의 동남에 배천(配天)하였다.

1,913년 일제에 의하여 환구단이 헐리고 그 터는 지금 조선호텔이 되었는데, 화강암 기단 위에 세워진 3층 팔각정의 황궁우는 지금도 남아 있다."

[네이버 지식백과, 환구단 (한국민족문화대백과, 한국학중앙연구원)]

'고려사'에 의하면 서기 983년인 고려 성종 2년 정월에 왕이 친히 '환구제'를 드렸으며 '조선왕조실록'에 의하면 태조 3년인 1,394년과 세종 원년인 1,419년에 '환구제'를 올렸고, 세조 때는 천제를 나라의 최대 행사로 제도화 하여 세조 3년 1,457년부터 매년 '환구제'를 올렸으나, 천자가 아닌 왕이 하늘에 제사를 지내는 것이 옳지 않다는 중국의 압력과 사대주의자들의 강압에 의해 1,464년 '원구제'를 마지막으로 중단이 되었습니다. 이로부터 433년이 지난 후 고종 때 이르러 천제를 복원해야 한다는 의정 심순택의 상소를 가납하여 소공동에 환구단을 세우고 천제제천권의 회복과 함께 대한제국을 선포하면서 황제 즉위의식을 올리고 자주 독립국임을 만천하에 선포하였습니다. 이는 대한민국이 하나님께서 세운 나라요 천자의 자손임을 선포한 것입니다. 이 얼마나 놀라운 사건입니다. 우리민족의 참 신앙이 하나님을 섬기는 신앙임을 선언한 위대한 사건입니다.

이렇게 시작된 나라가 대한민국입니다. 그리고 대한민국의 첫 국회와 초대 대통령이 대한민국은 하나님께서 시작한 나라라고 선포하면서 시작하였습니다. 대한민국은 하나님께서 노아를 통해 세운 하나님의 나라요 천손인 무지개 민족의 부활인 것입니다.
그러나 또다시 일제와 친일파들이 이를 시기 질투하여, 천제는 일본 천왕만이 지낼 수 있다며 '환구단'을 헐고 그 자리에 철도 호텔을 지었습니다. 가장 성스러운 제천단이 일본의 호텔로 둔갑을 하였고, 이후 철도호텔 자리에 조선호텔이 세워진 것입니다.

그러나 하나님께서는 무지개 민족의 땅에 하나님께 제사하는 셀 수 없는 참 제단들인 교회를 세웠습니다. 많은 무지개민족의 후손들에 의해 새벽부터 시작해서 날마다 하나님께 제사를 드리는 나라가 되었습니다. 이것은 무지개민족인 대한민국에 무지개 언약을 성취하고 계시는 하나님의 역사입니다. 이런 역사적인 실증들은 단군과 단군고조선이 신화가 아니라 역사속에 실존했던 실체이며 하나님의 경륜인 무지개 언약 안에 있는 선민임을 실증하고 있는 것입니다.

이제 독자는 자신이 마지막 시대에 시대적인 사명을 위해 구분해 놓으신 언약의 자손이요 천손이었음을 분명하게 인식할 수 있을 것입니다. 중국 후한의 학자 채옹(蔡邕, 132~192)은 우리민족의 원류인 동이(東夷)는 자신들이 천자(天子), 즉 천손(天孫)이라는 사실을 분명하게 인식하고 자신들 스스로를 천자(천손)라고 불렀다고 기록하고 있습니다.

"천자의 호칭(天子之呼稱)은 동이(東夷)와 북적(北狄, 우리민족의 한 갈래인 몽골, 흉노)이 쓰는 호칭이니(夷狄之所稱) 하늘과 땅을 부모로 섬기는(父天母地) 까닭에 천자(천손)라 한 것이다(故稱天子)"[채옹, 독단(獨斷)]

그러면 왜 이 시대에 하나님께서 우리가 누구인지를 보게 하는 것일까? 그것은 마지막 시대에 감당해할 시대적인 사명이 있기 때문인 것입니다. 우리 민족을 향한 시대적인 사명이 무엇일까?

맺는 말

세월을 너무나 거슬러 올라간 고대사를 다루다 보니 추론적인 논증이 많이 있지만, 그 논증을 뒷받침 하는 자료들을 제시하려 노력했고, 자료가 없으면 합리적 논리성을 가지고 논제의 답에 도달하려고 숙고했습니다. 이를 통해 우리민족의 근원적인 정체성에 도달하게 됩니다.

노아와 언약자손들에 의해 건국된 나라, 고조선!
천손의 나라, 고조선!
선민의 나라, 고조선!
하나님의 언약을 계승한 무지개 나라, 고조선!

민족과 나라에 대한 바른 역사관은 바른 정체성과 세계관을 갖는 데 중요한 영향을 줍니다. 역사에 대한 바른 인식은 인간의 역사로만 보면 결코 바른 역사인식을 가질 수 없습니다. 역사는 하나님이 주관하기 때문에 반드시 하나님의 거시적인 경륜의 관점에서 인간 역사를 이해해야 됩니다.

일반적인 사람들의 역사관은 그 시대에 일어나는 사건의 인과관계와 사람들의 역사로만 해석합니다. 그러나 인류 역사는 단순히 사람의 역사가 아니라 하나님의 경륜과 그 목적 속에서 하나님의 주관하시는 손 길 안에서 진행 되고 있고, 역사가 만들어지고 있음을 보아야 합니다. 그리고 하나님의 궁극적인 목적을 위해 하나님의 언약이라는 거대한 레일 위에서 인류의 역사라는 기차는 하나님의 최종적인 목적지를 향해 가고 있다는 사실을 보아야 합니다. 일반 역사이든 성경의 역사이든 간에 모두 하나님의 주권 안에서 인류의 역사는 시작되었고 과정을 거쳐 정해진 목적을 향해 가고 있음을 보아야 합니다.

일반 역사가들은 인류의 역사 속에 숨겨진 하나님의 언약이 있음과 그 언약이 인류의 역사를 견인하여 이끌고 있다는 사실을 결코 보지 못할 것입니다. 그러나 성령의 지혜가 임하고 성경을 바로 깨닫고 인류의 역사를 보게 될 때, 인류 역사의 흐름의 중심에는 하나님의 영원한 계획이 담겨진 하나님의 언약이 있는 것이고, 하나님의 언약은 인류역사 속에서 최종적으로 성취되어 창조 세계에 하나님의 뜻이 성취될 것이라는 사실을 깨닫게 되는 것입니다.

그러므로 우리의 민족의 시작과 과정도 하나님의 경륜과 목적과 하나님의 언약 안에서 바로 재해석 될 필요가 있습니다. 왜냐면 그렇게 될 때 역사를 바르게 볼 수 있을 뿐 아니라 우리 민족의 정체성과 우리의 민족적 사명을 바로 인식할 수 있기 때문입니다.

후속편

'대한민국에 계승된 잃어버린 무지개 언약과 셈의 언약의 비밀, 그리고 대한민국 건국에 숨겨진 역사에 관하여…

부록

◉ 성경연대 계산법

성경연대기를 바로 아는 것은 성경적으로 한국사를 재조명하고 대한민국이 시대적인 사명을 가진 노아가 시작한 무지개 민족이라는 사실을 입증하기 위해 중요한 근거가 된다.

아담의 출생연도 : 기원 전4,114년
노아홍수 : 기원 전 2,458년
고조선 건국 때 노아 나이 : 725세
아브라함 : 기원 전 1991년
출애굽 연도 : 기원 전 1446년

이와 같은 숫자(연도)가 어떻게 계산 됐을까? 이것이 과학적인 근거에 의한 합리적인 사실에 입각해 나온 산출치인가? 아니면 단지 추론에 불과한 것인가? 성경의 연대기를 정확하게 계산하는데 있어 가장 중요한 것은 성경연대기를 계산하는 기준점이다. 즉 일반 역사의 연대기를 성경에 적용하여 성경의 연대기를 계산하기 위한 기준이 되는 년도를 찾아내어 기준으로 삼는 것이다.

1 성경 연대기 기준점

성경연대기의 기준점은 솔로몬의 등급년도와 출애굽 년도이다. 먼저 성경연도의 기준이 되는 두 사건 년도를 어떻게 과학적으로 계산하는 살펴본다.

기준 연도를 계산하기 위해 가장 중요한 성경말씀은 열왕기상 6장 1절에 근거한다. 이 근거에 따라 성경연대의 기점이 되는 솔로몬의 등극 연도인 기원 전 970년이 산출이 되고, 그 기준에 따라 또 하나의 성경연대의 기준 년도가 산출 되는데, 출애굽 년도인 기원 전 1,446년이 얻을 수 있다.

'이스라엘 자손이 애굽 땅에서 나온 지 사백팔십 년이요 솔로몬이 이스라엘 왕이 된 지 사 년 시브월 곧 둘째 달에 솔로몬이 여호와를 위하여 성전 건축하기를 시작하였더라' (왕상6:1)

'솔로몬이 예루살렘 모리아 산에 여호와의 전 건축하기를 시작하니 그곳은 전에 여호와께서 그 아비 다윗에게 나타나신 곳이요 여부스 사람 오르난의 타작 마당에 다윗이 정한 곳이라 솔로몬이 왕위에 나아간 지 사년 이월 초이일에 건축하기를 시작하였더라'
(대하3:1-2)

출애굽 년도는 이렇게 산출할 수 있다. 솔로몬의 등극연도는 공식된 연도로서 B.C.970년이다.(뒷 부분에서 다룸) 그리고 열왕기상 6장 1절에 솔로몬이 등극한지 4년이 지난해가 이스라엘 자손이 애굽에서 나온지(출애굽) 480년이라고 했으니, 출애굽 연도는 솔로몬이 등극한지 4년이 지난해인 B.C.966년에 480년을 더하면 출애굽 년도가 나오게 된다.

 BC966년(970년 - 4년) + 480년 = BC1446

출애굽한 년도를 기점으로 성경적으로 역추적해 나가면 아브라함의 출생연도를 산출할 수 있고, 노아 홍수 사건 연도 뿐만 아니라 아담의 출생 연도도 찾아낼 수 있다.

2 아브라함 출생 연도 계산법

출애굽 한 해인 기원 전 1,446년을 기준으로 해서 성경의 기록을 추적해 보면 아브라함의 출생년도는 기원 전 1,991년이라는 사실을 알 수 있다.

1) 출애굽 연도로부터 애굽 입국 연도 산출법

야곱이 애굽에 입국한 연도는 애굽에 430년 종노릇 했다고 했으니, 출애굽 연도에 애굽 종노릇 한 430년을 더하면 됨 (창12:40,41)

출애굽 한 해 BC1446+애굽 종노릇 430=야곱 애굽 입국 BC1876

2) 애굽 입국 년도로부터 야곱의 출생연도 산출법

야곱이 애굽에 입국한 해의 나이가 130살이라고 했으니 야곱의 출생연도는 애굽 입국 년도에 130년을 더하면 된다. (창47:9)

야곱 애굽 입국 연도 BC1876년 +130살 = 야곱의 출생 연도 BC2006

구약 연대 계산법

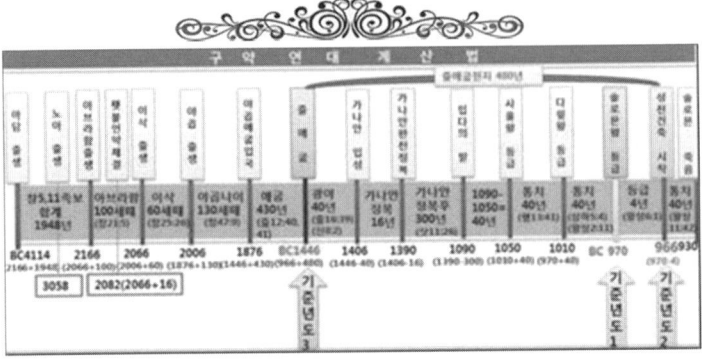

‖ **연대 계산법** 성경에서 연도를 계산할 수 있는 기준이 되는 절대 연도는 출애굽한 해인 BC1446
▯ "이스라엘 자손이 애굽 땅에서 나온지 사백팔십 년이요 솔로몬이 이스라엘 왕이 된지 사 년" (왕상 6:1)

‖ **출애굽 연도 계산법** 솔로몬이 등극한 연도는 역사적으로 입증된 절대연도
1 솔로몬 등극 연도 BC970: 솔로몬이 등극한 연도는 역사적으로 입증된 절대 연도
2 왕상 6:1에 근거해서 출애굽 연도는 솔로몬이 등극한지 4년이 된 시점이 출애굽 한지 480년이라고 했으니 출애굽 연도는 솔로몬 등극 4년이 지난 해인 966년 (970-4년)에 출애굽 하고 지난 연도인 480년을 더하면 정확한 출애굽 연도가 나온다. 966(970-4년) + 480 = 1446년

3) 야곱의 출생 년도로부터 이삭의 출생 연도 산출법

이삭이 야곱은 60세에 나았다고 했으니까, 이삭의 출생연도는 야곱의 출생연도에 60살을 더하면 된다. (창25:26)

야곱 출생연도 B.C.2006년+100살=이삭 출생연도 BC2066

4) 야곱의 출생년도로부터 아브라함의 출생연도 산출법

아브라함이 이삭을 100세에 출생했다고 했으니까, 아브라함의 출생연도는 이삭의 출생연도에 100살을 더하면 된다. (창21:5)

이삭 출생연도 BC2066년+100살=아브라함 출생연도 BC2166

이런 식으로 창세기 11장을 통해 셈까지 출생연도를 계산할 수 있고, 창세기 5장을 통해 노아로부터 아담의 출생연도를 추적하여 계산할 수 있다. (도표 참조)

이를 통해 인류의 시작인 아담의 출생연도가 B.C.4,114년이라는 발견할 수 있고 인류문명의 시작이라고 일컫는 메소포타미아 지역에서 시작됐다는 인류최초의 문명인 수메르문명 (B.C.3500년 전)보다 약 500년 전에 인류가 시작됐다는 것을 알 수 있다.
그리고 노아의 출생연도가 B.C.3,058년이라는 사실과 고조선 건국이 B.C.2,333년이라고 했으니, 고조선이 건국될 해에 노아 나이는 725세라는 것을 알 수 있다. 그 때가 바벨탑 사건이 있었던 때임을 알 수 있다.
노아는 950살까지 살았다고 했으니, 고조선이 건국한지 225년
더 살았으며 아브라함이 2,166년에 출생했으니, 노아와 아브라함은 58년 동시대에 살았던 것을 알 수 있다.

노아는 중국의 고서에서 문명의 아버지요 인류가 멸망 당한 대 홍수에서 살아남았다고 하는 중국의 조상이라고 주장하는 태호복희씨(B.C.2800년)와 동시대 사람인 것을 알 수 있다. 그리고 중국의 최초의 나라인 하나라가 건국(B.C.2070년)되기 38년 전에 B.C.2108년에 사망 한 것을 알 수 있다.

창세기 5장 언약 자손의 족보(10대)

이름	뜻	자녀출생 · 세	출생연도 + 자녀출생	출생연도 - 자녀출생	수명	사망연대 출생-수명	시대	기간(년)
아담 창5:3~5	붉다 : 땅(adamah) 사람은 하나님의 땅	130	0 (원년) (아담 역)	BC4114	930	BC3184 원년930	홍수전	1656
셋 6~8절	다른 씨 천국복음 – 하나님	105	130	BC3984	912	BC3072 원1042		
에노스 9~11절	연약한 사람(창4:29) 회개, 영접	90	235	BC3879	905	BC2974 원1140		
게난 12~14절	광대한 소유, 둥지 복음 전파	70	325	BC3789	910	BC2879 원1235		
마할랄렐 15~17절	찬양 영광 돌리는 삶	65	395	BC3719	895	BC2824 원1290		
야렛 18~20절	내려온 자 재림 기대	162	460	BC3654	962	BC2824 (원1290)		
에녹 21~24절	봉헌, 개시, 선생 휴거 유1:14	65	622	BC3492	365	BC3127 (원987)		
므두셀라 28~31절	죽으면 끝이 온다 종말, 심판	187	687	BC3427	969	BC2458 (원1656)		

라멕 28~31절	강한 자, 정복자 왕권, 천년왕국	182	874	BC3240	777	BC2463 (원1651)		
노아 창5:32	안식, 안위, 휴식 방주-새 예루살렘	502	1056	BC3058	950	BC2108 (원2006)		
노아홍수해 창7:11	노아600세 되던 해 창7:11, 9:28,29		1656 2월27일	BC2458 2월27일		노아 홍수후 350년 더 삶		

창세기 11장 언약 자손의 족보(10대)							시대	기간
이름	뜻	자녀 출생 (세)	출생 연대 (아담역)	출생 연대 BC	수명	사망 연대 (출생-수명)		
셈 10,11절	이름, 명예, 명성	100	1558	BC2556	600	BC1956 원2158		
아르박삿 12,13절	영역	35	1658	BC2456	438	BC2018 원2096		
셀라 14,15절	보냄을 받은 자 확장	30	1693	BC2421	433	BC1988 원2126		
에벨 16,17절	건너온 자	34	1723	BC2391	464	BC1927 원2187		
벨렉 18,19절	나뉨, 분리, 분열 (바벨탑 사건)	30	1757	BC2357	239(단명)	BC2118 원1996	고조선 건국 BC2333 노아나이 725세	
르우 20,21절	친구, 이웃	32	1787	BC2327	239	BC2088 원2026		

이름	뜻	나이					비고
스룩 22,23절	매우 단단한 힘, 활	30	1819	BC2295	230	BC2065 원2049	
나홀 24~25절	콧김을 뿜다	29	1849	BC2265	148	BC2117 원1997	
데라 26~32절	체류하다. 지체하다	70	1878	BC2236	205	BC2031 원2083	
아브라함 17:1, 21:5절	열국의 아버지, 많은 무리의 아버지	100 (25:7, 8)	1948	BC2166	175	BC1991 원2123	노아사망 BC2108년 아브라함 50세 때 고조선 건국 후 225년후 사망

그러면 이러한 성경연대의 기준점이 되는 솔로몬의 등극한 연도인 B.C.970년이 과학적인 객관성이 있는 사실에 기초한 연도인가?

3 성경기준 연도의 객관성

성경 연대기의 기준연도가 되는 솔로몬의 등극 연도인 기원 전 970년이 잘못 된 것이라면 그 기준을 통해 계산된 성경의 모든 연도들 잘못 된 것이 된다. 따라서 성경 연대기의 기준 연도가 되는 B.C.970년이 과연 객관적이고 과학적인 근거에 의해 산출된 것이지 분명히 해 둘 필요가 있다.

1) B.C.970년인 솔로몬 등극연대는 확증된 앗수르 연대기에 기초하고 있다.

앗수르 연대기는 과학적으로 확증된 연대이다. 앗수르의 연대기가 어떤 연수를 말할 때에 그것은 태양력을 따른 것이고, 앗수르의 연대기의 기록에는 천체의 현상에 대한 기록들이 있으며, 이것을 근거로 과학적인 정확한 연도를 계산해 낸 것이다. 이를테면 앗수르 역사에 '불-사갈레'라는 에포님(eponym)해의 '시무누'달에 일식이 있었다는 기록이 있다. 천체프로그램을 통해 수천 년 전에 어느 나라에 일식이 몇 년, 몇 월, 몇 날에 있었는지 확인할 수 있다. 이를 통해 학자들은 앗수르의 역사에 있었던 일식이 있었던 에포님 해가 B.C.763년 6월 15일로 밝혀냈다.

그런데 성경은 앗수르와 이스라엘 사이에 공동의 사건이 기록되어 있다. 이 공동의 사건을 통해 이스라엘 역사의 정확한 연대를 산출할 수 있다. 이를 테면 앗수르와 이스라엘 간의 공동의 사건 기록이 열왕기하18장 13절에 히스기야왕 제14년에 예루살렘성이 앗수르의 산헤립에 의해 포위된 것이 기록 되었는데, 그 때가 앗수르 연대기에 의하면 주전 701년에 해당한다. 결국 이스라엘 히스기야왕 제14년은 B.C.701년이 되는 것이다.

'히스기야왕 십사 년에 앗수르 왕 산헤립이 올라와서 유다 모든 견고한 성읍들을 쳐서 취하매' (왕하18:13)

이를 근거로 해서 성경에 나타난 이스라엘과 유다 왕들의 통치기간을 통해 B.C.970년이 솔로몬 등극 년도가 B.C.970년으로 정확하게 산출된 것이다.
이것을 찾아내고 학문적으로 정리해서 발표한 학자가 성경고고학자인 에드윈 R. 딜레이다.
[에드윈 R. 딜레, 히브리왕들의 연대기, 한정건역, 서울:기독교 문

서 선교, viii, 2005]

'앗수르 연대기는 천체에 대한 기록들을 근거로 천문학적으로 증명되었는데, 앗수르 연대기로 주전 701년은 왕하18:13절의 히스기야왕 제14년에 예루살렘을 포위했던 사건이 있었던 해이며, 주전 841년에 이스라엘에 예후가 즉위했고 유다에서는 아달라가 통치를 시작했다. 이것이 히브리왕들의 연대를 확정할 수 있는 두 기둥이 되고, 이에 따르면 솔로몬의 즉위는 B.C970년경이 확실하다.
[에드윈R.딜리. 히브리왕들의 연대기, 한정건역, 서울, 기독교문서선교회, 2005참조" 이병수 편역, 엿새 동안에, 세창미디언, 65p]

라이프성경 사전에서도 솔로몬의 직위 년도를 B.C.970년으로 보고, 성전 건축을 솔로몬 재위 4년 후 시브 월, 즉 B.C.966년 4-5월경으로 기술하고 있다.

"솔로몬은 재위 4년 시브 월(B.C.966년 4-5월경)에 성전 건축을 시작하여 11년 불 월(B.C.959년 10-11월경)까지 7년 6개월 간의 성전 건축을 완료하고 하나님께 봉헌하였다."
[가스펠서브, 라이프 성경사전, 생명의 말씀사. 2006.8.15]

2) 일반역사와 성경역사를 하나를 만든 데이비드 다운 (David Down) 학자

수 세기를 통해 일반 고고학자들뿐 아니라 심지어 성경 고고학자들도 일반역사와 성경역사는 다르다고 말할 수밖에 없었던 이유가 부풀려진 이집트 연대기를 표준연대기로 삼았기 때문이다. 이집트 표준 연대기가 문제가 있음을 밝혀낸 사람이 데이비드 다운이라는 호주의 성경고고학자이다.

그는 삼촌과 함께 이집트 카이로 박물관에 방문했다가 놀라운 사실을 발견한다. 그는 이집트 표준 연대에 따르면 출애굽 때 이집트를 통치하고 있었던 왕인 에멘호텝 2세가 미라가 되어 전시 되어 있는 것을 보게 되었다. 그는 혼란스러웠다. 왜냐면 이집트 표준 연대에 따르면 그는 출애굽 당시 이집트의 왕으로서 당연히 홍해 바다에 속에 있어야 할 왕이 맞는데 미라가 되어 카이로 박물관에 전시 되어있었기 때문이다. 그렇다면 이집트 표준 연대가 틀리거나 성경역사가 사실이 아니거나 한 것이다. 그래서 그는 고고학자가 되었고 평생을 받쳐서 결국 이집트 표준 연대가 잘 못 되었음을 밝혀냈다.

이집트 표준 연대기는 약500년 이상 부풀려 작정 된 것이었다. 그에 의하면 여러 증거들이 있지만 그 중에 하나를 소개하면 이런 것이다.

이집트 표준 연대기에 의하면 히타이트(성경에서는 헷 족속이라 칭함) 민족은 B.C.1200년에 멸망되어 없어진 것으로 되어 있다. 그런데 앗수르 연대기에 의하면 500년이 흐른 B.C.700년 경에 B.C.2000년 이집트 표준 연대기에 나타난 히타이트의 왕들이 이름과 동일한 히타이트와 앗수르가 전쟁한 사건으로 기록하고 있다. B.C.2000 이집트 연대기에 나타난 히타이트 왕들의 이름과 500년 후, 앗수르 연대기에 B.C.700에 앗수르하고 전쟁하는 히타이트 왕들의 이름하고 동일하면 이집트 연대가 500년이 부풀려 작정 된 것이던지, 아니면 앗수르 연대가 500년이 잘못 되어 빠진 것이 된다. 그래서 연구해 본 결과 이집트의 표준 연대가 500년 정도가 부풀려 작정 된 것이 밝혀냈다. 그렇게 잘 못 작정된 이유가 거대한 이집트 지역한 동 시대에 여러 바로들이 함께 존재했던 것을 알아냈다. 이 동시대에 여러 바로들을 잘 못 일렬로 정렬하여 연대를 계산하다 보니 심하게는 500년 이상 부풀려 작정 되었던 것이다.

이집트 표준 연대기를 처음 만든 사람은 AD300년에 마네토라는 사람이다. 그는 300년 당시 마네토가 이집트 연대 정립, 그 당시 자료들 모아서 수많은 바로들을 종대로 정리하였다. 그러나 동시대에 수많은 바로들이 이집트에 존재했는데 그는 심지어 동시에 70명의 바로들이 존재했었다고도 한다. 그러므로 이집트 표준 연대기는 약 500년이라는 부풀려 작성된 것이기 때문에 성경의 역사를 이집트 연대를 통해 고고학적 증거를 찾아보려고 하지만 실패했던 것이다. 수정된 이집트 표준 연대에 근거해서 성경의 역사를 다시 보면 출애굽 당시 왕은 제 18왕조 아멘호테프 2세가 아니고, 실제는 제 13왕조 카섹엠르 네페호텝 1세가 된다. 그것이 확실시 되는 것은 수정된 표준 연대기로 살펴보면 제 15,16왕조가 이민족의 힉소스의 의해 108년 동안 통치하게 된다.

그 강성했던 초대강국인 변변한 전쟁도 없이 어떻게 이민족이 들어와서 이집트를 다스리게 되었을까? 일반역사로는 이해할 수 없는 역사적 기록이다. 변변한 전쟁의 역사도 없이 어떻게 이민족이 초강대국인 이집트를 갑자기 통치하게 되었을까? 일반 학자들에게는 미스테리 사건인 것이다.

그러나 성경의 역사로 바로 보면 숙제는 쉽게 풀리게 된다. 제 13조 때는 출애굽 사건이 있었던 때인데 열 가지 재앙으로 나라가 초토화 되었고, 장자는 모두 죽고 왕과 신하와 군사들은 홍해에 완전히 수장되었다. 그 결과 아마도 케섹엠르 네페호텝 1세의 차남이 이어서 바로가 되었겠지만 군사와 중요 정치세력이 거의 다 몰살 당했으니 이민족인 힉소스 (Hyksos)가 들어가 변변한 전쟁도 없이 어부지리로 이집트를 정복했던 것이다. 그러므로 부풀려진 약 500년의 기간을 빼고 다시 정리하면 성경역사가 일반 역사에 살아서 선명하게 나타나게 된다.

필자도 한 때 이집트 연대기가 말하는 이집트의 역사를 듣고 사실 혼란스러웠다. 왜냐면 노아홍수는 분명 성경연대로 보면 B.C.2458년에 있었는데, 이집트는 B.C.3000년경으로부터 시작했던 수 천 년 동안 이어왔다는 것이다. 아니 노아홍수를 통해 오직 노아의 가족만 살아남았다면 이집트 문명도 B.C.2458년 이후에 시작 됐다고 해야 맞는 것인데 어떻게 노아홍수가 있기 522년전부터 시작해서 노아홍수 이후까지 유구하게 이어져 왔다고 하는 것인가? 그렇다면 이집트 연대가 최소한 500년 이상 부풀려 있던지 아니면 앗수르 연대에 기초한 성경연대가 잘 못된 것이다.

이 문제는 또한 실상 이집트 연대가 맞는 것이냐 앗수르 연대가 맞느냐는 문제이기도 하다. 그러나 분명 앗수르 연대에 기초한 성경연대가 맞는 것이다. 왜냐면 성경에서 이집트 민족은 노아의 증손자인 미스라로부터 시작된 민족이라고 분명히 증거하고 있기 때문이다.

3) 분별왕국의 시점을 통해

솔로몬의 죄악으로 자식 때 남유대와 북이스라엘의 나뉘게 된다. 그 때가 B.C.930년이다. 그리고 솔로몬의 동치가 40년이라고 했으니 솔로몬의 등극 년도는 B.C.970년이 된다. (왕상11:41, 대하 9:29-30)

남 유다	북 이스라엘
르보호암 BC930-913	여로보암1세 BC930-909
아비야 BC913-910	나단 BC909-908

"이 외에 솔로몬의 시종 행적은 선지자 나단의 글과 실로 사람 아히야의 예언과 선견자 잇도의 묵시 책 곧 잇도가 느밧의 아들 여로보암에 대하여 쓴 책에 기록되지 아니하였느냐 솔로몬이 예루살렘에서 온 이스라엘을 다스린 지 사십 년이라
솔로몬이 그의 조상들과 함께 자매 그의 아버지 다윗의 성에 장사되고 그의 아들 르호보암이 대신하여 왕이 되니라"
(대하9:29-30)

아담의 출생 연도 다른 견해들

견 해	아담 출생연도
이집트에서 발굴된 '에덴을 떠난 사람들'	기원전 7,000년
맛소라 성경	기원전 4,161년
아일랜드 주교인 제임스 어셔 (James Ussher, 1654)	기원전 4,004년
사학자 세터필드 (Beey Setterfield)	기원전 5,800년
창조과학회 김홍석	기원전 4,174년

 ## 대홍수 년도와 바벨탑 사건시기에 대한 다른 견해

"창세기의 대홍수는 아담의 창조 후 1,656년 즉 B.C2,348? 또는 2,518년, 바벨탑 사건은 기원전 2,243년이나 2,417년경…"
[임번삼, 설문해자에 나타난 창세기. 20P. 크리스챤 서적]

'어셔 (Ussher) 대주교가 추론한 성경 연대기에 따르면, 대홍수는 B.C. 2349-2348 년에 일어났으며, 벨렉은 약 백년 후인 B.C. 2247 년에 태어났다…

 ## 바빌론이 시작되다

"때는 B.C. 331년이었다. 알렉산더 대제가 아르벨라 (Arbela, 앗시리아의 고대 도시) 근처의 가우가멜라 (Gaugamela)에서 다리오 (Darius) 왕을 쳐부순 후에, 그는 바빌론 (Babylon)으로 여행을 했다. 거기서 그는 갈대아 사람들 (Chaldeans)이 1,903년 동안 천문 관측을 한 자료들을 받았는데, 갈대아 사람들은 그것이 바빌론의 창시부터 시작된 것이라고 주장했다. 이 말이 맞다면 바빌론의 창시가 B.C 2234년이 되며, 벨렉의 출생 후 13년 뒤이다. 이것은 AD 6세기에 라틴의 작가였던 심플리키우스 (Simplicius)가 쓴 '하늘에 관하여 (De Caelo)'의 여섯 번째 책에 기록되어 있다. 포피리 (Porphyry, 비기독교인 그리스 철학자, AD 234-305경)도 역시 같은 숫자로 추론했다."

[출처 Ussher J., Annales Veteris Testamenti, Flesher and Sadler, London, p. 5, 1654. (This work is in Latin. I am preparing a new English translation, which is scheduled to be published in September 2000. The paragraph number for this footnote is 49 in that revised work.)]

 이집트가 등장하다

"비잔틴의 연대기 작가 콘스탄티누스 마나세(Constantinus Manasses, 1,187년 사망)는 이집트인의 국가가 1663년 동안 지속되었다고 적고 있다. 그것이 맞다면, 페르시아의 왕인 캄비세스 (Cambyses)가 이집트를 정복한 B.C. 526년으로부터 거꾸로 계산하면, 이집트의 창시는 B.C. 2188 년이 되는데, 이는 벨렉의 출생 후 약 60년이 되는 시기이다. 이때쯤 함(Ham)의 아들인 미스라임 (Mizraim)이 그의 집단을 이집트로 인도했다. 그래서 히브리 단어로 이집트가 미스라임이다 [Even now, Egyptians call their country

Mizr.]. (또는 때때로 '함의 땅'이라고도 한다. 예를 들면 시편 105:23,27)."
[출처 창조과학회, 벨렉의 시대에 : 고대문헌은 성경의 연대기와 전적으로 일치한다]

J. Osgood는 노아홍수 시기를 홍수는 B.C 2304 ± 11년으로 잡는다.

'신뢰할만한 확실성을 가질 수 있는 다음 날짜는 B.C. 967년(또는 2,948년 전)이다. 이것은 솔로몬이 성전의 건축을 시작한 날짜(열왕기상 6:1)이다. 왜 이 사건이 B.C. 967년에 일어났는가에 대한 상세한 증거에 관심을 가지고 있는 사람들을 위해서, 필자는 에드윈 틸레(Edwin Thiele) 교수의 '히브리 왕들의 신비로운 숫자들(The Mysterious Numbers of the Hebrew King)'를 소개하고자 한다. 그의 작업은 고대 앗시리아 문화의 연대기와 성경적 기록이 모두 그 날짜를 가리키고 있다는 것으로 요약될 수 있다. 열왕기상 6:1절에 이스라엘 민족이 애굽(이집트)을 떠난 때부터 솔로몬이 성전 건축을 시작할 때까지 480여 년이 걸렸다는 기록도 그 날짜를 알 수 있는 데에 도움을 주고 있다.

그러므로 출애굽은 대략 1981 + 967 + 480년 전, 다시 말하면 3,428년 전, 또는 B.C 1447 ± 1년에 일어났다. 왜 ± 1년 인가? 연대학자들이 성경에 기록되어 있는 족보나 연대기를 비교해본 바에 따르면, 주목할만한 흥미로운 점이 있는데, 이들 리스트들은 전부 년 단위로 사용되어졌다는 것이다 (예로 창세기 11장). 만약 어떤 사람이 44세에 그의 아들을 낳았다고 기록되었다면, 그는 어쩌면 45세에 가까운 44세 일지도 모른다. 어찌됐든, 그는 12달 기간 중에서 여전히 44세인 것이다. 이것은 리스트에 올라있는 각 사람이나 사건들에 있어서 12개월, 또는 1년의 오차 한계를 가질 수 있다는 것이다. 성경은 노아의 홍수를 출애굽 이전에 있었던 하나의 중요한 시점으로 기록하고 있기 때문에, 출애굽 이전으로 우리를 데려갈 자료들을 검사해 보자.

바울(Paul)은 고등교육을 받은 유대인이며, 히브리어에 능통하고, 유대인의 종교와 모세의 기록에 대해 박식하였다. 그는 서기 연대가 시작된 지 얼마 안 되는 때에, 갈라디아에 있는 교회에 편지를 썼었다. (갈라디아서 3:17). 그는 하나님께서 유대인의 조상인 아브라함에게 약속을 주시고 430년 후에 (부록 3을 보라), 이스라엘인들이 애굽을 떠나 약속의 땅으로 들어갔다고 기술하고 있다.

사도행전 7:4절과 창세기 12:1-4절에 의하면, 하나님께서 아브라함에게 언약하셨을 때 그의 나이 75세였고, 같은 해 그의 아버지 데라는 205세였다. 그리고 아브라함은 데라가 130세였을 때 태어났다 (창세기 11:26-33). (부록 4를 보라).

창세기 11:10-26절의 족보에 대한 서술은 부자 관계의 서술이고, 아브라함부터 노아의 아들인 셈까지 연계되어 있다. 그 서술은 사람들의 이름으로 나열되어 있다. 그들의 탄생 시점에 아버지의 나이가 기록되어 있고, 그들 아버지의 이름이 나열되어 있다. 이러한 연대기는 잃어버리는 세대를 가지지 않는다. 즉 간격이 없는 것이다. 만약 우리가 셈의 100살이 되는 해(창세기 11:10)와 아브라함 (창세기 11:26)사이에서 언급되는 숫자를 합계하면 350년을 구할 수 있다. 9 사람의 이름이 언급되어 있으므로 350 ± 9년이 되는 것이다. (9는 각 사람마다 1년의 오차 상한치). 창세기 11:10절에서 셈의 나이 100살은 홍수 2년 후임을 알 수 있다.

노아의 홍수는 언제 일어났는가? AD 0까지 1,981년에, 더하기 솔로몬의 성전 건축 시기까지 967년, 더하기 출애굽이 끝나는 시기까지 480년, 더하기 아브라함과의 언약까지 430년, 더하기 아브라함의 나이 75년, 더하기 셈의 나이 100세까지의 350년, 더하기 홍수까지 2년을 더하면 계산되어질 수 있다. 성경적인 자료에 의하면, 홍수는 B.C. 2,304 ± 11년에 일어난 것이다.

이 날짜는 노아의 홍수를 지역적인 것으로, 또는 신화적인 것으로 간주하며, 성경적 연대기를 비현대적이고 정확하지 않은 것으로 인식하고 있는 세속적인 고고학과 충돌한다. B.C. 2,304년에 전 지구적인 대격변적인 홍수가 있었다는 것은 고고학에 의해서 발견되어지는 모든 문명들이 지난 4,285년(1981년 기준으로) 안으로 맞춰져야 한다는 것을 의미한다. 이 사실에 대한 중요성은 이후의 글에서 다뤄질 것이다.

[TJ 2 (1986), pp. 56-87 과 TJ 3(1988), pp. 96-136]

● **참조 1**

출애굽기 12:6절에 의하면, 출애굽은 첫 달(Abib)의 제 14일에 시작되어졌다. 열왕기상 6:1절에 언급된 480년의 기간은 이 월(Zif)이 일에 끝났다 (열왕기상 6:37, 역대하 3:1-2절을 보라). 이것으로 이 기간은 480년 19일이 된다.

● 참조 2

일부의 사람들은 이 기간이 훨씬 더 길었을 것으로 간주한다. 왜냐하면 개개인의 연대학적 서술은 480년보다 훨씬 더 많이 합산되어져야 하기 때문이라는 것이다. 이것은 오랜 연대학 (long chronology) 으로서 알려져 있는 것을 발생시켰다. 여기에서 480년이라는 기간은 단지 '하나님의 신정 (God's theocracy)' 기간으로서만 간주되어진 것만 합산되어졌다는 것이다. 즉 불복종의 기간이 포함되지 않았다는 것이다. 그러나 이 해석은 하나님이 이스라엘이 불복종한 시기는 계산하지 않으셨다는 가정에 의존한다. 오랜 연대학은 불복종에 대한 임의적이고 일관성이 없는 정의를 필요로 한다. 예를 들면 광야생활 40년은 대게 계산되어지지 않는다. 반면에 아비멜렉(사사기 9장)의 3년은 계산되어진다. 열왕기상 6:1절의 서술은 왕조의 기록에 의해서 이루어진 기록과 일치하는 서술로서 문자 그대로 해석되어져야만 한다. 그것은 이 기간에 일어났던 사건들이 펼쳐지면서 경과된 시간에 대한 문자적인 기간으로 주어졌다.

● 참조 3

대부분의 영어 독자들은 이 430 년이 일어난 때와 관련하여 충돌하는 것으로서 출애굽기 12:40절과 갈라디아서 3:17절을 간주할 것이다. 그러한 하나의 어려움은 영어의 사고 방식에 그 원인이 있다. 그것을 설명해 보겠다.

바울은 요세푸스(Josephus)와 같은 다른 유대 학자들처럼 출애굽기 12:40절과 매우 친근한 훈련된 히브리 학자였다 (Antiquities, 15장, 2쪽을 보라). 이 학자들 둘 다 모두 출애굽기에 언급된 430 년이라는 기간은 아브라함이 약속을 받고 출애굽을 하는 사이에 해당하는 기간으로 언급 되어졌다는 것을 주저 없이 쓰고 있었다. 만약 당신이 어떠한 다른 확인을 필요로 한다면, 계산기를 가지고 이 430년에 관한 출애굽기에 있는 다른 증거들을 나와 함께 추적해 보자.

출애굽기 6장에서, 모세는 아므람의 아들(20절)로서 기록되어 있다. 아므람은 137세에 죽었고, 고핫의 아들이었다 (18절). 고핫은 133세에 죽었고, 레위의 아들이었다 (16절). 레위는 137세에 죽었고, 이스라엘(야곱)의 아들이었다. 모세는 그의 나이 80세에 출애굽을 하였다(출애굽기 7:7). 그러므로 이스라엘의 후손들은 최대 모세(80), 아므람(137), 고핫(133), 레위(137)를 더한 기간, 또는 487년 동안 애굽에서 살았다. 그러나 이 487년 이라는 계산은 부정확함에 틀림없다. 왜냐하면 레위는 애굽에서 태어나지 않았다. 그러므로 애굽에서는 레위의 전 생애인 137년 보다 적은 기간 동안을 보냈었다. 얼마나 더 적었을까?

창세기 41:46절에, 요셉이 애굽 왕 바로 앞에 설 때에 나이가 30세 였다. 이 대면 이후로 7년의 풍년과 7년의 흉년이 있었다 (창세기 45:6). 이스라엘의 아들들이 애굽으로 왔을 때는 기근이 시작된지 두 해 째로서 요셉의 나이가 적어도 39세 였다. 레위는 아마도 요셉보다 10살 정도 더 되었을 것으로 보인다 (창세기 29장, 30장). 그러므로 레위가 애굽으로 왔을 때 그의 나이는 대략 49세 정도였을 것이다. 487년 이라는 수치에서 49년을 빼면 438년이라는 계산이 나온다.

이 수치는 아직도 꽤 큼에 틀림없다. 왜냐하면, 목록에 올라있는 가족들 모두가 각 아버지들이 죽은 해에 아들들을 가졌을 것 같지 않다. 얼마나 더 커졌을까?

아브라함의 죽음으로부터 상세하게 조사를 시작해 본다면, 다음과 같은 것을 알 수 있다. 아브라함은 하나님이 약속을 주셨을 때의 나이가 75세 였다 (창세기 12:1-4). 그리고 그의 아들 이삭이 태어났을 때 나이가 100세 였다 (창세기 21:5). 이삭은 그의 아들 야곱이 태어났을 때 60세 였다 (창세기 25:26). 그리고 야곱은 그가 애굽으로 내려갔을 때 130세 였다 (창세기 47:9).

그러므로 이스라엘의 후손들이 애굽으로 내려갔을 때는, 아브라함이 하나님으로부터 약속을 받은 후로부터 최대 25 + 60 + 130년, 또는 215 년이 흐른 시점이었다. 물론 이것은 그들이 대략적으로 430년에서 215년을 뺀 기간, 즉 215년 간을 애굽에서 보냈다는 것을 의미한다. 이것이 바울이 갈라디아서 3:17절에서, 그리고 요세푸스가 출애굽기 12:4절에서 이해했던 것이다. 성경을 사용하는 원리는 성경의 기자들이 그것을 사용했던 방법임을 기억하라.

[출처 : Creation 4(1):10~13, March 1981
URL : http://www.answersingenesis.org/docs/3563.asp
번역자 : 한동대학교 창조과학연구소 "(창조과학회)]

무지개 민족 고조선 역사의 비밀

초판1쇄발행   2018년 4월 5일
지 은 이   양 성 민
펴 낸 곳   지에치테크
주   소   경기도 부천시 길주로77번길55-23, 202호(상동,태영프라자)
출판등록일   2018년2월26일(제2018-000017호)
홈 페이지   www.moyazone.com
E-mail   ghtech202@gmail.com
Tel.   (032)328-0757
발 행 인   강 승 원
종이책 ISBN   979-11-963546-1-9 (03910)

저작권법에 따라 이 책의 무단 전재와 복제를 금합니다.
잘못된 책은 바꾸어 드립니다.
책값은 뒤표지에 표기되어 있습니다.